网络创业

主　编　蔡简建　陈　明
副主编　陈　珊　吴志鹏
主　审　沈凤池

北京理工大学出版社
BEIJING INSTITUTE OF TECHNOLOGY PRESS

内 容 简 介

本书主要讲述网络创业的基本知识与技能等内容，共分 8 项目，分别介绍了网络创业潜力评价与机会选择、网络创业商业模式选择、组建创业团队、评估潜在市场、网络企业注册、网络创业平台建设与推广、财务管理和撰写网络创业计划书等知识与技能，每个项目配有一定量的案例与实训项目。本书从案例分析入手，便于读者理解；同时突出实用技能的培养，学以致用。

本书可作为高等院校各类专业的网络创业教育教材，电子商务专业教育教材，也可以作为从事电子商务工作人员的参考用书。

版权专有　侵权必究

图书在版编目（CIP）数据

网络创业 / 蔡简建，陈明主编. —北京：北京理工大学出版社，2019.11（2024.7 重印）

ISBN 978-7-5682-7825-6

Ⅰ. ①网… Ⅱ. ①蔡… ②陈… Ⅲ. ①电子商务 – 高等学校 – 教材 Ⅳ. ① F713.36

中国版本图书馆 CIP 数据核字（2019）第 249590 号

出版发行 / 北京理工大学出版社有限责任公司	
社　　址 / 北京市海淀区中关村南大街 5 号	
邮　　编 / 100081	
电　　话 /（010）68914775（总编室）	
（010）82562903（教材售后服务热线）	
（010）68944723（其他图书服务热线）	
网　　址 / http://www.bitpress.com.cn	
经　　销 / 全国各地新华书店	
印　　刷 / 三河市天利华印刷装订有限公司	
开　　本 / 787 毫米 × 1092 毫米　1/16	
印　　张 / 15.5	责任编辑 / 徐春英
字　　数 / 366 千字	文案编辑 / 徐春英
版　　次 / 2019 年 11 月第 1 版　2024 年 7 月第 6 次印刷	责任校对 / 周瑞红
定　　价 / 45.00 元	责任印制 / 施胜娟

图书出现印装质量问题，请拨打售后服务热线，本社负责调换

产教融合电子商务系列教材
专家委员会名单

主　任：	浙江工商职业技术学院	陈　明
	浙江商业职业技术学院	沈凤池
副主任：	浙江经济职业技术学院	谈黎虹
	金华职业技术学院	胡华江
	嘉兴职业技术学院	李玉清
	浙江盈世控股有限公司创始人	张　军
	北京理工大学出版社	姚朝辉
委　员：	宁波星弘文化创意有限公司	张万志
	宁波城市职业技术学院	史勤波
	长城战略咨询公司	吴志鹏
	浙江工商职业技术学院	蔡简建
	宁波灿里贸易有限公司	唐高波
	浙江工商职业技术学院	刘永军
	宁波卢来神掌品牌策划有限公司	卢奕衡
	浙江工商职业技术学院	俞　漪
	宁波达文西电子商务有限公司	张　军
	浙江工商职业技术学院	许　辉
	宁波云上电子商务有限公司	孙家辉
	浙江工商职业技术学院	蒋晶晶
	宁波云影网络有限公司	王绍峰
	浙江工商职业技术学院	卢星辰
	宁波飞色网络科技有限公司	王云平
	浙江工商职业技术学院	杨银辉
	宁波飞凡电子商务有限公司	沈兴秋
	浙江工商职业技术学院	陈佳乐
	宁波正熙跨境电子商务有限公司	韦全方
	浙江工商职业技术学院	周锡飞

序　言

　　创建于 2015 年 6 月的宁波市电子商务学院，是由宁波市教育局和宁波市商务委员会授权浙江工商职业技术学院牵头组建的一所集电子商务人才培养培训平台、电子商务创业孵化平台、电子商务协同创新平台、电子商务服务与政策咨询为一体的特色示范学院。学院主要依托各级政府、电商产业园、行业协会、电商企业，探索"入园办学"和"引企入校"的模式，发挥教学育人、服务企业和公共平台等功能，充分体现了产教融合，校企合作的办学理念。

　　浙江工商职业技术学院正是秉承了产教融合、服务地方经济建设的办学理念，将电子商务、国际贸易（跨境电商）、市场营销等多个专业的教学与实训置于电子商务产业园区之中，形成了颇具特色的产教园教学模式。这种"入园办学"的模式对教师的专业知识与能力来说无疑是个十分严峻的挑战，而应对挑战唯一路径就是教师深入企业，参与企业运营与管理，甚至自主创业。经过多年努力，成果是斐然的。电子商务学院的张军老师 2013 年初作为指导教师参与浙江慈溪崇寿跨境电子商务产教园项目的运作，至今已成为浙江盈世控股公司创始人之一，该公司营业额达 20 亿，员工 1 200 人。目前，该公司名下的电商生态园为学校提供一流的学习与实践基地。周锡飞老师获得了全国教师技能竞赛一等奖；许辉老师成为全国知名的电商培训师；蔡简建老师指导学生参加比赛，获得浙江省职业院校"挑战杯"创新创业竞赛一等奖两项、全国高职高专大学生管理创意大赛金奖。更多的教师则是兼任了企业电子商务运营总监、项目负责人等，他们在产教园中成功地孵化多个学生创业团队，其中"飞凡电商"2018 年销售额达 3 亿元之多。

　　"师者，所以传道受业解惑也"。将自主创业或者参与企业运作、指导学生实战的教学经验与理论形书面文字，编写成教材，必受益于广大读者，善莫大焉。基于此，浙江工商职业技术学院与北京理工大学出版社共同策划了这套产教融合电子商务系列教材。教材专委会聘请富有创业实践经验的企业家和富有教学经验的专业教师共同开发编写教材，邀请资深电子商务职业教育专家担任教材主审，最大限度地保证教材的先进性与实用性，充分体现产教融合的理念。专委会希望本套教材对于广大同行与学生起到有益的帮助。

　　习近平总书记在党的十九大报告中指出，"完善职业教育和培训体系，深化产教融合、校企合作"。为高职教育在新时代推进内涵建设和创新发展进一步指明了方向。国务院办公厅印发《关于深化产教融合的若干意见》指出，深化产教融合，促进教育链、人才链与产业链、创新链有机衔接，是当前推进人力资源供给侧结构性改革的迫切要求，对新形势下全面提高教育质量、扩大就业创业、推进经济转型升级、培育经济发展新动能具有重要意义。因此，对高职院校而言，必须与行业企业开展深度合作，提高人才培养质量，才能提升学校在地方经济社会发展中的参与度和贡献率。浙江工商职业技术学院的电子商务类专业正是沿着这一正确的道路在前行。

产教融合电子商务系列教材专家委员会

前 言

习近平总书记在党的二十大报告中指出,"要完善促进创业带动就业的保障制度,支持和规范发展新就业形态"。网络创业作为一种全新的创业模式,对传统的创业有着巨大的影响和冲击。网络创业具有一般意义上创业的共性,同时又具有其独有的特性,创业场合的虚拟化、创业过程的高技术性、创业成本的低廉化、创业过程的互动化都与一般意义上的创业有所不同。网络创业已经成为我国民众自主创业的一种重要形式。网络创业对促进大学生就业具有极其重要的作用,它是企业基于互联网上的电子商务活动中最基本的重要的商业活动。为了满足学生对网络创业知识与技能的需要,我们编写了本书。

本书以产教融合为特色,在内容上力求体现"以职业活动为导向,以职业技能为核心"的指导思想,突出高职高专教育特色。向读者简要介绍最新网络创业机会选择、模式选择、团队组建、市场分析、企业注册、平台建设与推广、财务管理等知识与技能,每个项目均配有一定量的案例与实训项目。同时,为更好地结合课程思政建设需要,每个项目还选取了相应的课程思政案例导读。

本书共分为 8 个项目及 1 个附录。项目一主要介绍如何发现网络创业机会与选择合适的机会。项目二主要介绍面对常见的网络创业模式,如何结合自身优势,选择合适的盈利模式。项目三主要介绍创业核心团队组建和岗位职责确定。项目四主要介绍市场构成、潜在顾客和竞争对手分析以及市场营销策略。项目五主要介绍如何注册电子商务企业、域名注册流程、网站备案登记的作用与方法。项目六主要介绍网站推广的基本知识以及电子商务网站建设的基本流程和注意事项。项目七主要介绍网络企业财务管理。项目八主要介绍网络创业如何规划,做到创业有预定的目标与努力方向。附录为曾获全国大学生电子商务三创赛特等奖的作品,以供读者参考学习。

本书内容较为务实,理论以够用为度;实用性较强,重视操作技能的培养;文字叙述简洁,力求内容丰富而形式简练。本书既可作为高职高专院校学生的专业用书,也可作为相关领域的培训用书。本书在编写过程中得到了北京理工大学出版社的大力支持,原浙江商业职业技术学院信息技术学院院长沈凤池教授在本书的体例和案例设计上给予了精心指导,在此一并表示感谢。

本书由浙江工商职业技术学院网络创业教研室主任蔡简建、电子商务学院院长陈明教授两位老师担任主编,浙江工商职业技术学院陈珊老师、长城战略咨询合伙人吴志鹏先生担任副主编，其中蔡简建老师负责第1章、第2章、第5章、第7章的编写及全书统稿工作，陈明老师负责第6章和第8章的编写，陈珊老师负责第3章、第4章的编写和附录案例整理工作，吴志鹏先生和多年从事网络创业的海物（舟山群岛新区）科技有限公司副总经理胡震宇先生为全书的撰写提供了翔实的数据和案例建议。

电子商务的发展非常迅速，电子商务职业技能培训又是一个全新的领域，大量的新观念、新技术不断涌现，使本书编写有一定的难度。同时由于作者水平有限，加之时间仓促，难免有诸多不足之处，敬请读者批评指正。

编 者

目 录

项目一 网络创业潜力评价与机会选择 ……………………………………………（ 1 ）

 任务 1.1　网络创业潜力评价 ……………………………………………………（ 3 ）
  1.1.1　知识准备 ………………………………………………………………（ 3 ）
  1.1.2　机会分析 ………………………………………………………………（ 8 ）
 任务 1.2　网络创业机会选择 ……………………………………………………（ 10 ）
  1.2.1　知识准备 ………………………………………………………………（ 10 ）
  1.2.2　机会分析 ………………………………………………………………（ 12 ）
 案例分析：盘点阿里巴巴发展史——一个电商帝国的崛起 ………………（ 14 ）
 课程思政案例导读：我们都是追梦的人 ………………………………………（ 15 ）

项目二 网络创业商业模式选择 ……………………………………………………（ 18 ）

 任务 2.1　网络商业模式的选择 …………………………………………………（ 20 ）
  2.1.1　知识准备 ………………………………………………………………（ 20 ）
  2.1.2　商业模式选择 …………………………………………………………（ 23 ）
 任务 2.2　经纪与中介模式的选择 ………………………………………………（ 25 ）
  2.2.1　知识准备 ………………………………………………………………（ 25 ）
  2.2.2　经纪与中介模式选择 …………………………………………………（ 27 ）
 案例分析：一个村就是一家淘宝店，人人都是买家也是掌柜 ……………（ 29 ）
 课程思政案例导读：电商精准扶贫——遂昌模式 …………………………（ 31 ）

项目三 组建创业团队 ………………………………………………………………（ 32 ）

 任务 3.1　组建创业核心团队 ……………………………………………………（ 33 ）
  3.1.1　知识准备 ………………………………………………………………（ 33 ）
  3.1.2　创业团队类型与互补 …………………………………………………（ 34 ）
 任务 3.2　制定员工岗位职责 ……………………………………………………（ 37 ）
  3.2.1　知识准备 ………………………………………………………………（ 37 ）

3.2.2　岗位职责 …………………………………………………………………（38）
　案例分析：腾讯组织架构的变与不变 ……………………………………………（41）
　课程思政案例导读：阿里巴巴合伙人制度——志同道合者 ……………………（43）

项目四　评估潜在市场 ……………………………………………………………（45）

　任务4.1　了解潜在顾客和竞争对手 ………………………………………………（46）
　　4.1.1　知识准备 …………………………………………………………………（46）
　　4.1.2　了解竞争对手 ……………………………………………………………（48）
　任务4.2　制定市场营销策略 ………………………………………………………（50）
　　4.2.1　知识准备 …………………………………………………………………（50）
　　4.2.2　确定定价方法 ……………………………………………………………（51）
　　4.2.3　促销策略 …………………………………………………………………（53）
　　4.2.4　影响销售预测的因素 ……………………………………………………（54）
　　4.2.5　预测销售的基本方法 ……………………………………………………（55）
　案例分析：封杀王老吉事件 ………………………………………………………（55）
　课程思政案例导读：刷单、虚假宣传……网络促销套路多 ……………………（56）

项目五　网络企业注册 ………………………………………………………………（58）

　任务5.1　工商注册登记 ……………………………………………………………（60）
　　5.1.1　知识准备 …………………………………………………………………（60）
　　5.1.2　注册企业 …………………………………………………………………（63）
　任务5.2　网站域名注册 ……………………………………………………………（64）
　　5.2.1　知识准备 …………………………………………………………………（64）
　　5.2.2　网站域名注册准备及流程 ………………………………………………（66）
　任务5.3　经营性网站备案登记 ……………………………………………………（68）
　　5.3.1　知识准备 …………………………………………………………………（68）
　　5.3.2　网站备案 …………………………………………………………………（69）
　拓展阅读：浙江省人民政府关于进一步加快电子商务发展的若干意见 ………（71）
　课程思政案例导读：将诚信教育与大学生创新创业相结合 ……………………（76）

项目六　网络创业平台建设与推广 ………………………………………………（78）

　任务6.1　网络创业平台规划 ………………………………………………………（79）
　　6.1.1　知识准备 …………………………………………………………………（79）
　　6.1.2　平台规划 …………………………………………………………………（84）
　任务6.2　网络创业平台设计 ………………………………………………………（86）
　　6.2.1　知识准备 …………………………………………………………………（86）
　　6.2.2　平台设计 …………………………………………………………………（88）
　任务6.3　网络创业平台推广 ………………………………………………………（91）

6.3.1　知识准备 …………………………………………………………（91）
　　6.3.2　平台推广 …………………………………………………………（92）
　任务6.4　网络创业平台管理 …………………………………………………（93）
　　6.4.1　知识准备 …………………………………………………………（93）
　　6.4.2　平台管理 …………………………………………………………（97）
　案例分析：从网购"菜鸟"到年销售额过百万的网店店长 ………………（102）
　课程思政案例导读：平台型公司需要苛刻的诚信观 ……………………（103）

项目七　财务管理 …………………………………………………………（105）

　任务7.1　企业纳税申报 ……………………………………………………（106）
　　7.1.1　知识准备 …………………………………………………………（106）
　　7.1.2　企业税务登记及账证设置 ………………………………………（112）
　任务7.2　财务报表分析 ……………………………………………………（124）
　　7.2.1　知识准备 …………………………………………………………（124）
　　7.2.2　财务报表分析 ……………………………………………………（141）
　拓展阅读：中华人民共和国电子商务法 …………………………………（151）
　课程思政案例导读：公司发票报销中隐藏的个税 ………………………（161）

项目八　撰写网络创业计划书 ……………………………………………（163）

　任务8.1　网络创业计划书规划 ……………………………………………（164）
　　8.1.1　知识准备 …………………………………………………………（164）
　　8.1.2　计划书规划 ………………………………………………………（167）
　任务8.2　网络创业计划书编写 ……………………………………………（169）
　　8.2.1　知识准备 …………………………………………………………（169）
　　8.2.2　计划书编写 ………………………………………………………（173）
　案例分析：小谢的创业故事 ………………………………………………（176）
　课程思政案例导读：商帮背后的企业家精神 ……………………………（177）

附录　"特食城"（Taste）特色食品销售联盟创业计划书 ………………（179）

参考文献 ……………………………………………………………………（230）

项目一

网络创业潜力评价与机会选择

学习目标

通过案例分析,认识到对网络创业必须有充分的准备与理性认识,随时准备抓住难得的创业机会。通过本项目的学习与实训,了解市场创业机会的调查与分析方法,掌握网络商务信息的常见搜集渠道,了解调查与机会识别、评估之间的关系,掌握SWOT分析方法,学会准确评估创业机会,并做出合理的选择。

教学重点:网上调查的实施,创业机会评估;网络创业机会的选择。

教学难点:网络创业机会选择,竞争策略。

创业机会

项目引例:宁波特产一直唱亏 炝蟹泥螺为何卖不过江西鸭脖?

黄鱼片、马面鱼片、溪口千层饼、奉化芋艿饼、臭冬瓜……屋里堆满了琳琅满目的宁波特产。在宁波大学科技产业园,宁波某高校商学院大三的陈珊等三名同学创起了业,开了一家网店,专卖宁波特产。

从2010年年初试运行起,几个大学生的收成不菲,每月的营业额,包括网店、实体店等,都在20万元左右,半年刚过,目前的营业额已过了百万元。不过,现在她们很尴尬:想主打的宁波特产品销量平平,外来货新疆大枣却卖疯了。

网店里宁波特产一直唱亏

"你好,请问大枣还有吗?"

"请问金华酥饼还卖不?"在网站的问讯处,陈珊每天都会接到不少的QQ咨询,不过让她尴尬的是,一天下来,主打的宁波特产问的人不超过5个,而咨询新疆大枣、江西鸭脖的至少超过40个。

之后,记者参观了她们的货架,宁波特色食品的区域简直成了小仓库,而堆放新疆特产的区域,存货已经所剩无几。

陈珊说,目前她们在售的宁波特产有20多种,包括三北豆酥糖、宁波年糕、雪菜笋丝、腌制黄泥螺、象山鲜栗等，价格从 1 元至 50 元不等。

"宁波的特色产品分布很散，每一种的搜集，从联系到最后确认，都要好几周的时间。"最苦的时候，她们进了几包雪菜笋丝，一个多月都没有卖出，营业额一直是零。

宁波特产一直唱亏，怎么办呢？

陈珊想过放弃，但是 2 月的时候，她的哥哥从新疆带了些枣子，几个人一尝，觉得不错。"我们就尝试着进了几包，刚上架就卖空了。"

慢慢地，卖外来货也成了网店积累资金的妙招。外来品打败了本地货，陈珊也有些无奈。"宁波特产我们也想推，但是问的人太少了。"

花两个月调查宁波特产为啥少人问津

"民以食为天"，不知从何时开始，谈到宁波，已无法令人联想到某种特色食品，说海鲜，不够特色；谈汤圆，已被埋没；而千层饼、水蜜桃，知名度还不足以独当一面……

临近暑期，作为一名宁波人，陈珊经常听到同学、老师在讨论：假期快到了，你说带什么宁波特产回家好呢？

真正的宁波特产到底有哪些呢？"其实宁波有很多地道的特产，比如红膏炝蟹，但因为保存的问题，买宁波特色食品，也成了一种尴尬。"

宁波特产红膏炝蟹

6 月初，陈珊等三名同学针对宁波旅游特色食品"特色不特"的问题，对宁波 6 区 3 市 2 县进行了两个月的实地走访，发放了 500 多份问卷。另外，她们还电话访谈了宁波市旅游局局长励永惠、副局长苏少敏，与宁波市食品工业协会蔡永良秘书长进行了座谈。

蔡永良秘书长说，1949 年前，宁波特色食品产值占工业生产总值的比例约为 10%，而现在食品大类占生产总值的比例还不到 3%。

在市民问卷中，97% 的被访者会在旅游时购买特色食品作为纪念。至于购买目的（可选多项），送礼需求、休闲食用和尝新猎奇占了前三位，比例分别达到了 54%、51% 和 42%。

调查结果显示六成人不了解宁波特产

偌大的需求市场，市民为什么又避而不买呢？数据显示，有超过一半的市民对宁波特色食品不太了解，超过七成的人只知道三个品种。

"宁波的单类特色食品有上百种，但特色食品大类却屈指可数。"陈珊说，调查结果显示，59%的人对宁波的特色食品基本不了解，其中8%的人是完全不了解。

一位专家告诉她，宁波特产目前走入了"一无三低"的怪圈，"无"指的是没有品牌，"三低"是指宁波特色食品知名度低、档次低、附加值低。

不过，蔡永良秘书长和宁波大学旅游经济与文化研究中心主任李瑞教授都觉得，地域性强是宁波特色食品难卖的最主要原因。

宁波特色食品何时能成为"宁波标签"？

如何让宁波的食品也有自己的标签呢？5月，陈珊等同学探讨的《"特食城"Taste 特色食品销售联盟》，获得了浙江省第五届大学生电子商务大赛一等奖。

在网购时代，不出家门就能购遍全世界。蔡永良秘书长觉得，电子商务低成本、便利，将是特色食品销售的好途径。

"运用电子商务手段结合多元化网上销售的模式，解决特色食品地域性强造成的销售瓶颈，从而满足消费者多样化的需求。"蔡秘书长说，文化与特色食品发展的推动作用也是相互的。"三北藕丝糖与慈禧有一段渊源，奉化千层饼又与蒋氏家族相关，这两种特色食品可以借助文化来提高知名度，提高附加值。"

蔡秘书长说，特色食品要有独创性，避免与其他特色食品趋同，改良口味，以适合不同消费者口味。

（案例来源：摘自浙江在线网 http://zjnews.zjol.com.cn/05zjnews/system/2010/08/31/016889386.shtml）

任务布置：如果你参加大学生创新创业竞赛，你有何好的创业构思？

任务1.1　网络创业潜力评价

1.1.1　知识准备

1. 创业机会及其分类

"创业"一词由"创"和"业"两个字组成。"创"有"开创""开始做""初次做"之意，从字面上理解有"创办""创造""创立""创设""创新""创造"之意；而"业"可以是"行业""职业""产业""事业""家业""企业"等意思。所以，创业的概念有狭义和广义之分。

狭义的创业概念为：创建一个新企业的过程。而新创建一个企业需要符合以下几个方面的条件：① 企业创办必须符合法定程序；② 创业企业能够提供满足市场需要的产品和服务；③ 新创企业需要确立适于产品或服务的营销模式；④ 新创企业需要一个创业团队，并能根据企业发展的需要进行有效的管理。

广义的创业概念为：企业创造事业的过程，即企业经营事业。其中包括两个层次的内容：创建新企业和企业内创业。创建新企业也就是狭义的创业；而企业内创业又称为"公司创业"，是指在现有企业的框架内，通过在观念、技术、市场、制度、管理等方面的创新，创造新的价值，使企业产生更大活力的过程。

创业是从发现、把握、利用某个或某些商业机会开始的。所谓创业机会，指的是创业者可资利用的商业机会。创业者要发现创业机会，首先需要了解形成特定创业机会的原动力。只要把握了引发创业机会的原动力，随时关注这类原动力的变化，就能够及时发现创业机会，及时辨识潜在的、利己的创业机会，及时预期未来的创业机会。

一般来讲，引发特定创业机会的原动力主要有：新的科技突破和进步；消费者偏好的变化；市场需求及其结构的变化；政府政策及国家法律的调整以及发展经济的国际环境。

在创业机会原动力的驱动下，通常可能产生三类创业的商业机会：技术机会、市场机会和政策机会。

1）创业的技术机会

所谓技术机会，是指技术变化带来的创业机会。这是最为常见的创业机会，它主要源自新的科技突破和社会的科技进步。通常，技术上的任何变化，或多种技术的组合，都可能给创业者带来某种商业机会。

一般而言，技术机会的具体表现形式主要有以下几种：

（1）新技术替代旧技术。当在某一领域出现了新的科技突破和技术，足以替代某些旧技术时，创业的机会就来了。

（2）实现新功能、创造新产品的新技术的出现。当一种能够实现新功能、创造新产品的新技术出现之时，无疑会给创业者带来新的商机。

（3）新技术带来的新问题。多数新技术都有两面性，即在给人类带来新的利益的同时，也会给人类带来某些新的"灾难"。这就会迫使人们为了消除新技术的某些弊端，再去开发新的技术。而开发这些"新技术"并使其商业化，即可能成为新的创业机会。

2）创业的市场机会

所谓创业的市场机会，不外乎是市场变化产生的创业机会。一般来讲，主要有以下4类：

（1）市场上出现了与经济发展阶段有关的新需求。即随着一国经济的发展、经济建设和人民生活水平的提高以及个人消费意识和企业经营意识的变化，必然会产生一些新的需求。其中，一些是新的最终消费需求，一些是企业的中间性消费需求。相应地，就需要有企业去满足这些新的需求，这同样是创业者可资利用的商业机会。

（2）当前市场供给缺陷产生的新的商业机会。市场是不可能真正供求平衡的，总有一些供给不能实现其价值，而只能以"伪均衡价格"售出，也总有一些需求不能真正得到满足，需求者只能以其他商品来近似地"满足"自己的消费欲望。由此可见，创业者如果能发现这些供给结构性缺陷，同样可以找到可资利用的创业机会。

（3）先进国家（地区）产业转移带来的市场机会。一般而言，发达国家、发达地区的经济发展进程快一些，发展中国家或地区的发展进程相对慢一些。即便在同一个国家，不同区域的发展进程也不尽相同。这样，在先进国家（地区）与落后国家（地区）之间就有一个发展的"势差"。当这类"势差"大到一定程度，由于国家（地区）之间存在的"成本差异"，为制造同一产品，先进国家（地区）的成本（特别是人力成本）无疑会大于落后国家（地区）的成本。另外，经济发展到一定程度，环保问题往往会被先进国家（地区）率先提到议事日程上。这时,先进国家(地区)就会将某些产业向外转移,这就可能为落后国家(地区)的创业者提供创业的商业机会。

(4)从中外比较中寻找差距,差距中往往隐含着某种商机。改革开放以来,存在这样一种现象,即沿海学国外,内地学沿海。为什么会有这样的学习模式?从创新经济学和发展经济学的角度看,沿海与国外、内地与沿海,其差距不外乎是产品上的、技术上的、产业上的、商品经济发达程度上的,或者是市场经济制度完善程度上的。只要经常将本地区、本企业与先进地区或国家相比较,看看别人已有的哪些东西自己还没有,这"没有的"就是差距,从中即可以发现某种商业机会。

3)创业的政策机会

所谓创业的政策机会,实际上是政府政策变化所赐予创业者的商业机会。简言之,是政府给的创业机会。

(1)政策变化可能带来新的商业机会。我国正处于改革开放的关键时期,整个经济体制处于转轨时期,经济结构处于调整时期,经济环境处于变化时期,特别是我国加入了世贸组织。在这些变革之中,政府必然不断调整政策,而政府政策的某些变化,即可能给创业者带来某些新的商业机会。

(2)政府可能的政策变化。要从政府政策变化中发现适当的创业机会,这就需要研究政府目前的政策及其可能的变化。通常,有可能产生创业机会的政府政策变化主要表现在有关产业技术、产业发展、区域发展、环境保护、资本市场、经济制度甚至社会公平等方面的政策变化上。

显然,创业的关键是要把握政府政策的变化,充分利用政府政策变革带来的盈利机会和创业空间。

所有的创业行为都来自某一个特别的创业机会,创业团队与投资者均对于创业机会所透示的前景寄予极高的期待,创业者更是对创业机会在未来可能带来的丰厚利润满怀信心。对于具有敏锐眼光的创业者来说,创业机会每时每刻都在出现。但是,并非所有的创业机会都是通向成功与财富的康庄大道;相反,一个看似前景远大的创业机会背后,往往隐藏着危险的陷阱。毫无经验的创业者,如果仅凭激情行事,匆忙做出决定,就很容易误入歧途,掉进失败的泥沼中无法自拔。因此,首先要选择合适的创业机会,并在发现创业机会后对其进行客观的评估,以理性的方式来决定下一步的行动,这是一名优秀的创业者所必须具备的能力。

2. 创业机会的理性辨识

面对众多的可能的创业机会,创业者应做的一项重要工作就是进行创业机会的理性辨识。

什么是机会辨识?具体来说,就是要了解某个机会的方方面面,发现其吸引人和不吸引人的方面,判断利用某个特定机会的商业前景是什么。

进行创业机会辨识,目的是在众多的机会中,通过分析、判断和筛选,发现利己的、可以利用的创业机会。机会之中蕴含着商业利润,发现具有吸引力的商业机会是创业成功的基石。

对某一创业机会进行辨识,通常需要就如下内容进行分析和判断。

1)较好商业机会的特征

(1)在前景市场中,前五年的市场需求稳步且快速增长。不难设想,如果某个商业机会的市场需求不能稳步而快速增长,新创企业将不可能在足够大的盈利空间之中立住脚,也就不可能迅速成长起来。在激烈的市场竞争中,新创企业无疑会纷纷落马,这对创业者是极为不利的。

（2）创业者能够获得利用特定商业机会所需的关键资源。这里所称的资源，涵盖利用特定商业机会所需的技术资源、资本资源、财力资源、资讯资源，甚至包括公共关系资源。理性地看，某个商业机会即便存在巨大的盈利空间，如果创业者缺少利用该机会所需的关键资源，那么他也无法利用这一机会。

（3）创业者不会被锁定在"刚性的创业路径"上，而是可以中途校正自己的创业路径。原因在于，市场千变万化，科技日新月异，政府政策不断调整，创业者需要根据这些变化不断调整自己的创业路径。这里所谓的创业路径，即创业的战略思路、组织结构、运营策略、市场技巧、技术路线等。如果创业者利用特定商业机会的创业路径是不可调整的，无论是因为主观的原因还是因为客观的原因，创业者都不可能真正抓住和利用相应的商业机会。

（4）创业者可以通过创造市场需求来创造新的利润空间，牟取额外的企业利润。历史经验告诉我们，市场是可以创造的；企业要占领市场、获取利润，往往需要靠自己去创造新的市场需求。

（5）特定商业机会的风险是明朗的，至少有部分创业者能够承受该机会的风险。在风险面前无所作为，是企业经营的大忌之一。显然，如果某一商业机会的风险是不明朗的，无法弄清风险的具体来源及其结构，创业者就无法把握风险、规避风险或抑制风险，也就无法降低风险损失、提高风险收益。因此，一个好的商业机会，其风险必须是明朗的。同时，至少应有部分创业者能够承受该机会的风险。因为如果没有一定数量的创业者能够承受相应的风险，在该商业机会面前，创业者就可能"壮志未酬身先死"。

2）特定商业机会对某个创业者自身的现实性

一般而言，即便某个商业机会是较好的机会，前景市场中前五年的市场需求会稳步且快速增长，创业者能够获得利用该机会所需的关键资源，创业者不会被锁定在刚性的创业路径上，创业者可以通过创造市场需求来创造新的利润空间、牟取额外的企业利润，机会的风险是明朗的，至少有部分创业者能够承受该机会的风险。但对于特定的创业者而言，他还需要进一步分析、判断这一机会是自己可以利用的机会吗？是否值得利用这一机会？

对特定的创业者而言，为了做出理性的判断，必须注意以下问题：

（1）自己是否拥有利用该机会所需的关键资源，诸如相应的企业运作能力、技术设计与制造能力、营销渠道、公共关系等。

（2）自己是否能够"架桥"跨越"资源缺口"。在特定的商业机会面前，企图利用该机会的创业者不一定必须自有所需的全部资源，多数情况下也不可能自有所需的全部资源，但他必须有能力在资源的拥有者与自身之间架起桥梁，以弥补相应的资源缺口。

（3）尽管会遇到竞争力量，但自己有能力与之抗衡。现实中一旦某个商业机会逐渐显露，就会有不少的创业者、竞争者蜂拥而上。但是，假如某个创业者想利用特定机会并获得创业的成功，他就必须具备与其他创业者、竞争者相竞争的能力。否则，他就可能在利用机会的竞争中败北。

（4）存在可以创造的新增市场以及可以占有的远景市场。理性地看，机会是否值得创业者利用，除了要有足够大的原始市场规模之外，其市场也应是可创造、可扩展的，具有足够的成长性，存在远景市场。

（5）利用特定机会的风险应该是可以承受的。创业者要想利用商业机会，就必须具备利用该机会的风险承受能力,包括承受相应技术风险、财务风险、市场风险、政策风险、法律风险和宏观环境风险的能力。

总体上看,就特定的商业机会而言,创业者只有拥有利用该机会所需的关键资源,能够架桥跨越资源缺口,有能力与可能遇到的竞争力量抗衡,可以创造新的市场并有能力占有远景市场份额,可以承受利用该机会的风险,这一机会才是该创业者可资利用的商业机会。

3)特定商业机会的原始市场规模

所谓特定商业机会的原始市场规模,即特定商业机会形成之初的市场规模。

(1)一般地看,原始市场规模越大越好。因为某个新创企业即便占领了很小的市场份额,只要原始市场规模足够大,其也可能获取较大的商业利润。

(2)对于那些资本能力弱、技术能力差、运营能力低的新创企业,原始市场规模较小的创业机会可能是更为可取的。因为在这种商业机会下,新创企业可能只面对较少、较小、较弱的竞争者,并且可根据市场的成长性和成长进程不断地调整自己,使自己适应于市场的成长。

4)特定商业机会的时间跨度

一切商业机会都只存在于一段有限的时间之内,这是由特定行业的商业性质决定的。在不同行业,这一时间的长度差别很大。一般而言,特定商业机会存在的时间跨度越长,新创企业调整自己、整合市场、与他人竞争的操作空间就越大。对于某个新创企业来说,只要操作得恰到好处,就可能在市场中一展宏图。

3. 识别潜在的创业者

越来越多的员工不满足于自己的工作,可能有以下原因:
- 不喜欢循规蹈矩;
- 能力得不到认可;
- 收入有限;
- 职责有限;
- 难以实现自己的想法;
- 不喜欢从属于雇主。

心存不满的员工可能会寻找机会自主创业,他们可能会因为下列原因而开创自己的事业:
- 独立自主——想成为自己的老板;
- 急需一份工作;
- 增加收入;
- 为孩子创立一份事业;
- 比打工赚更多的钱;
- 有机会来证明自己的能力。

尽管"创业者"这个词通常被用来指那些自主创业的人,但是创业并不只是一份工作或一个职业,而是一种生活方式。因此,应该以现实的眼光来审视一下自己的特点。回答下列问题,可以帮助你发现自己是否具备创业能力:
- 你通常会为了实现目标而自我激励并努力工作吗?
- 你能与别人进行良好的合作吗?
- 你在群体中通常承担领导者的角色吗?
- 你能够与别人良好沟通吗?

◇ 你善于倾听吗？
◇ 你自信吗？
◇ 你能正确认识自己吗？
◇ 你做决定时果断吗？

对于上述问题，你的肯定回答越多，说明你具有的创业特征就越多。成为创业者的一个基本因素就是能够向其他人提供有价值的东西。别人对你的产品或服务需求越大，你的潜在收益就越高。如果你能帮助别人提高他们的生活水平，或改善他们的生活，你就可以满足社会的需求。这就是为什么说好公民同时也是好创业者的原因。

1.1.2 机会分析

创业是一个系统工程，要求创业者在上述准则下全面识别和评估创业机会，其中对市场机会的分析与评估对初创者尤为重要。

经过创业机会的识别过程后，创业者找到了有可能进入某个细分市场的机会，但是，这并不表示所有这些可能的市场机会都是创业者应该进入的机会，创业者还必须对进入机会进行评估和选择，检验市场机会要素是否与创业者的能力和资源相匹配，是否真的值得创业者将其作为目标市场。

1. 市场进入机会的吸引力分析

创业机会评估与选择的目的就是找出对创业者最有价值的市场机会，所以需要对市场进入机会的吸引力进行评估。市场营销机会对创业者的吸引力即是创业者利用该机会可能创造的最大效益，所以评估市场机会吸引力也就是评估市场需求规模和机会的发展潜力等方面。

1）市场需求规模评估

市场需求规模的评估主要是分析市场机会当前市场需求总容量的大小，即分析市场机会产生的目标市场是否拥有足够的消费者，形成的市场规模有多大，创业企业进入此目标市场后可能达到的最大市场份额有多大。一种产品或一项服务，如果没有足够的市场容量，对创业企业来讲肯定是不构成市场机会的。

在预测市场需求规模时，主要考虑两个变量：① 愿意并有能力购买的潜在消费者数量；② 愿意并有能力购买的潜在消费者的购买次数。

市场规模等于上述两个变量的乘积。通过市场容量的预测，如果确定市场容量足够大，创业企业进入后能使自身获取较高的盈利，对创业企业来说就是个机会，反之则只能放弃。

2）机会的发展潜力评估

了解市场机会需求的发展趋势及增长速度情况，主要看是否有比较大的潜在增长空间。如果潜在增长空间比较小，即使当前市场规模比较大，有时也要放弃，因为它不能支持创业企业的持续成长。但是，即便创业企业此次面临的机会所提供的市场规模很小，利润也不高，但若其潜在市场规模或企业的市场份额有迅速增大的趋势，则该市场机会仍对创业企业具有相当大的吸引力。

2. 市场机会的可行性分析

具有吸引力的市场机会并不一定是创业企业实际的发展良机，具有较大吸引力的市场机会必须具有较强的进入可行性才是对创业企业具有高价值的市场机会，创业企业必须通过一定方法评估成功利用市场机会的可能性。

1）关键成功条件评估

关键成功条件评估就是分析开发利用某市场机会而要求企业创办的必要成功条件，包括创业企业的经营目标、经营战略、市场定位、营销策略、经营规模、资源状况等内容，企业的经营目标又可具体划分为经营宗旨、发展目标、长期规划等。创业企业只有具备这些关键条件，才具有成功开发利用市场机会的可能性，否则只有放弃这种机会。一般来说，关键成功条件包括企业的多个方面，具体到不同行业和不同产品又有所不同。

2）SWOT 分析法

SWOT 分析法是创业企业进行市场进入机会评估的重要方法之一，通过评价企业的优势（Strengths）、劣势（Weakness）、竞争市场上的机会（Opportunities）和威胁（Threats），用以对创业机会进行深入全面的评估和选择分析。从整体上看，SWOT 可以分成两部分：第一部分为 SW，主要用来分析内部条件；第二部分为 OT，主要用来分析外部条件。利用这种方法可以找出对自己有利的、值得去选择创业机会的因素，以及对自己不利的、要避开的东西，发现存在的问题，找出解决办法，并明确做出是否创业的抉择。根据这些分析，可以将问题按轻重缓急分类，明确哪些是目前急需解决的问题，哪些是可以稍微拖延一些的事情，哪些属于战略目标上的障碍，哪些属于战术上的问题，并将这些研究对象列举出来，依照矩阵形式排列，然后用系统分析的思想，把各种因素相互匹配起来加以分析，从中得出一系列相应的结论，而结论通常带有一定的决策性，有利于创业者做出较正确的决策和规划。

3）分析环境因素

运用各种调查研究方法，分析企业所处的各种外部环境因素和内部环境因素。外部环境因素包括机会因素和威胁因素，它们是外部环境对企业的发展有直接影响的有利和不利因素，属于客观因素。内部环境因素包括优势因素和劣势因素，它们是企业在其发展中自身存在的积极和消极因素，属于主动因素。在调查分析这些因素时，不仅要考虑到历史与现状，更要考虑未来发展问题。

优势，是组织机构的内部因素，具体包括有利的竞争态势、充足的财政来源、良好的企业形象、技术力量、规模经济、产品质量、市场份额、成本优势、广告攻势等。

劣势，也是组织机构的内部因素，具体包括设备老化、管理混乱、缺少关键技术、研究开发落后、资金短缺、经营不善、产品积压、竞争力差等。

机会，是组织机构的外部因素，具体包括新产品、新市场、新技术、国外市场、竞争对手失误等。

威胁，也是组织机构的外部因素，具体包括新的竞争对手、替代产品增多、市场紧缩、行业政策变化、经济衰退、客户偏好改变、突发事件等。

4）构造 SWOT 分析矩阵

将调查得出的各种因素根据轻重缓急或影响程度等排序方式，构造 SWOT 分析矩阵。在此过程中，将那些对企业发展有直接的、重要的、大量的、迫切的、久远的影响因素优先排列出来，而将那些间接的、次要的、少许的、不急的、短暂的影响因素排列在后面。

5）制定行动计划

在完成环境因素分析和 SWOT 分析矩阵的构造后，便可以制定相应的行动计划。制定计划的基本思路是：发挥优势因素，克服劣势因素，利用机会因素，解除威胁因素；考虑过去，立足当前，着眼未来。运用系统分析的综合分析方法，将各种环境因素相互匹配加以组合，得出一系列企业未来发展的可选择对策。

任务 1.2　网络创业机会选择

1.2.1　知识准备

1. 网络创业机会选择的方法

创业的过程就是创业者寻求创业机会、选择创业领域、开拓事业发展新路的过程。创业机会无时不在、无处不在，创业机会又与创业领域密不可分，尽管发现了机会，但如果选错了创业领域，也将事与愿违。创业领域没有好坏之分，没有对与不对，只有适合与不适合。每个人都有各自不同的优势和特长，必须认真分析自己的特点，找到适合自己做的事业。因此，选择一个自己擅长的、喜爱的而且有发展前途的事业，是成功创业的决定性因素。选择创业机会要遵循的准则是：正确选择行业，善于识别机会，做自己感兴趣的事，发掘自身的特色。这样去创业，则易于取得成功。

1）正确选择行业

选择正确的行业要求把握行业的未来。一般而言，成功的企业家大多出自成长快速的行业。预测行业的未来，要看经济发展的形势，特别是要把握好国家产业结构调整的方向。在进行创业时，要自觉按国家产业政策指导，尽量选择国家鼓励发展的行业，避免国家限制的行业，不要介入将要淘汰的行业。与此同时，把握行业发展的方向，也要关注传统产业的发展。温州人创造的"小商品，大市场"的模式就是很好的启迪。在温州人眼里，职业没有高低贵贱之分，能否赚钱才是最主要的。正因为如此，温州人才四处闯荡，占据了外地人不屑一顾的领域，从"小"字起家，不声不响地富了起来。改革开放后，在中国的各个角落，都活跃着一群浪迹天涯、不辞辛劳、精明肯干的温州人。最初他们并不起眼，人们只是从小发廊、修鞋铺、小裁缝以及兜售眼镜、纽扣和腰带中认识他们，他们总是默默地干活、做生意。但是人们慢慢地发现，温州人做生意，最注意从小处着手，他们非常能吃苦，意志非常坚韧，用他们自己通俗的说法是，"既能当老板，又能睡地板"。他们务实苦干，只要有一分钱赚就会不遗余力地去干，从不好高骛远，从不好大喜功。纽扣、标签、商标、标牌、小饰品、小玩具，这些外地人看不上、懒得去做的"小玩意"，温州人都做，他们不怕赚钱少，就怕做不来。温州人给自己总结出的成功经验之一就是：大钱小钱都赚，能赚几分几厘的机会也决不放手。一粒纽扣的利润真的不足一厘，他们也做得兢兢业业、高高兴兴的，"不积跬步，无以至千里；不积小流，无以成江海"，温州人就靠这一分一厘的集腋成裘，完成了他们的原始积累，为后来的第二次、第三次创业奠定了雄厚的资金基础。

2）善于识别机会

对于创业者来说，创业机会的甄别类似于投资项目的评估，对投资能否取得收益无疑是重要的。善于发现有价值的创业机会必须做到：

（1）看准所选项目或产品、服务的市场前景。

只有市场前景好，才可能带来一定的利益。一个具有较大潜力的商业机会能够为创业目标产品或服务找到一个市场，并且这项产品或服务能满足一个重要顾客群的需求。从某种角度来说，任何商品从产生、发展到消亡的过程，始终都处于不断的完善之中，潜力市场是永远存在的，问题在于能否看准它。

（2）把握市场结构适宜的进入时机。

市场结构非常重要，包括销售者的数量、销售者的规模、分销的方式、进入和退出的环境、购买者的数量、成本环境、需求对价格变化的敏感度等因素。市场结构主要反映了创业者生产的产品或服务在市场竞争中的地位。细分的、不完善的市场或者新兴行业常常存在一些真空和不对称性，会产生一些还没有人进入或进入者不多的夹缝市场，这对于创业机会的潜力大小具有重大影响。此外，存在信息或知识鸿沟的市场和可以带来超额利润的竞争性市场也是有潜力的，而那些高度集中、完全竞争，以及存在对资本的要求，或者要赢得分销和营销优势需付出巨大成本的市场是不存在有较高潜力的商业机会的。

（3）预测市场会不断增长。

一个有价值的创业机会，它所定位的市场将是一个有一定规模并不断持续发展的有吸引力的成长型市场。那些处于成熟期或者衰退期的行业是典型的没有吸引力的行业，也是创业者不应该轻易进入的市场。要关注未来的热门和冷门行业，热门行业就是发展势头好、盈利空间大的行业，它具备以下特征：①新兴的朝阳行业，发展迅猛，机会较多，如家政服务业；②行业人才济济，竞争激烈，有利于锻炼自己的能力，如多媒体设计行业；③行业内工作环境优越，从业者收入水平相对较高，如广告行业、互联网行业；④行业的未来发展前景看好，如私人侦探行业、律师行业等。冷门行业则多为传统行业，随着科技的发展，预计这些行业市场前景不容乐观，从业人员会不断减少。但随着经济发展阶段的不同，冷、热门行业也会发生转换。

3）发掘自身的特色

选择一个好的领域，还要不断地去发掘所选项目的特色。这种特色可以概括为四句话：别人没有的、先人发现的、与人不同的、强人之处的。别人没有的，可以是某种资源与某种特定需要的联系，可以是某种公认资源的新商业价值；先人发现的，是指发现他人尚未意识到的创业机会，并创造出新的产品或服务；与人不同的，是指往往只要一点点的与人不同，就会成为一个小特色，就能开拓一片创业的天空，如根据自己的爱好和特长，开一家小小的特色店，它投资不大、容易实施，还易取得成功；强人之处的，是指在一项事业中不论哪个方面，哪怕有一点高人一等、优人一档就是强人之处，从而易于成功。

2. 竞争策略

谁是你的竞争对手？那些已经出现在市场上，正在开展业务的竞争者固然是你的竞争对手；那些潜在的，未来有可能与你展开竞争的更是你的竞争对手。理论上，任何人都可能成为你的竞争者。但事实上，只有掌握相关资源、与目标市场有一定联系的企业才是最重要的潜在竞争对手。除了对竞争对手进行分析外，还需对自己的市场竞争优势进行充分的剖析，才能"知己知彼"，找出自己潜在的优势和劣势，制定有效的竞争性市场营销策略，给竞争对手施以更有效的市场营销攻击，同时也能防御较强竞争者的"攻击"。

每个企业都会有很多优势和劣势，任何的优势和劣势都会对相对成本优势和相对差异化产生作用，对于竞争者的发现和辨别是企业确定竞争策略的前提。降低成本、实施产品或服务差异化可以使企业提高顾客价值和顾客满意度，可以使企业比竞争对手更好地应对各种竞争。能使新创企业获得较好竞争位置的三种基本竞争策略是：

1）总成本领先策略

总成本领先策略是指通过有效途径对成本加以控制，使企业的全部成本低于竞争对手的成本乃至行业最低成本,以获得同行业平均水平以上的利润。这种低成本可以抵御来自竞争对手的攻击,抵御买方和供应方力量的威胁,抵御来自替代品的威胁等。格兰仕就是成功采用总成本领先策略的典范。格兰仕自进入微波炉行业以来,咬定青山不放松,从未游离于这一策略。为了使总成本绝对领先于竞争者,格兰仕壮士断腕,先后卖掉年盈利上千万元的金牛型产业——羽绒厂、毛纺厂,把资金全部投入到微波炉的生产中,仅用了5年的时间,就打败所有竞争对手,成为世界第一。

2)差异化策略

为使企业的产品与竞争对手的产品有明显的区别并形成与众不同的特点,必须采取差异化策略,这种策略的重点是创造被全行业和顾客都视为独特的产品和服务以及企业形象。实现差异化的途径多种多样,包括产品设计、品牌形象、保持技术及性能特点、分销网络、顾客服务等多个方面。农夫山泉运动盖是最典型的差异化策略制胜的案例。在运动盖横空出世之前,虽然也有繁若星辰的瓶装水制造厂家,但是产品大多雷同,没有强烈的与众不同的诉求点。农夫山泉进行了长时间的市场调研,推出了运动型包装的农夫山泉,瓶盖的设计摆脱了以往的旋转开启方式,改用所谓"运动盖"直接拉起的开瓶法。瓶身采用显眼的红色,加印一张千岛湖的风景照片,这"水的纯净、亮跟红色的差异性"使农夫山泉在众多品牌饮用水中脱颖而出,抓住了顾客的目光,赢得了市场。

3)集中策略

集中策略是指企业把营销的目标重点放在某一特定的顾客群体上,运用一定的营销策略为他们服务,建立企业的竞争优势及其市场地位。集中策略的核心是集中资源于特定顾客群体,取得在局部市场上的竞争优势。集中策略可以是总成本领先,也可以是产品差异化,或是二者的结合,这样可以使企业盈利的潜力超过行业的平均水平。

上述三种策略是企业应付日益严峻的竞争环境的基本策略,但是不能同时并用,一般来说,一段时期只能运用一种策略,三者的关系如下:

(1)总成本领先策略和差异化策略的市场范围宽泛,而集中策略的市场范围狭窄。

(2)总成本领先策略主要凭借成本优势进行竞争;差异化策略则强调被顾客认识的唯一性,通过与众不同的产品特色形成竞争优势;而集中策略强调市场的集约、目标和资源的集中,以便在较小的市场形成优势。

1.2.2 机会分析

机会分析,就是对现在的和潜在的竞争对手的各项关联指标进行分析,主要从以下几个方面来展开:

1. 竞争对手的市场占有率分析

市场占有率通常用企业的销售量与市场总体容量的比例来表示。竞争对手市场占有率的分析目的是明确竞争对手及本企业在市场上所处的位置,分析市场占有率不但要分析在行业中竞争对手及本企业总体的市场占有率状况,还要分析细分市场竞争对手的市场占有率状况。

分析总体的市场占有率是为了明确本企业和竞争对手相比在市场中所处的位置:是市场的领导者、跟随者还是市场的参与者。

分析细分市场的市场占有率是为了明确在哪个市场区域或是哪种产品是具有竞争力的,在哪个区域或是哪种产品在市场竞争中处于劣势地位,进而为企业制定具体的竞争战略提供依据。

2. 竞争对手的财务状况分析

竞争对手财务状况的分析主要包括盈利能力分析、成长性分析和负债情况分析、成本分析等。

竞争对手盈利能力分析：盈利能力通常采用的指标是利润率。比较竞争对手与本企业的利润率指标，并与行业的平均利润率比较，判断本企业的盈利水平处在什么样的位置上；同时，要对利润率的构成进行分析，主要分析主营业务成本、营业费用、管理费用以及财务费用，看哪个指标是优于竞争对手的，哪个指标比竞争对手高，从而采取相应的措施提高本企业的盈利水平。比如，本企业的营业费用远高于竞争对手，就要对营业费用高的具体原因进行详细分析。营业费用包括销售人员工资、物流费用、广告费用、促销费用以及其他（如差旅费、办公费等），通过对这些具体指标的分析找出差距，并且采取相应的措施降低营业费用。

竞争对手的成长性分析：主要的分析指标是产销量增长率、利润增长率，比较分析两者增长的关系，是利润的增长率大于产销量的增长率，还是产销量的增长率大于利润的增长率。一般来说，利润的增长率大于产销量增长率，说明企业有较好的成长性。但在目前的市场状况下，企业的产销量增长，大部分并不是来自自然的增长，而主要是通过收购兼并的方式实现，所以经常也会出现产销量的增长率大于利润的增长率的情况。因此在进行企业的成长性分析时，要剔除收购兼并因素的影响。

3. 竞争对手的产能利用率分析

产能利用率是一个很重要的指标，尤其对于制造企业来说，它直接关系到企业生产成本的高低。产能利用率是指企业发挥生产能力的程度。显然，企业的产能利用率高，则单位产品的固定成本就相对低。分析的目的，是找出与竞争对手在产能利用率方面的差距，并分析造成这种差距的原因，有针对性地改进本企业的业务流程，提高本企业的产能利用率，降低生产成本。

4. 竞争对手的学习与创新能力分析

目前企业所处的市场环境是一个竞争的环境，企业的生存环境在不断地变化着，在这样的状况下，很难说什么是企业的核心竞争力。企业只有不断地学习和创新，才能适应不断变化的市场环境，所以学习和创新成为企业主要的核心竞争力。对竞争对手学习和创新能力的分析，可以从如下几个指标来进行：

（1）推出新产品的速度，这是检验企业科研能力的一个重要指标。

（2）科研经费占销售收入的百分比，体现出企业对技术创新的重视程度。

（3）销售渠道的创新，主要看竞争对手对销售渠道的整合程度。销售渠道是企业盈利的主要通道，加强对销售渠道的管理和创新，更好地管控销售渠道，企业才可能在整个的价值链中（包括供应商和经销商）分得更多的利润。

通过对竞争对手学习与创新能力的分析，可以找出本企业在学习和创新方面存在的差距，提高本企业学习和创新的能力。只有通过不断学习和创新，才能打造企业的差异化战略，提高企业的竞争水平，获取高于行业平均利润的超额利润。

5. 对竞争对手的领导人进行分析

领导人的风格往往决定了一个企业的企业文化和价值观，是企业成功的关键因素之一。一个敢于冒险、勇于创新的领导者，会对企业做大刀阔斧的改革，会不断地为企业寻求新的增长机会；一个性格稳重的领导者，会注重企业的内涵增长，注重挖掘企业的内部潜力。所以研究竞争对手的领导人，对于掌握竞争对手的战略动向和工作重点有很大的帮助。

对竞争对手领导人的分析包括姓名、年龄、性别、教育背景、主要的经历、培训的经历、过去的业绩等，通过这些方面的分析，全面地了解竞争对手领导人的个人素质，以及分析他的这种素质会给他所在的企业带来什么样的变化和机会。当然这里还包括竞争对手主要领导人的变更情况，分析领导人的更换为企业的发展所带来的影响。

对竞争对手的分析，每一项都应该有其针对性。有的企业在对竞争对手进行分析时，往往把所能掌握的竞争对手的信息都罗列出来，但之后便没有了下文，所以要明确对竞争对手分析的目的是什么。按照战略管理的观点，对竞争对手进行分析是为了找出本企业与竞争对手相比存在的优势和劣势，以及竞争对手给本企业带来的机遇和威胁，从而为企业制定战略目标提供依据。所以对于竞争对手的信息也要有一个遴选的过程，要善于剔除无用的信息。

案例分析

海上鲜创始人叶宁：2年做到全国最大海鲜B2B交易平台

他是互联网时代的弄潮儿，探索创业创新；

他在红海领域开辟了一个蓝海市场，让传统产业焕发活力；

他是全球仅有的17%的蓝海企业之一，成为国内海鲜B2B领域的领头羊；

他是海上鲜创始人、CEO。

2017年3月，海上鲜刚刚完成7 000万元B轮融资，由顺为资本领投，波导股份、亚德客集团和北斗星通集团跟投；

2016年3月，获得由北斗星通集团领投的数千万融资；目前，已完成天使轮、A轮、B轮累计近亿元融资。

打造海鲜买卖新模式

海上鲜成立于2015年2月，是基于海鲜的B2B电商平台。意在连接渔民和采购商，让双方在海上就可以洽谈业务，从而促成交易。

我国是渔业大国，拥有大小捕捞船只100多万艘，每年的市场容量超过6 000亿，传统海鲜行业存在交易模式落后、中间环节多、信息不对称、价格不透明等弊端，同时茫茫大海又没有网络信号，海事卫星提供的宽带服务又极其昂贵，因此，迫切需要借助"互联网+"的模式加以改造。

海上鲜致力于构建海鲜B2B平台，打造一个全新的海鲜买卖新模式。目前已在宁波、舟山等地区3 000余艘渔船上覆盖了"海上Wi-Fi"通信终端，2016年平台上的交易流水已经超过11亿院，2017年计划完成全国10个渔港累计10 000艘渔船的铺设。

01 海外留学一波三折

海上鲜CEO叶宁有着非常光鲜且颇具转折性的海外履历：

2007年，叶宁赴德留学，2011年获得德国汉诺威应用科技大学传感与自动化技术专业硕士学位，并获得德国TüV NORD硕士奖学金、DAAD奖学金等。在学习期间，他还在德国N-Transfer研究所担任研发助理，之后在德国大陆集团长期兼职软件工程师。2012年，在德国大陆集团担任项目经理。

在德国写研究生论文时，叶宁就利用业余时间做中德再生塑料贸易，一开始没有经验，被不法商人欺骗，赔进去40万元。这段经历让他只能打掉牙往肚子里咽。两个月后，论文答辩完毕，他就留在原实习单位，同时向同学借了20万元，利用一切空闲时间继续中德再生塑料贸易。

由于上一次的教训，每次发货前，不管在非洲还是北欧，叶宁都亲力亲为监督货物保证质量，4个月后他顺利还清之前的债务。又在德国待了大半年，确认国外的供应商稳定后，2013年，叶宁带着留德期间积累的6万欧元回国创业，成立宁成国际贸易有限公司，当年销售额2 000万元。

2014年，他投资控股上海集才化工有限公司，当年该公司销售额达4 000万元。

02 让天下没有难做的海鲜生意

叶宁并没有就此满足，他想干一票大的——"做一家可以上市的公司"。2015年，叶宁退出之前的塑料生意，成立宁波海上鲜信息技术有限公司，担任董事长。马云创立阿里巴巴时提出"让天下没有难做的生意"，叶宁则在此基础上加了两个字——"让天下没有难做的海鲜生意"。虽常被诟病，但仍可见其雄心之大。

海上鲜利用正在民用化的北斗卫星系统，自主研发"海上Wi-Fi"终端和手机App，把买家直接对接到出海的渔船上，连接捕捞销售全过程，降低买卖双方的贸易成本和时间成本，为渔民增收，对传统的海鲜行业进行供给侧改革。从交易环节入手，利用互联网模式开展撮合交易、自营(代销代购)、仓储质押、供应链金融及大数据服务。

"真正好的产品和模式都是在大家不断的质疑过程中诞生的，需要创始人强大的内心、信心和决心。"创业者要修心，否则难以消化巨大的压力和烦恼。"不以物喜，不以己悲，天是塌不下来的。"实在累的时候叶宁就这么对自己说。"坚持再坚持，多少年来多少次，为了理想再坚持"。

思考：海上鲜在网络创业过程中开创了哪些创新？

课程思政案例导读

我们都是追梦的人

在宁波，有一个家喻户晓的海产品牌——陆龙兄弟。创业者们白手起家，在36年的时间里，用常人不可想象的努力，用原始质朴的诚信情怀，用果断决策的魄力，让靠打鱼为生的六兄弟走上了品牌化发展之路，造就了宁波海产的一面旗帜。

近日，记者采访了陆龙控股股份有限公司董事长陈苗龙，了解了陆龙创业发展过程中生动有趣、鲜为人知的故事。

肇始——从一条报废破船到机帆船

陆龙海产源起于一条破船。陆龙兄弟是由陈家六兄弟一起创建的。20世纪80年代，陈家兄弟在上海租房，靠捕捞和收购黄泥螺，转卖给上海各农贸市场为生。鱼贩生意小打小闹，陈家兄弟常常为

陆龙兄弟LOGO

出路发愁。

1982年8月的一天，陈家六兄弟坐在一起讨论未来的方向。有人提出要是有一条机帆船，那该多好！可是，当时全国范围内还没有私人拥有机帆船的先例。尽管"拥有属于自己的机帆船"有如白日梦，但兄弟六人存下了要造船的心思。

后来，兄弟们委派能说会道的陈苗龙去寻访造船事宜。陈苗龙从上海南汇出发，沿海岸线一路向南。行至金山嘴，打探到当地一家化工厂有旧船待售。后来发现这是一条破旧不堪的报废内河船。尽管是条破船，陈苗龙还是满心欢喜，因为船上有一台用作马达的拖拉机挂机，10匹动力，是当时赫赫有名的"工农"牌，拆卸下来应该还能使用。

陆龙兄弟董事长陈苗龙

兄弟六人把船拖到造船厂密集的上海漕泾镇，花了整整一年时间，购买造船用的美国红松、桐油，并请来当地船匠师傅对旧船进行拆解，开工营造新船。

1984年1月4日，这条倾注了六兄弟全部心血、财力的小木船下水了。有了船，六兄弟的足迹不再局限于南汇区一带，活动范围大大拓宽，远航至苏、沪、浙、闽等沿海各地，渔获量得以快速增长。

六兄弟中也有人严重晕船，每次出海，脸色苍白、心悸乏力，只能躲在船舱里，在昏眩中度过海上的日日夜夜。这种泛海为贾的生活，一直持续了5年。尽管在滔天巨浪中随时都可能遭遇灭顶之灾，但这条机帆船护佑六兄弟平安营生。

如今，人们在参观陆龙总部旗舰店时，会看到墙上挂着一幅那条木船的照片。这正是当时陈家六兄弟起家的纪念。

转机——来自诚信的黄泥螺生意

陈家六兄弟在驾船出海捕捞时，意外发现江苏大丰滩涂是个产量稳定的泥螺"天然货仓"，所产泥螺粒大脂丰、品质上乘。当时兄弟们觉得，最好的黄泥螺应该卖给最好的客户。

卖给谁？当然是"邵万生"！这个老字号南货店，由宁波人"邵六百头"于清朝咸丰二年（1852年）在上海创立，主营各种糟醉食品和南北特产，是当时的"全国糟醉大王"。陈家六兄弟推举陈苗龙去跟"邵万生"谈谈看，希望有机会向他们供货。

1985年暮春的一天，陈苗龙捧着样品——一只装满黄泥螺的搪口杯去大上海找"邵万生"。辗转约20个小时后，陈苗龙走进大上海的闹市区，见到"邵万生"的一位负责人，表明来意。对方一看到泥螺样品，知道真是好货，就让陈苗龙报价。当时陈苗龙老实巴交地主动"兜底"，告诉他们在宁波每斤只卖6毛钱不到。

对方感到惊讶，称赞说："你这个小老乡，真是太厚道了。"第二天，"邵万生"与陈苗龙最终商定按每斤6角3分的价格采购，也确立了长期供货关系。陈家六兄弟向"邵万生"结算第一笔货款，就拿到了8 800多元。这在当时不啻是一笔巨款，兄弟们都很激动。但是谁也舍不得入住旅馆"奢侈"一回，当晚仍然在5角钱一晚、包洗包睡的大澡堂里，将就着过了一夜。

那时候，找"邵万生"谈生意的人很多。事后陈家六兄弟自我总结认为，之所以能够把黄泥螺卖给"邵万生"，是因为"邵万生"看中六兄弟老实本分、诚实善良、值得信赖。也正是这样的原因，不久以后，陈家六兄弟与当时同样在国内数一数二的上海全国土产集团建立了长年供货关系。那时，陈家六兄弟交出去的黄泥螺，35斤装的坛子里面实打实地都是"干货"；而有些供货商送去的50斤装黄泥螺，半坛子水，净重还不如陈家六兄弟的35斤装。

就是靠持续建立信誉，陈家六兄弟和"邵万生"、上海全国土产集团做了多年的生意。

"小舢板"搭上"大航母",陈家六兄弟在很长一段时期内再没愁过销路的问题,也获得了创业以来的"第一桶金"。

几十年后,昔日"老大哥"之一的上海全国土产集团,已逐渐退出自主品牌的运营。2008年12月,他们派出20余位企业高层专程来甬,向陆龙取经。访问团中的多位成员,还是当年兄弟们在向其供货时认识的老朋友。两相晤对,彼此不胜感慨。如今,陆龙上海旗舰店的店址,正是租用了上海全国土产集团在上海卢湾区打浦桥的所辖门面。

大世界——扎根宁波走品牌化之路

1989年,陈家六兄弟财力渐丰,于是结束海上漂泊的日子,在宁波老外滩人民路6号租赁商铺,前店后场,扎根甬城。至今有很多老宁波,仍能记起新江桥边"兄弟泥螺"的醒目店招。

在接下来七八年里,陈家兄弟开始走向品牌化正规军的经营,他们注册"陆龙"品牌,获颁全市第一张海产品生产特种许可证,首家推出海产大礼包。由于走上品牌之路,诚信经营,与其他海产有了明显区分,陆龙兄弟在新江桥边40平方米的商铺里,每天宾客盈门,一时生意大好。

1997年,宁波老外滩一带进行旧城改造,陆龙兄弟经营的店铺被划入拆迁范围内,即将搬离。由于租赁一个好的店铺并不容易,兄弟中也有人提议分家散伙,回上虞老家享受人生算了。但陈苗龙力排众议,表示要继续经营,并找到大沙泥街的大世界水产市场一处位置较好的店铺,前后投入近160万元购置店铺和装修。

1998年12月26日,位于大沙泥街38号的陆龙大世界店正式开业迎客,陆龙海产的生意得以持续。陈苗龙回忆说,1997年购入大世界店铺开设旗舰店,是陆龙海产发展中最为重要的时间节点,假设当时放弃开设大世界店,今后的陆龙海产将不复存在,也将彻底改变他们的人生轨迹,创业的脚步也自此戛然而止。

2004年9月,陆龙海产又斥资数千万元购入宁波金港大厦裙楼一、二层5 000多平方米的产权作为总部旗舰店——这是今天陆龙最受人瞩目的形象建筑。

金港大厦总部旗舰店的设立,也推动陆龙成为宁波海产领域的一面旗帜,一个响当当的品牌。至今,陆龙海产深耕宁波海鲜食品精加工业,已成长为国内第一大以糟醉食品、干海产品为标志的传统海产加工流通企业,形成了黄泥螺、蟹制品、干海产品、休闲海产、冷冻海产、海珍系列等九大系列数百个品种的"全海产"一站式产品供应体系,在沪、杭、甬等省内外黄金商圈拥有十余家大型直营店以及位于家乐福、麦德龙、欧尚、沃尔玛、乐购、大润发、华润万家、三江超市等大型超市的千余个零售终端,并大举发展海产食品的电商业务及全国"一站式"配送服务。

陈苗龙说,成功路上其实并不拥挤,因为坚持下来的人不多。诚信经营,依然坚持,敢于承担,纵使人生一时经历低谷,风暴总会过去,明天会更美好。

（摘自中国宁波网 http://news.cnnb.com.cn/
system/2014/09/28/008171994.shtml）

思考：陆龙兄弟的发展历程给你带来哪些启示？

 课后练习

项目二

网络创业商业模式选择

学习目标

通过学习与训练，深入理解电子商务商业模式的意义，了解一些典型的 B2C/B2B/C2C 电子商务平台。分析各电子商务平台的经营特色与商业模式，能根据自身的特长，理性地选择符合自身条件的创业商业模式。

教学重点：各种网络创业模式的特点，网络创业模式的比较，网络创业模式的选择。

教学难点：中介/代理模式的联系与区别，经纪模式的选择。

项目引例：2015 年互联网典型创新商业模式

商业模式

1. 滴滴巴士——定制公共交通

企业介绍：2015 年 7 月 15 日，继快车、顺风车之后，滴滴快的旗下巴士业务"滴滴巴士"也正式上线。目前滴滴巴士已经在北京和深圳拥有 700 多辆大巴、1 000 多个班次。

创新性：滴滴巴士是第一个尝试将巴士进行多场景应用的定制巴士。滴滴巴士是关于定制化出行的城市通勤定制服务。它根据大数据测算并推出城市出行新线路。滴滴巴士还将巴士进行多场景应用，比如旅游线路定制、商务线路定制等，扩展了巴士出行的场景。

点评：城市通勤定制服务出现的时间并不长，却发展很快。它是关于定制化出行的一种初步尝试。做定制服务的门槛其实是极高的，而滴滴巴士母公司滴滴出行的互联网技术和用户基础为其创造了有利条件。

2. 百度度秘——表面它陪你聊天，其实你陪它消费

企业介绍：度秘（英文名：DUER）是百度在 2015 年百度世界大会上全新推出的，为用户提供秘书化搜索服务的机器人助理。

创新性：度秘将人工智能带到了可以广泛使用的场景中，是百度强大的搜索技术和人工智能的完美结合体，可以用机器不断学习和替代人的行为。

百度度秘

点评：提起百度就是竞价排名，如今度秘终于可以升级这个原始的广告模式了。2015 年百度世界大

会上推出的度秘是"聊天机器人＋搜索引擎＋垂直类O2O"的整合型产品。它把现在互联网最热最精尖的技术全集合在了一起，百度大动干戈在百度世界大会上发布这款产品，将生态完善化繁为简，满足了"懒人"的生平夙愿。

3. 人人车——"九死一生"的C2C坚挺地活了下来

企业介绍：人人车是用C2C的方式来卖二手车，为个人车主和买家提供诚信、专业、便捷、有保障的优质二手车交易。

创新性：它首创了二手车C2C虚拟寄售模式，直接对接个人车主和买家，砍掉中间环节。该平台仅上线车龄为6年且在10万km内的无事故个人二手车，卖家可以将爱车卖到公道价，买家可以买到经专业评估师检测了真实车况的放心车。

点评：C2C虚拟寄售的模式曾被描述为"九死一生"，是因为：第一，二手车属非标品；第二，卖车人和买车人两端需求是对立的；第三，国内一直缺乏第三方中立的车辆评估，鱼龙混杂。因此二手车C2C交易困难重重、想法大胆又天真。人人车不被看好却能逃过"C轮死"的魔咒，是因为其省去所有中间环节，将利润返还与消费者。创始人李健说："如果我能成功，B2C都要失业了。"

4. e袋洗——力图用一袋衣服撬动一个生态

企业介绍：e袋洗是由20余年洗衣历程的荣昌转型而来的O2O品牌，采取众包业务模式，以社区为单位进行线下物流团队建设，即在每个社区招聘本社区中40~60个人员作为物流取送人员。

创新性：e袋洗是第一个以洗衣为切入点进入整个家政领域的平台。e袋洗的顾客主要是"80后"，洗衣按袋计费：99元按袋洗，装多少洗多少。e袋洗致力于将幸福感作为商业模式的核心和主导，推了新品小e管家，通过邻里互助去解决用户需求，满足居民幸福感。小e管家在小e管洗、小e管饭的基础上，计划推出小e管接送小孩、小e管养老等服务，以单品带动平台，从垂直生活服务平台转向社区生活共享服务平台，以保证C2C两端供给充足。

点评：e袋洗在搭建成熟的共享经济平台后，不断延伸出更多的家庭服务生态链，打造一种邻里互动服务的共享经济生态圈，集合社会上已有的线下资源，通过移动互联网实现标准化、品质化转变，帮助人们在生活中获得更便利、更个性化的服务。

5. 实惠APP——团购不彻底，直接免费

企业介绍："实惠APP"是一款基于移动端，主打社区的生活服务类APP。用户通过入驻"实惠APP"上自己工作的写字楼或居住的社区，可以领取实惠或商家提供的优惠礼品，享用身边的生活服务和便利商品，同时进行邻里间的社交，让用户生活更便捷更实惠。

创新性：实惠商业模式的创新之处是做免费的团购——颠覆团购低价模式，直接0元团购，通过平台将商家提供的免费福利派发给参与中奖的用户。它以城市的上班族为主要对象，可以在写字楼或者社区的位置信息中录入其位置附近的商家名称和商品的福利活动，并通过附近福利、免费抢福利、幸运老虎机、品牌大乐透等趣味方式推送给用户，使用户既能得到实惠，又得到良好的游戏体验。

点评："实惠APP"开启的创新"免费O2O"模式促进了商家和用户的良性互动，实惠把用户、商户、物业连成一个有机整体，不仅和大型商户开展合作，更包含社区间的居民、商户、物业等基于地理位置的连接，可看成一个小的社群系统，并围绕这个小的系统展开线上订单和线下服务。

6. 干净么——餐饮界的360，免费还杀毒

企业介绍："干净么"是一个互联网餐饮安全卫生监管平台，基于移动互联网并连接各个环节、各个部门的第三方卫生监管平台，通过同政府、媒体、商家、用户等多方互动来进行监管。目前在"干净么"的APP上有几百万条数据、15万家餐厅的食品安全等级评价。

创新性：它是第一家利用互联网思维来打食品安全这场仗的第三方平台，不仅对餐饮商家进行测评、监管，还包含学校、幼儿园、单位食堂等在内，用户可以查阅自己感兴趣商家的卫生安全等级，从而判断是否就餐。

点评："干净么"就好比餐饮界的360，免费还杀毒，目标就是通过扬善惩恶使餐饮行业进入良性竞争循环。食品安全需要社会共治，"干净么"就是连接政府、媒体和消费者的一个纽带。

7. 多点（Dmall）——不是多点少点的问题而是快点

企业介绍："多点"是一个以超市为切入口的O2O生活服务平台，将日常生活消费和生鲜产品作为突破口。

创新性："多点"的创新点与京东到家、天猫超市等截然不同。它与商超之间完成系统上的对接，可以通过深度整合的系统动态地获取商超库存价格等重要数据；同时，"多点"通过数据分析及供应链控制能力，将C2B模式引入商超，可以解决其生鲜进销问题。"多点"自建物流，有自己的配送员。用户下单后，"多点"会和合作商家一起分拣货物，然后送货上门。

点评：用户从下单到收获，全程所花时间不超过1小时。"多点"可以说是用户的网上超市，只不过模式比较轻，也比较快。

8. 云足疗——上门服务中的垂直环节

企业介绍：云足疗于2015年1月正式上线。用户通过云足疗APP或微信、电话预约，可以随时随地享受足疗、修脚、理疗服务。用户可以根据云足疗平台上项目、价格、距离、籍贯等信息，选择符合自己要求的服务项目、服务师傅。

创新性：云足疗是第一家也是唯一一家上门足疗O2O平台。云足疗砍掉了足疗店等中间环节，让技师和顾客实现无缝对接，不仅解放了长期局限在足疗店的技师们，让他们获得了比同行更高的薪资，也让顾客体验到低价便捷的优质上门养生服务。云足疗率先实现了上门足疗服务的标准化，平台通过面试、实名认证、技能考核、系统培训等严格筛选，保障上线技师的专业技能和高服务水准。

点评：云足疗属于上门服务中的垂直环节，在O2O垂直领域是值得开发的沃土。团队15年服务行业的线下实体店的经验，是其能够在资本寒冬中获得融资的关键。

任务布置：你对上述哪种商业模式最感兴趣？其有什么特点？

任务2.1　网络商业模式的选择

2.1.1　知识准备

1. 网络创业商业模式的种类

商业模式（Business Model）是指一个企业从事某一领域的经营的市场定位和盈利方式，

以及为了满足目标顾客主体需要所采取的一系列的、整体的战略组合。

一个企业的商业模式至少包括以下三方面内容：企业的经营内容、企业的服务对象、企业的收入来源。

企业的经营内容是指企业经营的是产品还是服务，是有形产品还是无形产品。企业的服务对象是指企业的受众，可以是特定的目标群体，也可以是不定的大众群体。企业的收入来源是指企业获取经营收入的方式，包括销售收入、广告、佣金、会员费、服务费等。考察任何一个企业的商业模式大都可以从这三方面入手。

电子商务为商业模式增加了许多新的种类，目前，在互联网上可以观察到的网络创业的商业模式基本包括以下几种：

（1）商贸模式。商贸模式是模拟传统的商品和服务的批发商及零售商的模式，基于列表价格或拍卖的方式进行销售。

（2）代理模式。代理模式就是创造一个市场，把买方和卖方撮合在一起，并且促成双方交易行为的模式。代理从其撮合成功的每项交易中收取一定的费用。

（3）广告模式。Web上的广告模式是传统的媒体广告模式在互联网上的展示，是指网站以广告收入为主要收入来源的商业模式。其中，一个Web网站提供内容和服务（如E-mail、聊天室、论坛等），同时包含标题广告（Banner）。该网站公司可以是内容的创造提供者，也可以是内容的分发者。只有当浏览量非常大或者高度专业化时，广告模式才能正常运作。

（4）信息中介模式。信息中介模式是指某些信息中介公司通过互联网收集信息并把信息卖给其他公司来获得利益的商业模式。在信息中介模式中，有关消费者及其购物习惯的信息是非常有价值的，特别是当这些信息被用来指导定位市场销售活动时。信息中介模式也能以另外的一些方式起作用：在经过市场细分后，为消费者提供有用的网站信息，以此为他们节约开支。

（5）会员模式。会员模式是与一般化的门户入口模式相反的模式。进入网站的用户，需要缴纳费用注册成为会员，才能够得到更多的服务。网站一般通过收取会员费用获得收益，也可以通过广告和给用户提供共享软件获得利润。在会员模式中，人们无论在哪儿上网冲浪，该模式都会为他们提供购买机会。会员模式对于Web来说是相当便利的，这也是它为什么流行的原因。例如，当前流行的视频网站爱奇艺、优酷等采用的就是会员模式。

（6）订阅模式。订阅模式是指消费者访问网站，订阅某些信息，并为网站付费的商业模式。这种模式的网站必须提供高附加值的内容，以满足消费者的需要。网上订阅模式主要被企业用来销售报纸杂志、有线电视节目等。目前这一领域的电子商务获得了极大的成功。网络游戏成为继"网络门户"争夺战后第二波攻击目标。如Microsoft、Infoseek以及世嘉、VM实验室等，纷纷在网络游戏方面强势出击，中国的盛大网络游戏、联众游戏吸引了成千上万的消费者，赢得了广阔的在线娱乐市场。

（7）信息搜索模式。在Web上，各种信息浩如烟海，要查询到自己需要的信息并不容易，于是就产生了专门为用户提供快速搜索信息的网站，如www.baidu.com、www.sogou.com等，这类网站的浏览量非常大，它们主要是通过对信息竞价排序收费来获得利润。因为在Web上的企业，都想被人们发现并访问，增加商业机会，搜索结果排序在前面的企业当然具有优势，对于数百页的搜索结果，排在后面的企业，可能就不会被搜索者发现。

这些模式以不同的方法被实现。任何一个公司可以把不同的模式组合在一起作为其Web商业策略的一部分。例如，可以将广告模式和订阅模式混合在一起，产生一个能产生利润的全面的商业策略。商业模式在 Web 上迅速发展，可以预计未来将出现许多新的商业模式。

2. 网络零售创业准备工作

由于网络的便捷、高效和方便管理，不少创业者都把初次创业的方向定在了网上零售。在互联网上从事零售业务的渠道主要有两种：第一种是在专业的国内或跨境电子商务网站上开店，如在淘宝、wish 上开设自己的网店。有些电子商务专业平台是免费提供使用的，比如淘宝。对于资金有限的初次创业者来说，在免费的电子商务网站上开店是一种低成本的启动方式。第二种是建立一个创业者专有的电子商务网站，这需要一定的启动资金和运营费用。但是这种方式创业起点高，更有利于建立创业企业的品牌和市场信誉。

创业者在建立自己的专业网站时应该做好以下准备工作。

1）确定网络零售的销售对象

创业者作为网络零售的主体是要为客户提供产品和服务的。尤其是在创业初期，创业者必须明确谁是自己的客户？他们需要什么？创业企业能够为他们提供什么？是否能够满足他们的需求？这些问题对创业者是十分重要的。有些选择网络零售的创业者并不知道自己的客户是谁，他们需要什么，而是能够拿到什么便宜东西就去卖什么，这样做的结果也许在短期内能够有一定的收入，但是不利于长远发展。

2）网络零售的价值分析与资源准备

从创业的长远发展考虑，创业者应该对自己的产品定位进行分析：什么是客户需要的商品？是否有稳定的高质量的货源？是否具有价格上的优势？与竞争对手相比较，自己的优势或差异是什么？这种优势和差异能否对客户产生足够的吸引力？

网上零售由于信息丰富、交流方便、价格低廉已经得到越来越多消费者的青睐。但是随着网络零售业务的普及，创业者要想在众多的网络零售商中被消费者"相中"就越加困难。因此，创业者需要同时采取差异化和低成本的策略，使自己的产品和服务优于竞争者，而成本低于竞争者，只有这样才有可能脱颖而出。

作为网络零售商可以创立自己的品牌，产品委托加工；也可做某个商品的代理，不需要在品牌培养上做大的投入，当积累了一定的客户资源后，可以适时推出自己的品牌。

3）网络零售的业务流程设计

网络零售是商家在虚拟世界中向消费者提供产品和服务的商业形式。在买卖双方并未谋面的情形下，传统商业中依赖销售人员个人素养的销售技巧和经商之道，比如微笑服务、童叟无欺等在虚拟世界中都难以奏效。网络零售要能够吸引消费者并且留住老顾客，就需要在业务流程上下功夫，要站在消费者的角度进行网络零售流程的设计，要让消费者登录到网络零售网站上同样有"宾至如归"的感觉。

对于具有独立网站的网络零售商，网络零售业务流程需要精心设计，其设计原则是：

（1）商品齐全，价格合理。网络零售对于消费者来说，图的是方便快捷，但是如果网络零售的商品货号短缺，方便就变成了不方便。因此，网络零售可以采取专业化经营，但是必须要做精做细。网络零售的商品还必须占有价格优势，网络零售没有店铺，无须大量的销售人员，节省了营业费用，网络零售商应将节省下来的费用让利于消费者，在商品的价格上获得竞争优势。

（2）信息翔实，检索便捷。在网络零售业务流程的设计中，首先要方便消费者的网上购买。网络零售商应在网上提供充分的商品信息和便捷的检索方式，让消费者在虚拟世界中尽量全面细致地了解商品,甚至在不影响浏览速度的前提下,尽可能提供三维商品展示。

(3)安全可靠的网站管理。互联网电子商务中,网络零售网站是访问量很大的一类网站,也是最容易受到黑客攻击和不法分子觊觎的网站。因此在网络零售网站的设计中,必须采取可靠的措施保证网站的安全性和客户信息的安全性。

(4)纵横链接,快捷到位。网络零售是否能够成交,除了零售商提供商品信息、制定商品价格等方面的因素以外,在很大程度上取决于消费者的购买欲望。而今天的消费者,其购买欲望已经不仅仅由其生理需求所决定,还由其精神需求所决定。因此网页的设计要能够让消费者赏心悦目,让消费者方便地查找到所需的商品信息。

2.1.2 商业模式选择

1. 选择虚拟商店

虚拟商店也称为网上商场或电子商场,是电子零售商业的典型组织形式,是建立在互联网上的商场。在互联网上,虚拟商店的网站主页就是顾客和店主交流的店面。

虚拟商店是一个仅通过 Web 进行经营的公司,提供传统的或 Web 上的商品或服务。销售的方法可以是价格列表或拍卖。例如,中国的 www.jd.com 就属于这种类型。虚拟商店每天吸引着成千上万的顾客,发展前景十分看好。在国外,Amazon 网上书店是世界最大的网上虚拟零售企业,AMP 以在网上供应电子零件而闻名,戴尔电脑公司的网上商店被公认是最大的计算机系统网上供应商;在国内,西单商场、翠微大厦、银泰百货等许多著名大型商场都开办了网上虚拟商店。

企业选择虚拟商店形式开展营销活动必须进行总体营销策划和设计,从营销理念上要树立起为消费者提供快捷、方便、可靠服务的经营指导思想。

一家虚拟商店要脱颖而出,并成为消费者的最佳选择,关键在于其拥有良好的信誉。信誉良好的虚拟商店会在网友之间广为传播,逐渐取得消费者的信任。虚拟商店还可以通过提供免费送货、无条件更换保证、降低价位、采用优惠卡等方式建立商店的信誉。对原来在真实空间就拥有信誉的商店,再开办虚拟商店将享有先天优势。

从虚拟商店产生的原因来看,目标顾客大部分为年轻的"网上新人类"、高学历的知识分子网民。年轻且学历高的、掌握一定技术的网民是虚拟商店推行网上销售的主要目标顾客,中年男性网民和家庭妇女是重要的潜在顾客。目前在虚拟商店里参与交易的商品可以分为三类:实体商品,如书籍、饮料、化妆品、电子产品等;信息与媒体商品,如电脑游戏、Java 软件、应用软件等;在线服务,如在线预约服务、代理中介服务、在线订阅服务、在线娱乐服务等。这些商品有一个共同特征,即商品质地统一、不易产生歧义。其中,信息和媒体商品最适合通过虚拟商店销售,礼品、汽车和食品也是虚拟商店的主要销售商品。

在价格策略上,目前我国网络消费者收入不太高,在未完全排除网上购物的不安全因素之前,商品价位以中低为主。对于网络消费者中的部分高收入者,他们对价格的敏感度较低,而对购物的便利性和商品的独特性要求却很高,可以采用高价策略。在广告策略上,对于高相关性产品,商店应偏重于咨询性信息的提供,其广告的教育成分可以提高;对于低相关性产品,消费者购买时风险感较低,商店可大大提高广告的娱乐性,以增强吸引力。另外,融于网络游戏中的游戏广告与娱乐相联系、受众集中、性价比优良,能让消费者在愉快的体验中主动接受品牌,产生购买欲望;通过网络邮箱做广告也是一种最新动态,因为邮箱广告具有作用时间长、非强迫、艺术性好等优点。

　　主页就像公司的门面，关系到顾客对商店的第一印象。在互联网上，商店可以是一个电子邮件信箱或者是一个互联网小册子。设计好主页，根据互联网的特性促销商品，是开设虚拟商店的核心课题。互联网主页的设计，应遵循简洁、精美、专业化等原则，注意给顾客留下良好印象。其内容主要包括 Logo、欢迎词、简介、产品与服务项目和索引等。

　　建立强大的虚拟商店信息管理系统十分必要。强大的虚拟商店信息管理系统包括以下 6 个子系统：①商品资料库管理系统，即网页商品目录上显示的相关资料都建立在资料库中，通过首页与资料链接，可节省人工重复输入资料的时间；②商品自动上柜系统，即把资料库中要更新的商品资料图案等整批自动产生 HTML 程序，正式上柜前可预先浏览；③会员管理系统，功能包括消费者消费行为模式分析、VIP 会员管理；④网上订购及订单管理系统；⑤网上安全支付系统；⑥后台作业处理规划系统。

2. 选择比特卖家

　　比特卖家是一个严格地只卖数字产品和服务的商家，以它最单纯的形式，同时在 Web 上处理销售和分发业务。例如，在 Web 上卖手机铃声、软件等数字产品，用户自行下载，网上缴费获得许可。华军软件商城（Http://www.pcsoft.com）就是典型的比特卖家。

　　这种模式是一种完全的电子商务模式，一般而言，它不需要借助传统的物流方式，仅仅依靠网络就实现了商品买卖的全过程。

3. 选择赠与模式

　　赠与模式是一种非传统的商业运作模式。它是指企业借助于互联网全球广泛性的优势，向互联网上的用户赠送软件产品，扩大知名度和市场份额。通过让消费者使用该产品，让消费者购买一个新版本的软件或购买另外一个相关的软件。

　　由于所赠送的是无形的计算机软件产品，用户通过互联网自行下载，其所投入的成本很低。因此，如果软件的确有其实用价值，那么是很容易让消费者接受的。

　　RealAudio 音频播放器软件是第一个能在网上直接实时播放音频的播放器。RealAudio 在网上赠与了成千上万份的音频播放器软件，希望并鼓励软件开发商将该软件的图标放到开发商的网址上，进而在软件开发时购买其播放器软件。

　　网上赠与模式的实质就是"先试用，然后购买"。用户可以从网站上免费下载喜欢的软件，在真正购买前对该软件进行全面的测评。以往人们在选择和购买软件时仅靠介绍和说明以及人们的口碑，而现在可以免费下载，试用 60 天或 90 天后，再决定是否购买。

　　适宜采用网上赠与模式的企业主要有两类：软件公司和出版商。电脑软件公司在发布新产品或新版本时通常在网上免费提供测试版，网上用户可以免费下载试用。这样，软件公司不仅可以取得一定的市场份额，而且也扩大了测试群体，保证了软件测试的效果。当最终版本公布时，测试用户因为参与了测试版的试用可以享受到一定的折扣。有的出版社也采取网上赠与模式，先让用户试用，然后购买。例如，《华尔街日报》(Wall Street Journal) 对绝大多数在线服务商以及其他出版社一般都提供免费试用期。《华尔街日报》在进行免费测试期间拥有 65 万用户，其中有很大一部分都成为后来的付费订户。

4. 选择厂商模式

　　厂商模式是指生产企业直接面向消费者销售产品的商业模式。厂商模式被预言为最能体现 Web 强大力量的模式，它使厂商直接接触消费者，因此压缩了分销渠道，省去了批发商和零售商。一般来说，厂商模式可以降低成本，从而可以降低消费者的负担，提高客户服务水平，更好地了解客户喜好。例如，美国戴尔电脑公司依靠互联网和电话网络直销，取得了巨大的成功。

但是，这种模式会和厂商已经建立起来的供应链产生渠道冲突。如何调整供应链上各个企业之间的利益、保证供应链的有效性，是企业必须解决的问题。

任务 2.2　经纪与中介模式的选择

2.2.1　知识准备

1. 互联网盈利模式

盈利模式是创业项目为创业者或经营者获取收入的方式、方法和程序的总和。换句话说，一个创业项目的盈利模式决定了创业者是否能够从创业项目的运营中赚钱。如果说价值分析是站在客户的角度对创业项目进行审视，那么盈利模式则是站在创业者和经营者的角度对创业项目进行设计。

盈利模式对于各种形式的创业都是一个至关重要的问题。盈利模式直接关系到创业活动的生命周期，即一颗创业的种子是否能够成长为一棵参天大树，是否能够成为一项常青基业，取决于是否有一个明确的可持续的盈利模式。对于网络创业来说，盈利模式是否清晰更成为网络创业的核心问题。这是因为网络创业的盈利模式往往更容易被先进的技术、新颖的概念所取代，创业者的关注力也往往更容易被某些技术细节所吸引。而如果没有一个清晰的盈利模式，网络创业是不可能成功的。

即便是一个非常有创意的创业点子，即便是能够为客户创造价值的创业项目，但是未必能够为创业者带来利润。盈利模式不是网络创业与生俱来的产物，而是创业者精心设计的结果。成功的网络创业各有各的成功之道，而失败的网络创业往往都是因为没有明确的盈利模式。

电子邮件最早出现在 20 世纪 70 年代，一直以来人们都是把它作为一种免费的电子沟通手段，直到 90 年代，一对美国的律师夫妇用电子邮件轻轻松松赚得了 10 万美金，人们才意识到原来电子邮件也可以成为一种赚钱的工具。因此对于网络创业者来说，在对网络创业项目进行价值分析的同时要对盈利模式进行设计。

一个好的网络创业项目首先应能够为客户提供价值，最好是为广大的客户提供价值。能够为客户提供价值的网络创业项目，说明它能够满足一定的市场需求，有其存在的必要性。客户越广泛，其市场覆盖面就越大。

如果创业者所提供的产品和服务被每一个客户所需要，那么是不是创业就一定成功呢？答案是否定的。理由非常简单，如果有人能够免费提供午饭，全世界的人都愿意成为他（她）的客户，但是他（她）也就马上破产。因此创业项目还必须能够为创业者获取利润，创业者能够从网络创业项目中获取利润是激励创业者创业的动力之一。

最后，网络创业项目还要能够持续地盈利，而不是短期盈利。能够实现持续盈利的网络创业项目才能够持久发展、不断壮大。

为了能够更加突出互联网的特色，对网络盈利模式的划分还可以用另外一种方法：销售型盈利模式和流量型盈利模式。

在互联网上通过出售商品或提供服务而直接获取收入的经营方式就是销售型盈利模式。销售型盈利模式与传统的销售经营方式并没有本质的区别，最大的区别就是出售商品或提供服务的场所是在互联网上。

销售型盈利模式的核心是所出售的商品或提供的服务（服务也可以被当作一种商品）能够直接满足客户的需求，即所提供的商品或提供的服务本身能够为客户创造价值。销售型盈利模式是一种直接的价值交换方式——商品与货币的交换。商家在线出售商品，买方用货币在线或离线支付，同时商品交付给买方，商品所有权进行了转移。

流量型盈利模式是靠浏览量或点击获取收入的经营方式。流量型盈利模式通常是以免费出售非实物商品来吸引用户，这些创新的互联网电商模式虽然没有直接从商品出售或服务中产生收入，但是由于它能够吸引消费者的眼球，从而为其他间接的盈利创造了机会。

在网络创业中，将销售型盈利模式和流量型盈利模式巧妙地结合在一起往往就孕育出了创新的商务模式。因此善于设计吸引用户注意力的流量型模式，同时又善于将流量转化为销量是网络创业成功的不二法则。

2. 网络经纪与中介服务

经纪业务泛指各种代理和中介业务。网络经纪就是通过互联网提供经纪业务或中介服务的电子商务模式。利用互联网提供经纪业务或中介服务是一种低成本的创业途径，是建立在创业者自身的经验、知识和对信息的搜集判断等智力活动基础上并依托互联网而实现的创业活动。从广义上讲，所有为买卖双方提供交易与交流的平台都可以纳入网络经纪的范畴，包括网络竞价平台、供求信息发布平台、旅游中介网站、贸易中介网站、人才中介网站、婚姻中介网站等。

创业者在选择某种网络经纪或中介业务时，首先要准确判断和把握该模式的商业价值，是否存在相应的市场需求决定了创业项目未来是否能够存活。其次要评估创业者（或创业团队）是否具备相关的经验、知识或资源。二者齐备创业才有可能成功。

1）贸易中介网站

贸易中介网站是为买卖双方提供供求信息和交易服务的第三方网络平台。贸易中介网站的商业价值是以海量的供求信息为基础，使买卖各方能够从中方便地寻求到交易的机会。经营贸易中介网站的关键资源就是供求信息，而供求信息的来源在于拥有大量的有效客户，特别是买方客户。如果创业者没有第一手的供求信息——直接来自客户的信息，而是通过转载粘贴获取的信息，这样的中介网站注定是"短命"的。

以贸易中介作为创业选择的网络创业者，除了要具备网络经纪所需要的知识、经验和相关资源之外，还应该精心设计业务流程，避免出现被客户甩掉的情况。也就是买卖双方通过贸易中介网站取得联系以后，就不再需要贸易中介网站了。

网络创业者可以充分发挥互联网的作用，以防止出现此类情况。一是采取会员制，有价信息，有偿使用（需缴纳会员费），而且作为贸易中介公司应该提供更多的增值服务，通过增值服务粘住客户。比如，阿里巴巴就是一个贸易信息中介网站，但是阿里巴巴并不担心被客户甩掉，因为有价值的客户都是阿里巴巴的会员。当阿里巴巴的会员足够多时，每一个加入阿里巴巴的会员都会从其网络效应中获得更多的好处，如果为了省去会员费而甩掉阿里巴巴，就会失去更多的商机。另外，阿里巴巴还通过提供支付宝、诚信通、阿里旺旺（贸易通）等附加服务和增值服务成为买卖双方都不愿甩掉的"保险带"。

2）旅游中介网站

旅游与金融服务相似，是数字化程度非常高的一个领域，利用互联网能够构筑起旅游经纪的电子商务模式，为个人旅游者、商务旅行者提供快捷灵活、体贴周到而又充满个性化的旅行服务。

旅游中介网站以免费的旅游信息服务和预订业务吸引客户。旅游信息服务包括旅游景点介绍、旅游景点的人文景观、餐饮住宿和天气预报等，预订业务则包括酒店订房、飞机票、旅游线路等预订业务。

旅游中介网站的收入来源主要有以下几项：

（1）从预订业务中收取佣金。旅游经纪公司需要与各酒店、航空公司、旅行社等建立合作伙伴关系，从相应的预订业务中收取佣金。

（2）通过对旅游景点、旅行社、宾馆的网上展示收取费用。

（3）其他旅游产品的广告收入。

旅游中介网站不仅仅是提供信息服务和预订业务，同时需要解决物流配送和资金的支付问题。

例如，客户在网上订票提交以后，要按照客户指定的时间和地点将票送达客户。因此旅游中介公司需要建立起庞大的配送网点，配送网点的覆盖面实际上决定了旅游中介网站的业务覆盖面。

目前旅游中介网站采取的资金支付手段有多种形式。一是网上支付，旅游中介公司在与各种信用卡发卡机构分别签署信用卡受理协议以后，就可以实现在线支付；二是线下支付，如邮汇、电汇或现金支付。

3）婚恋交友网站

现代社会，人们的生活节奏越来越快，生活压力越来越大，随之而来的是人与人之间交流的时间却越来越少。这使得越来越多的人希望借助互联网来扩大交友的范围，甚至通过互联网喜结良缘。

婚恋交友网站的商业价值是显而易见的，但是其盈利模式是创业者需要精心设计的。目前几大婚恋交友网站的盈利模式主要还是建立在流量的基础上。当流量成为一种资源时，创业者要寻求将流量转化为销量的盈利模式。将流量资源与销量资源整合起来，才能拓展婚恋交友网站的盈利空间。

2.2.2 经纪与中介模式选择

1. 选择买/卖履行

买/卖履行就是代理商把买方和卖方撮合在一起，履行某种合同完成一些交易行为的模式。

买/卖履行可以是一个在线的金融代理，类似于 eTrade 用户发出买/卖订单，进行金融投资的交易，目前我国广泛开展的网络证券交易就是这样一种模式，证券公司作为买/卖履行代理商把证券交易者集合在一起，实现证券交易。在这种模式中，代理向买方和/或卖方收取交易费用。有些模式基于规模经营，用很低的费用就可以发送出最好的交易价格，例如，携程旅行网（http://www.ctrip.com）创立于 1999 年，总部设在中国上海，目前在北京、广州、深圳、成都、杭州等 17 个城市设立分公司，现有员工 25 000 余人。

作为中国领先的综合性旅行服务公司，携程旅行网向超过 6 000 万注册会员提供包括酒店预订、机票预订、度假预订、商旅管理、特惠商户以及旅游资讯在内的全方位旅行服务。

携程旅行

2. 选择中介代理

中介代理是一个把购买者和在线商家撮合在一起的代理公司，同时提供交易服务，如金融结算和质量保证等。它是一个虚拟商场，同时又处理交易，跟踪订单，提供开账单和催收费用的服务。这种中介，通过确保提供令人满意的商家来维护消费者利益。该代理公司收取商家的初建费，并对每笔交易收取一定的费用。淘宝网就具有中介代理的作用，其开发的支付宝实现了金融结算和质量保证的功能。

淘宝网（www.taobao.com）采用会员制，只对注册会员提供交易服务，对交易的物品称为"宝贝"。另外，淘宝网提供第三方支付工具"支付宝"，帮助交易双方完成交易，提高网上交易的信用度。有类似QQ的即时交易沟通工具"淘宝旺旺"等，目的是让交易双方更加方便快捷地进行网上交易。通过淘宝网的注册认证机制，用激活的用户账号登录集买家、卖家管理和交易工具于一体的"我的淘宝"网页，就可以选择购买宝贝了，还可以发布求购信息让卖家找上门来。对于卖家则要求通过实名认证，再发布10件宝贝，才可以在淘宝网上开店。淘宝网目前为卖家提供电子店铺主页、橱窗位等供商品展示。淘宝网还建立了投诉机制，对炒作信用度、哄抬价格、知识产权侵权以及商标侵权、销售行为侵权、外观设计侵权、著作侵权等行为进行自律。

3. 选择拍卖代理

拍卖代理是为卖方（个人或商家）处理拍卖的网站。其拍卖方式可以分为多种。

正向拍卖以一个最低点为基础，卖方从购买者那里获得最高投标金额。拍卖根据报价和出价规则的不同而有所不同。目前中国知名的拍卖网站有易趣网、中拍网、雅宝拍卖网、易必得、八佰拜电子拍卖等。反向拍卖就是"报出你的价格"（name-your-price）的商业模式，也称为"需求收集"（demand collection）或"请求销售"（shopping by request）。预期的购买者为某一商品或服务报出最终价格，代理则为其寻求相应的卖家。在某些模式中，代理收取的费用是报价和成交价之间的差额，或者是一个处理费用。通常，这种模式的目标定位于一些高档的物品，如汽车或飞机票等。

还有一种反向拍卖方式，即"英式反向拍卖"，也被广泛应用于商务中。这是一种供应商逐次降低供货价格的市场方式，由市场结束前最后一位报价者，即最低出售价的报价者获胜并取得采购商的整批货品采购的订单。这类公司经营的内容是促成企业之间的交易，其收入来源是拍卖代理收取的一定代理费用。

4. 选择商业贸易组织

商业贸易组织也称垂直型网站，是指提供某类产品及其相关产品（互补产品）的一系列服务（从网上交流到广告、网上拍卖、网上交易等）的网站。该类网站的优势在于产品的互补性和购物的便捷性。例如，在一个汽车网站不仅可买到汽车，还可以买到汽车零件，甚至汽车保险。顾客在这类网站中可以实现一步到位的采购（One-stop Shopping），因而顾客的平均滞留时间较长。

垂直型网站的成功案例之一是PlasticNet.com。该网站致力于塑料业厂商的信息中介服务，以提取交易费（5% ~ 10%）为主要收入来源。中国化工网（www.chemnet.com.cn）也是十分成功的垂直型网站。

5. 选择购买者集体议价

购买者集体议价模式是由 Accompany 最先使用的,它把来自互联网的个体购买者聚集成一个群体,这样,购买者们就可以享受在传统购买活动中给予批量购买者的优惠价格。销售者在每笔交易的基础上,给每个购买者打一个小小的折扣。参加议价的人越多,价格就越便宜。集体议价又可以分为两种:一种是预先由发起人预估销售量,直接跟商家把货买断,以大量订购的方式取得低价,然后转卖给其他购买者。这种方式发起人本身要承担一些风险,因为可能预估不准,万一没有全部卖出去,自己要负担后续处理的费用。另一种是先征集需求,然后与厂商商量各个购买数量级别的价格折扣。当然,购买的人越多价格越低。这种做法,经营者比较安全,风险较低。

在我们的日常生活中,要找到大量的想要跟我们买同样东西的人,根本是不可能的。但是通过网络,我们就可以把有同样需求的人集合起来,完成议价的过程。

6. 选择分销商

分销商模式是把大量的产品厂商和批量、零售购买者联结起来,通过网站实现信息共享和销售的模式。这种模式在 B2B 中越来越通用。代理使特许分销商和他们的贸易伙伴之间的交易更加方便。对于购买者,可以使他们更快地进行市场交易,更快地获取批量,同时降低获取成本。为购买者提供来自最好的分销商的报价,显示特定购买者的价格、交易时间,并推荐分销商,以使交易更加有效。对于分销商,通过报价、订单处理、跟踪订单状态,使分销商更快地适应变化,减少劳动力,从而降低销售成本。

7. 搜索代理

搜索代理就是使用一个代理(如一个智能软件或"机器人"),为购买者指定的一项商品或服务搜索出最好的价格,或者努力定位发现信息的商业模式。中华英才网(ChinaHR.Com)无疑是这方面的杰出代表。中华英才网成立于 1997 年,是国内最早、最专业的人才招聘网站之一。

作为中国第一的招聘网站,中华英才网始终以客户需求为导向,用权威的专业服务,做好企业与人才的对接。中华英才网是企业的人才之源,个人的职业伙伴。

案例分析

一个村就是一家淘宝店,人人都是买家也是掌柜

浙江省桐庐县合村乡有板栗基地 7 000 多亩,正常年份的产量超过 100 万斤。往年每到板栗成熟时节,种植户几乎都要陷入年复一年的愁苦:板栗大批上市,收购价一压再压。农户们年年都担心板栗卖不掉,年年也需要当地乡镇干部帮忙。得益于良好的电商发展态势,特别是物流方面,有村级单位物流全通的先天优势,同时也有良好的社会环境以及政府部门的政策支持,2014 年 10 月,阿里巴巴和桐庐县政府正式签署"农村发展战略落地桐庐试点项目"。

该项目农村淘宝可以用"五个一"来概括:一个村庄中心点、一条专用网线、一台电脑、一个超大屏幕、一批经过培训的技术人员。

阿里在 10 个村中均选择一个平时经常有大量村民闲坐、聚集的地方(比如广场、小卖部)作为网店所在地,并铺设相关线路接通网络,配备电脑等设备,同时还会竖起一

面巨大的屏幕用以公布商品信息、买卖成交信息等，而具体交易行为则不用村民担心，经过培训的技术人员会搞定这一切。

先期资金均由淘宝公司投入，技术人员也由淘宝指派。淘宝会对每个村确定的网店管理人员进行专业培训，然后通过这种方式带动更多人参与。在此模式下，每个村民都是店主，只是村民们委托了某个人进行信息管理。

在此模式下，关于买和卖以如下实例来说明：

某消费者在屏幕上看中了一件100元的衣服，可以直接找到"农村淘宝"店主，让他帮助下单填地址。收到货后，也不必急着付款，先穿了再说，可以先试穿再付款。如果觉得满意，就去店里付款；如果不喜欢，直接把衣服交给农村淘宝退货即可。

对于希望销售农产品的农民来说，地里的板栗熟了，只需拨通店内电话，技术人员就会上门拍照议价，然后产品便可上淘宝网，得到订单后发货即可。买家确认后，村民还可以选择现金或汇款两种方式收钱。

同时，每家农村淘宝店都会有金额为2万~3万元的担保账户，这笔钱是阿里巴巴出的。村民下单后，它将以支付宝的形式先向卖家支付货款，这样就让村民的购物风险降到最低。宽松的购买条件，激发了村民的购物欲，还迎合了民众的消费习惯。过去站在"电子商务"这个名词前，绝大多数桐庐人还是懵懂的状态，不信任、不靠近、不尝试。那时的淘宝深陷城市战场：服装、化妆品、电器等一直是网购主产品。这一次，淘宝将网购产品扩展到桐庐的萝卜青菜、农家豆腐。桐庐是淘宝首个农村电商试点县，这个试点将是淘宝千县万村总体计划前段部分，淘宝总计划是在3~5年间投资100亿元，建立1 000个县级运营中心和10万个村级服务站。

购买流程

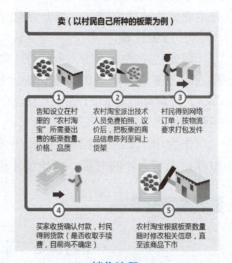

销售流程

按照阿里巴巴方面目前的设想，今后，只要村民愿意，就可以把自己地里的青菜萝卜，甚至是刚刚出锅的农家豆腐都提前卖掉。将来城市里的居民在淘宝上想买时兴新鲜的"田里货"会越来越多，放心度也会越来越高。而农村也将多一种消费选择，更多的优秀人才回归农村，农民买到更便宜更好的生产资料，同时也让农产品足不出户就能卖到全世界。

截至2016年1月，桐庐县已先后建成3个县级核心电商产业园，入驻专业电商公司47家；6个乡镇孵化园，培育电商企业165家；8个本地电商支撑平台，县内应用企业（商家）达4 600余家；9个电商仓储物流平台，日均发货量突破40 000单，农村电商模式产生了巨大的效益。

思考： 当前淘宝村、淘宝镇的快速建设如何促进当地经济的发展？

课程思政案例导读

电商精准扶贫——遂昌模式

隶属于浙江省丽水市的遂昌县作为浙江山区科学发展综合改革试验区之一，早在2003年，遂昌县政府便开始整合资源，搭建服务于当地经济发展的电子商务公共平台。

据了解，在遂昌县众多村庄有130多个名为"赶街"的电子商务服务站。"赶街"一词源于遂昌地方话，意思是赶集。在这些服务站，村民们可以享受购物、售物、缴费、获取资讯等一站式服务。依托赶街网等平台的快速发展，遂昌县充分发挥山区自然环境优越、农产品丰富的优势，利用电子商务弥补该县农民专业合作社和小微型企业市场信息闭塞、营销手段缺乏、物流不畅的短腿，将电子商务作为当地经济转型升级的重要手段大力推进，形成了县域电商经济发展的"遂昌模式"。

所谓"遂昌模式"，即以本地化电子商务综合服务商作为驱动，带动县域电子商务生态发展，促进地方传统产业，尤其是农业及农产品加工业实现电子商务化，"电子商务综合服务商＋网商＋传统产业"相互作用，在政策环境的催化下，形成信息时代的县域经济发展道路。

赶街网

王村口镇吴处村的钟文怀种植木槿花，原来在县城购买种植幼苗所需的营养钵，单价为0.5元，10 000个营养钵需5 000元的投入。后来村里建成"赶街"网点后，他在网上购买的单价仅为0.02元，是原来的1/25，大大降低了种植成本。还有更多的村民通过"赶街"网购到羽绒服、保暖内衣、电饭煲等中意的商品。

同时，"赶街"也帮助村民们销售特色产品。2014年上半年，高坪乡"赶街"网店了解到当地土鸡蛋较多的信息，于是"赶街"总部在淘宝、顺丰、本来生活等几个大的电商平台同时组织土鸡蛋特卖活动，共销售土鸡蛋2万多个。

为解决农村物流的难题，"赶街"建立了专门的仓储物流中转中心，并统一所有村的"赶街"网点收货地址。每天，物流中转中心对收到的快递进行分理并登记，再由本地快递公司配送到各村"赶街"网点，最后由工作人员通知村民取件。

"赶街"实现了"网货下乡"和"农产品进城"，有效解决了"服务群众最后一公里"的问题，让交通不便、信息相对落后、配套服务体系不健全的村民们享受到电子商务的便利。

与此同时，该县财政还把"全民创业"专项资金的扶持重点放在电子商务和网上创业上，2年来针对城镇待业人员、农村青年以及有意网络创业的青年共举办免费培训近10场，受训人数接近2 500人次，其中几场大型培训活动，每次培训人数多达300多人，群众反响热烈。

目前，遂昌县已绘制出未来5年内电子商务的发展蓝图：成为浙西南地区最大农特产交易平台；网商总数发展到5 000家以上，业务模式包括B2B、B2C、C2C，以及线下渠道并进；实现5亿~10亿元的销售规模。

思考： 你认为大力发展农村电商对实现农村精准扶贫有何帮助？

 课后练习

项目三

组建创业团队

学习目标

通过本项目的学习与实训，能够了解创业团队所需成员结构，理解企业人员组织匹配原理，理解选择和管理员工的重要性。

教学重点：创业团队组成要素，团队人员结构，员工岗位职责。

教学难点：创业团队的类型，团队组织结构图。

创业团队

项目引例：西游记团队组织结构

团队管理这一名词是随着工商管理的概念进入中国的，但实际上最早阐述团队理念的是中国，那就是我们早已熟知的《西游记》。这部书的本身就讲述了一个团队合作的深刻案例，但国人并没有去深刻挖掘，倒是"洋鬼子"们花了大量的功夫去研究。据说很多国外的学者、企业家从这部书里得到了团队管理的真谛，更有甚者，一位英国学者在读此书时，读到这样一个情节：孙行者揪下猴毛，霎时一吹，突然惊现一群小猴。这时英国学者大叹，"中国人真的是太聪明了，那个时候他们就有了'克隆'观念，而且是用猴毛基因。"在我们为古代文化自豪的同时，可以就现代管理来谈谈企业中的西游记案例。

《西游记》中的师徒四人组成一个团队，而现代管理中的团队概念认为团队就是4~25人构成，看来我们的祖先已经认识到这一点，只是没有总结。那我们来分析一下他们的组织架构：首先肯定他们是一个成功的团队！

唐僧是这个团队的最高领导，是决策层，在企业里面就好像是总经理等高层的管理人员，运用自己的强硬管理方式和制度（紧箍咒）来管理团队，并且通过"软权力"和"硬权力"的结合来调动整个团队。从根本上讲，几个徒弟都很服从他，佩服他的学识（软权力），因为唐僧是当时名噪一时的佛

西游神仙团队

学家，而且是个翻译，按现在衡量高层管理人员的标准，他是同声传译员而且是个工商管理硕士（如来佛祖颁的），德高望重，绝对是个优秀的管理者，他领导团队去西天取经，并获得成功。

孙行者应该是这个团队中的职业经理人，具体一点就是部门经理。他本领高强，到哪里都能混口饭吃，而且此人社会关系和社会资源极其丰富，其性格本身就是有点"猴急"，从个人素质上来说是非常优秀的，通常总经理（唐僧）布置的任务都能高效率地完成，而且处处留下美名，颇有跨国公司职业经理人的风范。当然他在文学作品中是完美的化身，所有的主管、经理都应该向他看齐，因为他是优秀的。

八戒虽然不太招人喜欢，但是作为组织中的小人物，他本人还是有很多优点，而且许多方面还在团队中起了不小的作用，比如调解矛盾，运用公共关系的方法来协调众人之间的关系，这些都是他对组织的贡献。他本人幽默、可爱，充当着组织润滑剂的角色，所以在组织中功不可没，没有八戒的团队是残缺的，而且也是不完美的。组织中的侧重沟通、协调关系的角色都类似于他，是极其重要的。用一句话来概括：八戒是公司中跨部门沟通的典范！

沙僧自不必说，他朴实无华，工作踏实，从企业的角度讲，他是"广大劳动者"，兢兢业业，是劳动的模范。他虽然没有职业经理人的风光与协调关系者的公关本领，但是他所做的工作却是最基础的。每一个人都应该学习他，主动挑起自己的责任，努力工作，为团队和组织做出自己的工作。

白龙马更是一个默默无闻的劳动者，任劳任怨，主要工作就是唐僧的司机兼座驾，偶尔在关键时刻挺身而出表现一下。

任务布置：根据上述信息，请设计出西游记团队的组织结构图。

任务 3.1　组建创业核心团队

3.1.1　知识准备

1. 创业团队

团队可以定义为是由少数具有技能互补的人组成，他们认同于一个共同目标和一个能使他们彼此担负责任的程序，并相处愉快，乐于一起工作，共同为达成高品质的结果而努力。团队就是合理利用每一个成员的知识和技能协同工作，解决问题，达到共同目标的共同体。

2. 创业团队组成要素

1）目标

创业团队应该有一个既定的共同目标，为团队成员导航，知道要向何处去，没有目标这个团队就没有存在的价值。目标在创业企业的管理中以创业企业的远景、战略的形式体现。

2）人

人是构成创业团队最核心的力量。三个及三个以上的人就形成一个群体，当群体有共同的奋斗目标就形成了团队。在一个创业团队中，人力资源是所有创业资源中最活跃、最重要的资源。应充分调动创业者的各种资源和能力，将人力资源进一步转化为人力资本。

目标是通过人员来实现的，所以人员的选择是创业团队中非常重要的一部分。在一个团队中可能需要有人出主意，有人定计划，有人实施，有人协调不同的人一起去工作，还有人去监督创业团队工作的进展，评价创业团队最终的贡献，不同的人通过分工来共同完成创业团队的目标。在人员选择方面要考虑人员的能力如何，技能是否互补，人员的经验如何。

3）创业团队的定位

创业团队的定位包含两层意思：

（1）团队的定位。创业团队在企业中处于什么位置，由谁选择和决定团队的成员，创业团队最终应对谁负责，创业团队采取什么方式激励下属。

（2）个体（创业者）的定位。作为成员在创业团队中扮演什么角色，是制定计划还是具体实施或评估。是大家共同出资，委派某个人参与管理；还是大家共同出资，共同参与管理；或是共同出资，聘请第三方（职业经理人）管理。在创业实体的组织形式上，是合伙企业或是公司制企业。

4）权限

创业团队中领导人的权力大小与其团队的发展阶段和创业实体所在行业相关。一般来说，创业团队越成熟领导者所拥有的权力相应就越小，在创业团队发展的初期阶段领导权相对比较集中。高科技实体多数是实行民主的管理方式。

5）计划

目标最终的实现，需要一系列具体的行动方案，可以把计划理解成达到目标的具体工作程序。按计划进行可以保证创业团队的进度顺利。只有在计划的操作下创业团队才会一步一步地贴近目标，从而最终实现目标。

3.1.2 创业团队类型与互补

1. 创业团队的类型

从不同的角度、层次和结构，可以划分为不同类型的创业团队，而依据创业团队的组成者来划分，创业团队有星状创业团队、网状创业团队和从网状创业团队中演化而来的虚拟星状创业团队。

1）星状创业团队

一般在团队中有一个核心人物，充当了领队的角色。这种团队在形成之前，一般是核心人物有了创业的想法，然后根据自己的设想进行创业团队的组织。因此，在团队形成之前，核心人物已经就团队组成进行过仔细思考，根据自己的想法选择相应人员加入团队，这些加入创业团队的成员也许是核心人物以前熟悉的人，也有可能是不熟悉的人，但这些团队成员在企业中更多时候是支持者的角色。

这种创业团队有几个明显的特点：

（1）组织结构紧密，向心力强，主导人物在组织中的行为对其他个体影响巨大。

（2）决策程序相对简单，组织效率较高。

（3）容易形成权力过分集中的局面，从而使决策失误的风险加大。

（4）当其他团队成员和主导人物发生冲突时，因为核心主导人物的特殊权威，使其他团队成员在冲突发生时往往处于被动地位，在冲突较严重时，一般都会选择离开团队，因而对组织的影响较大。

2）网状创业团队

这种创业团队的成员一般在创业之前都有密切的关系，比如同学、亲友、同事、朋友等。一般都是在交往过程中，共同认可某一创业想法，并就创业达成了共识以后，开始共同进行创业。在创业团队组成时，没有明确的核心人物，大家根据各自的特点进行自发的组织角色定位。因此，在企业初创时期，各位成员基本上扮演的是协作者或者伙伴角色。

这种创业团队的特点：

（1）团队没有明显的核心，整体结构较为松散。

（2）组织决策时，一般采取集体决策的方式，通过大量的沟通和讨论达成一致意见，因此组织的决策效率相对较低。

（3）由于团队成员在团队中的地位相似，因此容易在组织中形成多头领导的局面。

（4）当团队成员之间发生冲突时，一般都采取平等协商、积极解决的态度消除冲突，团队成员不会轻易离开。但是一旦团队成员间的冲突升级，使某些团队成员撤出团队，就容易导致整个团队的涣散。

3）虚拟星状创业团队

这种创业团队是由网状创业团队演化而来，基本上是前两种的中间形态。在团队中，有一个核心成员，但是该核心成员地位的确立是团队成员协商的结果，因此核心成员从某种意义上来说是整个团队的代言人，而不是主导型人物，其在团队中的行为必须充分考虑其他团队成员的意见，不如星状创业团队中的核心主导人物那样有权威。

2. 创业团队的互补

创业团队的互补是指由于创业者知识、能力、心理等特征和教育、家庭环境等方面的差异，对创业活动产生的不利影响，通过组建创业团队来发挥各个创业者的优势，弥补彼此的不足，从而形成一个知识、能力、性格、人际关系资源等方面全面具备的优秀创业团队。

1）创业团队互补的意义

从人力资源管理的角度来看，建立优势互补的创业团队是保持创业团队稳定的关键。研究表明，大多数创业团队组成时，并不是考虑到成员专业能力的多样性，大多是因为有相同的技术能力或兴趣，至于管理、营销、财务等能力则较为缺乏。因此，要使创业团队能够发挥其最大的能量，在创建一个团队时，不仅要考虑相互之间的关系，最重要的是考虑成员之间能力或技术上的互补性，包括功能性专长、管理风格、决策风格、经验、性格、个性、能力、技术以及未来的价值分配模式等特点的互补，以此来达到团队的平衡。

创业团队是由很多成员组成，那么这些成员在团队里究竟扮演什么角色，对团队完成既定的任务起什么作用，团队缺少什么样的角色，候选人擅长什么，欠缺什么，什么样的人与团队现有成员的个人能力和经验是互补的，这些都是必须首先界定清楚的。这样，我们就可以利用角色理论挑选和配置成员，所挑选出的成员才能做到优势互补，用人之长。因为创业的成功不仅是自身资源的合理配置，更是各种资源调动、聚集、整合的过程。

2）不同角色对团队的贡献

不同角色在团队中发挥着不同作用，因此，团队中不能缺少任何角色。一个创业团队要想紧密团结在一起，共同奋斗，努力实现团队的远景和目标，各种角色的人才都不可或缺。

（1）创新者提出观点。没有创新者，思维就会受到局限，点子就会匮乏。创新是创业团队生产、发展的源泉。企业不仅开发要创新，管理也需创新。

（2）实干者运筹计划。没有实干者的团队会显得比较乱，因为实干者的计划性很强。"千里之行，始于足下"，有了好的创意还需要靠实际行动去实践。而且实干者在企业人力资源中应该占较大的比例，他们是企业发展的基石。没有执行就没有竞争力。只有通过实干者踏实努力的工作，美好的远景才会变成现实，团队的目标才能实现。

（3）凝聚者润滑调节各种关系。没有凝聚者的团队的人际关系会比较紧张，冲突的情形会更多一些，团队目标完成将受到很大的冲击，团队的寿命也将缩短。

（4）信息者提供支持的武器。没有信息者的团队会比较封闭，因为不知道外界发生了什么事。当今社会，信息是企业发展必备的重要资源之一。世界是开放的系统，创业团队要在社会中生存和发展，没有外界的信息交流企业就成了一个自给自足的封闭小团体。当代创业团队的成功更需要正确的、及时的信息。

（5）协调者协调各方利益和关系。没有协调者的团队领导力会削弱，因为协调者除了要有权力性的领导力以外，更要有一种个性的引召力来帮助领导树立个人影响力。从某个角度说管理就是协调。各种背景的创业者凝聚在一起，经常会出现各种分歧和争执，这就需要协调者来调解。

（6）推进者促进决策的实施。没有推进者效率就不高。推进者是创业团队进一步发展的"助推器"。

（7）监督者监督决策实施的过程。没有监督者的团队会大起大落，做得好就大起，做得不好也没有人去挑刺，这样就会大落。监督者是创业团队健康成长的鞭策者。

（8）完美者注重细节，强调高标准。没有完美者的团队的线条会显得比较粗，因为完美者更注重的是品质、标准。但在创业初期，不能过于追求完美；在企业的逐渐成长过程中，完美者要迅速地发挥作用，完善企业中的缺陷，为做大做强企业打下坚实的基础。现代管理界提出的"细节决定成败"观点，进一步说明了完美者在企业管理和发展中的重要作用。

（9）专家则为团队提供一些指导。没有专家，企业的业务就无法向纵深方向发展，企业的发展也将受到限制。

在了解了不同的角色对于团队的贡献以及各种角色的配合关系后，就可以有针对性地选择合适的人才，通过不同角色的组合来达到团队的完整。由于团队中的每个角色都是优点和缺点相伴相生，领导者要学会用人之长、容人之短，充分尊重角色差异，发挥成员的个性特征，找到与角色特征相契合的工作，使整个团队和谐，达到优势互补。优势互补是团队搭建的根基。

团队竞争是创业企业赖以战胜大企业的重要法宝。大企业可以聘用非常好的职业经理人，而在创业之初创业企业则只能通过团队精神在人力资源上超过大企业。所以，寻找到好的优势互补的合作伙伴，是创业成功一半的保证。当代社会，社会分工越来越细，最专业的事就要交给最专业的人去做，胜算才会更大；也只有优势互补的团队才能充分发挥其组合潜能，也肯定优于个人创业的单打独斗。

在一个创业团队中，成员的知识结构越合理，创业成功的概率就越大。纯粹的技术人员组成的公司容易形成技术为主、产品为导向的情况，从而使产品的研发与市场脱节；全部是由市场和销售人员组成的创业团队缺乏对技术的领悟力和敏感性，也容易迷失方向。因此，在创业团队的成员选择上，必须充分注意人员的知识结构——技术、管理、市场、销售等，充分发挥个人的知识和经验优势。

任务 3.2　制定员工岗位职责

3.2.1　知识准备

1. 招聘程序

招聘新员工对应聘者和创业者来说都相当重要。它既可能是一种互利关系的开始，也可能是一系列错误的开端。

影响员工流转的两个主要因素是招聘和选择程序。为了减少员工流失，创业者有必要发布招聘广告、处理应聘者的申请材料、举行面试、选择新员工并为他们配置工作。

潜在的员工来源：

（1）企业内部提拔；
（2）招聘广告；
（3）就业中介；
（4）教育机构；
（5）以前的员工推荐；
（6）在职员工推荐。

选择员工的程序：

（1）接受申请资料；
（2）面试；
（3）核实应聘者的相关信息；
（4）应聘者的技能测试。

2. 定岗程序

按照惯例，新员工到来的第一天应该带他们参观企业。在这期间，应该把新员工介绍给在职的其他员工，让新员工了解企业的整体运行情况，明确地要求新员工适应企业的经营环境并融入企业当中。这项工作并不需要花很多精力，但却十分有用。从长远来看，这项工作省时省钱。

最重要的是，要让新员工从进入企业的第一天开始就能找到自己的恰当位置。正确定岗非常有助于提高员工的工作效率，并且有助于长期留住优秀员工。

员工定岗的四个基本原则：

（1）定人——确定需要定岗的员工。
（2）定事——明确必须完成的工作任务。
（3）试用——让员工在监督下进行尝试。
（4）转正——让合格者继续工作下去。

给新员工定岗准备工作的六个要素：

（1）落实工作——让新员工了解他们所要从事的工作。
（2）进行监督——让在职员工对新员工进行辅导和监督。
（3）设计障碍——设计简单工作障碍。
（4）确定时间——制定新员工培训时间表。

（5）规定范围——规定工作范围。

（6）绩效评估——每天对新员工的工作绩效进行评估。

3. 员工的考虑

薪酬计划： 对员工来说，工资是决定他们工作的一个重要因素。他们希望所得报酬能够反映出他们贡献给企业的各种技能以及所付出的辛勤劳动。如果创业者想要吸引并留住优秀员工，那么，他们就必须认真考虑在别的企业从事相同工作的员工报酬如何。

额外福利： 在所有额外福利中，病休和假期是员工们最为看重的。创业者应该设计一整套包括各种额外福利的方案。

人际关系： 高工资报酬和优厚的福利待遇并不一定能够使员工感到快乐。工作满意对他们来说更加重要。创业者有责任为员工提供最好的工作环境，并且要确保员工与企业之间总是能够畅通无阻地进行双向交流。

工作条件： 良好的工作条件与员工的健康、舒适和安全一样都应该是创业者真正关心的事情。一个好的工作环境不仅可以防止发生意外事故，而且非常有助于提高员工的工作效率。工作场所必须通风良好、冷热适度、光照充足，还必须安装卫生设备和安全设施。在任何一家企业的健康和安全计划中，急救药箱和急救电话号码都是必不可少的。

3.2.2 岗位职责

1. 制定岗位职责的原则

（1）要让员工自己真正明白岗位的工作性质。岗位工作的压力不是来自他人的压力，而是使此岗位上的工作人员发自内心自觉自愿地产生，从而转变为主动工作的动力，要推动此岗位员工参与设定岗位目标，并努力激励他实现这个目标。因此岗位目标的设定、准备实施、实施后的评定工作都必须由此岗位员工承担，让岗位员工认识到这个岗位中所发生的任何问题，并由自己着手解决掉，他的上司只是起辅助他的作用，他的岗位工作是为他自己做的，而不是为他上司或者老板做的，这个岗位是他个人展现能力和人生价值的舞台。在这个岗位上各阶段工作的执行，应该由岗位上的员工主动发挥创造力，靠他的自我努力和自我协调的能力去完成。员工必须在本职岗位的工作中主动发挥自我解决、自我判断、独立解决问题的能力，以求工作成果的绩效实现最大化。因此，企业应激励各岗位工作人员除了主动承担自己必须执行的本职工作外，也应主动参加自我决策和对工作完成状况的自我评价。

（2）企业在制定岗位职责时，要考虑尽可能一个岗位包含多项工作内容，以避免岗位上的员工由于长期从事单一型工作而被埋没了个人的其他才能。丰富的岗位职责的内容，可以促使一个多面手的员工充分发挥各种技能，也会收到激励员工主动积极工作的效果。

（3）在企业人力资源许可情况下，可在有些岗位职责里设定针对在固定期间内出色完成既定任务之后，可以获得转换到其他岗位工作的权利。通过工作岗位转换，丰富了企业员工整体的知识领域和操作技能，同时也营造了企业各岗位员工之间和谐融洽的企业文化氛围。

2. 岗位职责的构建方法

（1）确定职位目的。

根据组织的战略目标和部门的职能定位，确定职位目的。职位（设置）目的，说明设立该职位的总体目标，即要精练地陈述出本岗位为什么存在，它对组织的特殊（或者是独一无二）贡献是什么。读者应当能够通过阅读职位目的而辨析此工作与其他工作目标的不同。

职位目的一般编写格式为：工作依据＋工作内容（职位的核心职责）＋工作成果。举例来说，某公司计划财务部经理的职位总体目的可表述为：在国家相关政策和公司工作计划的指导下，组织制定公司财务政策计划和方案，带领部门员工，对各部门提供包括成本、销售、预算、税收等全面财务服务，实施财务职能对公司业务经营的有效支持作用。

（2）分解关键成果领域。

通过对职位目的的分解得到该职位的关键成果领域。所谓关键成果领域，是指一个职位需要在哪几个方面取得成果，从而实现职位的目的。可以利用鱼骨图作为工具对上例进行职位目的的分解，得到计划财务部经理的关键成果领域。

（3）确定职责目标。

确定职责目标，即确定该职位在该关键成果领域中必须取得的成果。因为职责的描述是要说明工作持有人所负有的职责以及工作所要求的最终结果，因此，从成果导向出发，应该明确关键成果领域要达成的目标，并确保每项目标不能偏离职位的整体目标。

（4）确定工作职责。

如上所述，我们通过确定职责目标表达了该职位职责的最终结果，那么本步骤就是要在此基础上来确定任职者到底要进行什么样的活动、承担什么样的职责，才能达成这些目标。

因为每一项职责都是业务流程落实到职位的一项或几项活动（任务），所以该职位在每项职责中承担的责任应根据流程而确定，也就是说，确定应负的职责项就是确定该职位在流程中所扮演的角色。

在确定责任时，职位责任点应根据信息的流入/流出确定。信息传至该职位，表示流程责任转移至该职位；经此职位加工后，信息传出，表示责任传至流程中的下一个职位。该原理体现了"基于流程""明确责任"的特点。

以某公司的招聘工作为例，员工招聘的工作流程可以分为4个环节：

① 招聘计划的制定、审核与审批。

② 招聘费用的预算、审核与审批。

③ 招聘工作的实施。其中一般人员的招聘，人力资源部与主管部门负责人参加；关键员工的招聘，高层管理人员、人力资源部和主管部门负责人参加。

④ 招聘工作的反馈与检查。

在招聘计划过程中，人力资源部招聘专员制定招聘计划，然后上报人力资源部经理审核，这样招聘专员制定招聘计划的职责就算完成；计划的审核职责归属人力资源部经理，如果审核没问题，就报人力资源总监批准，下面审批计划的责任就转移到人力资源总监的职责上来；审批完成后，进入招聘流程的下一个环节。

可以看出，基于流程的职责分析，明确界定了每项职责中职位应该扮演什么样的角色，以及拥有什么样的权限。要想明晰地表达出职位在各项职责中扮演的角色及权限，在职责描述时就要准确规范地使用动词，就像上例中的"制定""审核"和"审批"等。

（5）进行职责描述。

职责描述是要说明工作持有人所负有的职责以及工作所要求的最终结果，因此，通过以上两个步骤明确了职责目标和主要职责后，就可以将两部分结合起来，对职责进行描述了，即：职责描述＝做什么＋工作结果。

3. 举例：人事部岗位职责

部门名称：人事部。

直接上级：分管副总经理。

下属部门：人事科、劳动工资科。

部门性质：人力资源开发、利用的专业管理部门。

管理权限：受分管副总经理委托，行使对公司人事、劳动工资管理权限，并承担执行公司规章制度、管理规程及工作指令的义务。

管理职能：负责对公司人事工作全过程中的各个环节实行管理、监督、协调、培训、考核评比的专职管理部门，对所承担的工作负责。

主要职责：

（1）坚决服从分管副总经理的统一指挥，认真执行其工作指令，一切管理行为向主管领导负责。

（2）严格执行公司规章制度，认真履行工作职责。

（3）负责组织对人力资源发展、劳动用工、劳动力利用程度指标计划的拟订、检查、修订及执行。

（4）负责制定公司人事管理制度，设计人事管理工作程序，研究、分析并提出改进工作意见和建议。

（5）负责对本部门工作目标的拟订、执行及控制。

（6）负责合理配置劳动岗位，控制劳动力总量。组织劳动定额编制，做好公司各部门车间及有关岗位定员定编工作，结合生产实际，合理控制劳动力总量及工资总额，及时组织定额的控制、分析、修订、补充，确保劳动定额的合理性和准确性，杜绝劳动力的浪费。

（7）负责人事考核、考查工作。建立人事档案资料库，规范人才培养、考查选拔工作程序，组织定期或不定期的人事考证、考核、考查的选拔工作。

（8）编制年度、季度、月度劳动力平衡计划和工资计划，抓好劳动力的合理流动和安排。

（9）制定劳动人事统计工作制度。建立健全人事劳资统计核算标准，定期编制劳资人事等有关的统计报表；定期编写上报年度、季度、月度劳资、人事综合或专题统计报告。

（10）负责做好公司员工劳动纪律管理工作。定期或不定期抽查公司劳动纪律执行情况，及时考核，负责办理考勤、奖惩、差假、调动等管理工作。

（11）严格遵守《劳动法》及地方政府劳动用工政策和公司劳动管理制度，负责招聘、录用、辞退工作，组织签订劳动合同，依法对员工实施管理。

（12）负责核定各岗位工资标准。做好劳动工资统计工作，负责对日常工资、加班工资的报批和审核工作。

（13）负责对员工劳动保护用品定额和计划的管理工作。

（14）配合有关部门做好安全教育工作。参与职工伤亡事故的调查处理，提出处理意见。

（15）负责编制培训大纲，抓好员工培训工作。在抓员工基础普及教育的同时，逐步推行岗前培训与技能、业务的专业知识培训，建立健全专业技术知识与综合管理知识相结合的交替教育提高培训模式及体系。

（16）认真做好公司领导交办的其他工作任务。

> 案例分析

腾讯组织架构的变与不变

2018年国庆前夕，腾讯宣布了大范围组织架构调整。

此次调整，原来的七大事业群变成了六大事业群，新成立了"云与智慧产业事业群"（CSIG）、"平台与内容事业群"（PCG）。

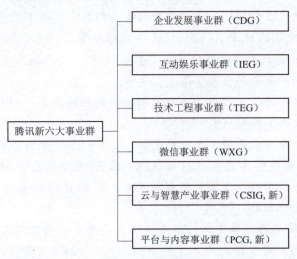

腾讯新六大事业群

有人说，这个架构就是拳打阿里云、脚踢头条系的节奏。这话有些道理，但不是全部。要读懂腾讯的这次调整，关键是在于三个变与不变。

组织架构变了，但技术驱动的核心理念没变。

腾讯在过去20年发展史上，有过两次标志性的组织架构调整。

第一次是2005年的BU化。

创业之初，腾讯采用的是职能式组织架构：COO管渠道和业务，CTO管研发和基础架构，上面再由CEO统一协调。在当时只有QQ这个核心产品的情况之下，这种架构简单易行。

到了2005年前后，PC互联网已经发展到一个空前繁荣的阶段，腾讯的业务范围也拓展到无线业务、互联网增值业务、游戏、媒体等多个领域。

由于职能式架构造成的管理滞后，腾讯开始了第一次大刀阔斧的调整：开始了BU化（Business Unit，业务系统），即向"事业部制"进化，以产品为导向，将业务系统化，相当于每个业务都添了个有力的CEO。

第二次是2012年BG化。

2012年是中国互联网的分水岭，手机QQ的消息数第一次超过了QQ，大多数用户的主要时间开始花在手机上，也就是说，移动互联网的大潮来了。

QQ、无线QQ、手机QQ上的增值服务和SNS业务分别散落在三个部门各自为政，内部协调成了一个大问题，用户体验被忽略，无法适应移动互联网时代的竞争。

为了便于公司相关业务协调，减少部门间相互扯皮和恶性竞争的情况，腾讯做出了第二次组织架构调整：BG（Business Group，事业群）化。

调整后，腾讯从原来的业务系统升级为"事业群制"，把业务重新划分为企业发展事业群（CDG）、互动娱乐事业群（IEG）、移动互联网事业群（MIG）、网络媒体事业群（OMG）、社交网络事业群（SNG），整合原有的研发和运营平台，成立新的技术工程事业群（TEG），后续又将微信独立成立了WXG。

事实证明，腾讯的这两次组织架构调整都带来了巨大的成功。

而今，历史又走到了相似的关键节点，科技与互联网都在发生根本性的变革，而腾讯旧的组织架构已经不能适应这种变化，无论内外因素，都决定了腾讯要求变。

在当前刚刚拉开帷幕的这个AI时代，正伴以移动宽带技术、5G和智能物联网（IoT）热潮，三者共同发展，未来某个时刻会产生"叠加效应"。三浪叠加也使技术社会创新充满无限的可能，蕴藏着创新创业的重大机遇。

百度也认为，将成为时代主题并为各行业创造全新机遇的是"ABC"，也就是AI（工人智能）、BigData（大数据）和Cloud（云计算）。

无论是哪种表述，全球正面临重大技术变革，已是一个不争的事实。

在AI时代，腾讯的战略布局为"AI in All"（让AI无处不在）。目前，拥有腾讯优图、AI Lab、微信AI团队和Robotics X（机器人实验室）等AI队伍的腾讯在游戏、内容、社交、金融、医疗等多纬度综合布局。

AI时代的商业环境不再是单个部门、甚至不再是单个企业孤军奋战的时代，而是商业生态系统内部成员共同应对竞争对手乃至整个商业生态系统共同进化。

在这种情况下，腾讯组建CSIG（云与智慧产业事业群），除了突出公司的云与AI战略之外，更是利于资源整合和有效协同。

可以看出，尽管腾讯20年来三次大的组织架构调整目标和方式各不相同，但从PC互联网到移动互联网再到AI时代，腾讯每一次都能在技术发展的拐点及时全速转型，这说明腾讯自上而下一直在紧跟技术变革和科技进步，不断进行反思和进化。

商业重心变了，但"连接一切"的既定战略没变。

这次调整，原本隶属于SNG的腾讯云与其他的ToB业务共同组成了新的事业群，显而易见，腾讯要发力B端。

要知道，在过去的20年里，腾讯主要的角力点都是在C端。事实上，不止腾讯，国内外的互联网巨头基本上都是在搜索、社交、电商、衣食住行等生活和消费领域诞生的。

我们姑且把过去20年的互联网称作是消费互联网。然而，随着人口红利的消失，消费互联网发展势头已经放缓，就算是坐拥QQ和微信两个十亿级社交产品的腾讯，C端用户的天花板也隐约可见。

与此同时，产业互联网却在逐步兴起。

随着技术的革新，虚拟化进程从个人扩展到企业，越来越多的传统企业成为互联网的参与者，相对于消费互联网的成熟与稳定，刚刚起步的产业互联网则是一片蓝海。

把"连接一切"作为愿景的腾讯，自然不会放过这个连接B端的机会。马化腾所说的连接人和物、人与服务，应该不限于B端，还包括G（政府）端。2018年5月，腾讯云击败阿里、百度、华为、京东等公司，中标"北京大数据行动计划整体设计咨询服务项目"，将作为顶层设计方帮助北京构建城市大数据的"超级大脑"。

腾讯这次竞标成功，很大程度上是因为其在"数字广东"建设上的成功经验。"数字广东"致力于打造一整套数字政府的解决方案，同时还连接很多民生有关领域，已经成为全国最领先的省级数字政府样板。

在2018年5月的腾讯"云+未来"峰会上，马化腾说，腾讯要把集聚了20年的科技能力开放共享，助力企业和政府实现数字化转型。由此可见，尽管腾讯从之前的ToC到现在的ToB甚至ToG全方位发力，但其做"连接器"的初衷没有变，做开放平台的理念没有变，只不过，利用这次组织架构调整，把既定战略引向了更深处。

协同协作方式变了，但内部竞争的传统优势没变。

众所周知，腾讯向来鼓励内部竞争。腾讯赋予内部小组充分的权力，在内部展开充分的"斗争"，为腾讯带来众多"意外"的创新，如QQ空间、QQ游戏、微信、王者荣耀，都不是顶层规划的结果，而是来自基层业务单元的"意外惊喜"。

这种方式在移动互联网时代让腾讯几乎战无不胜，但在AI和产业互联网时代，无论是大数据还是云计算，无论是ToB还是ToG，都需要信息共享、协同工作，都是庞大且系统性的工程。

腾讯的解决之道，是成立"技术委员会"，打造"技术中台"。技术中台好比一个开源数据库，具体怎么用，还是看各个业务线也就是"小前台"的创造力。依旧是赛马场，马都是一样的，关键看你怎么驾驭。而且，腾讯是以产品能力和用户洞察力见长的互联网巨头，一旦未来技术上的蓄力和积累能够结合敏感的产品思维，腾讯打造的技术中台必将更具连接基因和竞争优势。

当然，相较于前两次，第三次调整的腾讯体量已经翻了好几番，说是互联网航母也不过分，遭遇的阵痛和困难也会远胜从前。让人欣喜的是，巨人转身，步伐依旧矫健：这次调整，从中层管理干部大会内宣、到部门沟通、再到正式官宣用时不到一周，国庆期间就完成了企业组织架构更新，整个过程干净利落。腾讯，未来可期。

思考： 腾讯为何要进行组织架构的调整？

课程思政案例导读

伟大建党精神：中国共产党的精神之源

习近平总书记在庆祝中国共产党成立100周年大会上的重要讲话中指出："一百年前，中国共产党的先驱们创建了中国共产党，形成了坚持真理、坚守理想，践行初心、担当使命，不怕牺牲、英勇斗争，对党忠诚、不负人民的伟大建党精神，这是中国共产党的精神之源。"伟大建党精神，内涵丰富、意境深远、跨越时空、历久弥新。弘扬伟大建党精神，对于新时代推进党的建设新的伟大工程、坚持和发展中国特色社会主义伟大事业，具有重大现实意义和深远历史意义。

伟大建党精神，是中国共产党先驱在20世纪20年代探索救国救民道路中创造的宝贵精神财富，是马克思主义基本原理同中国具体实际相结合、同中华优秀传统文化相结合产生的宝贵精神财富，凝聚着中国共产党人的初心和使命，激励着中国共产党人不断开拓前行。

民族复兴历史任务是伟大建党精神形成的时代背景。中华民族是世界上伟大的民族，有着5 000多年源远流长的文明历史，为人类文明进步做出了不可磨灭的贡献。但1840年鸦片战争以后，中国逐步沦为半殖民地半封建社会；西方列强纷至沓来，强迫中国割地、赔款，攫取种种特权；腐朽的清政府日益成为外国资本主义统治中国的工具，卖国无能，扼杀中国生机。帝国主义和中华民族的矛盾，封建主义和人民大众的矛盾，成为近代中国社会的主要矛盾。从那时起，实现中华民族伟大复兴，就成为中国人民和中华民族最伟大的梦想；争取民族独立、人民解放和实现国家富强、人民幸福，就成为中国人民的两大历史任务。正是在这个伟大的时代主题下，伟大建党精神所蕴含的各个因素开始孕育、形成，并在不断的斗争中丰富、发展。

马克思列宁主义是伟大建党精神形成的理论来源。十月革命一声炮响，给中国送来了马克思列宁主义。陷于彷徨和苦闷中的中国人民由此看到了解决中国问题的出路和希望，一批赞成俄国十月社会主义革命道路、具有初步共产主义思想的先进分子开始在中国出现。1919年五四运动爆发，中国工人阶级开始以独立的姿态登上政治舞台，显示出强大力量，马克思主义也开始在中国广泛传播。中国先进分子集合在马克思主义旗帜下，积极投身群众斗争实践，到工人中调查生活、宣传革命、办学校、办工会。随着马克思主义在中国的进一步传播，与中国工人运动相结合，推动了伟大建党精神的萌发。

伟大建党活动是伟大建党精神形成的实践基础。"南陈北李，相约建党"。在共产国际帮助下，中国先进分子组织马克思学说研究会等组织，成立了共产党早期组织。他们致力于研究宣传马克思主义，同反马克思主义思潮展开论战，组织工人群众，筹建社会主义青年团。1921年7月，中国共产党第一次全国代表大会在上海召开，一个以马克思列宁主义为行动指南的、完全新式的无产阶级政党诞生。中国共产党成立后，迅速领导各地党组织开展劳工运动和党团建设。1922年7月党的二大召开，制定党的民主革命纲领，诞生第一部党章，健全中央领导机构，标志着中国共产党创建工作顺利完成。中国共产党的创建过程，在实践中建立了党的组织，在精神上形成了伟大建党精神。

中华优秀传统文化是伟大建党精神形成的文化土壤。没有中华文化繁荣兴盛，就没有中华民族伟大复兴。在5 000多年文明发展中孕育的中华优秀传统文化，是中华民族的精神命脉。崇仁爱、重民本、守诚信、讲辩证、尚和合、求大同等思想，自强不息、敬业乐群、扶正扬善、扶危济困、见义勇为、孝老爱亲等传统美德，形成了中华民族独特的思想理念和道德规范。中国先进分子以国家兴亡为己任，郑重选择和广泛传播马克思主义真理，激活了中华优秀传统文化的生命力，为伟大建党精神的形成提供了丰富的文化和精神滋养。

"人无精神则不立，国无精神则不强。"伟大建党精神已深深融入党、国家、民族、人民的血脉和灵魂，成为中华民族精神的丰富滋养，是民族精神和时代精神的重要组成部分，是党和国家的宝贵精神财富。继承弘扬伟大建党精神，必将成为激励全党全国人民迈进新征程、奋进新时代，不断攻坚克难、从胜利走向胜利的强大精神动力。

课后练习

项目四

评估潜在市场

学习目标

通过本项目的学习与实训，了解潜在市场构成和市场营销策略，熟悉目标顾客信息收集方法和竞争对手信息收集方法，熟悉销售量预测方法，能开展顾客需求调查和收集，并分析竞争对手信息。

教学重点： 市场营销策略，信息收集方法，销售量预测方法。

教学难点： 顾客需求调查，制定销售量预测计划。

营销策略

项目引例：百事可乐的网络营销方法

百事可乐建立了与其公司形象和定位完全统一的中英文网站，以游戏、音乐、活动为主题，其背景则依然是创新的标志和年轻的蓝色。百事可乐的网络营销策略具体体现以下三个方面：

1. 媒介策略——与 Yahoo 携手

2000 年 4 月，百事可乐公司首先宣布与 Yahoo 进行全面网络推广合作；在音乐站点，如 MTV.com 的投放力度加大；同时还涉足体育类网站，例如 NBA.com、美国职业棒球大联盟等。

网络广告投放活动是长期行为，从 2000 年 1 月至今从未间断。每年 3、4 月份随着气温的升高，伴随饮料消费高峰期的来临，网络广告投放高峰期便告开始，通常会延续至当年 11 月。

2. 创意策略——推崇激情

比之可口可乐的传统广告，百事可乐的网络广告较为活泼，无论是画面构图，还是动画运用，都传达着一种"酷"的感觉。在 2000 年这一年间，便有拉丁王子瑞奇·马丁、小甜甜布莱妮和 Weezer 乐队先后出现在百事可乐的广告中。从 NBA 到棒球，从奥斯卡到古墓丽影游戏和电影，百事可乐的网络广告总能捕捉到青少年的兴趣点和关注点。

2001 年中国申奥成功，百事可乐的网络广告独具匠

百事可乐

心，气势非凡的画面采用了有动感的水珠，传达出了百事可乐品牌的充沛活力。醒目的文字表达出百事可乐对北京申奥的支持。广告方案利用"渴望无限"和"终于解渴了"的双关语，将中国人民对奥运的企盼巧妙地与百事可乐产品联系在一起，并与其他宣传高度一致。

3. 竞争策略——针锋相对

（1）体育角逐。可口可乐拿到了冬奥会的指定饮料，可以拿冬奥会大做文章。而百事可乐则利用 NBA 和美国职业棒球大联盟寻找平衡点，在中文网站设有百事足球世界、精彩足球，包括 2001 年百事可乐足球联赛、百事全能挑战足球赛、百事预祝十强赛中国足球超越梦想等。

（2）音乐角逐。这是百事可乐最精彩的策略之一，包括百事音乐的主题活动，巨星、新星、音乐卡片、音乐流行榜、竞投场等。

（3）活动角逐。这是为自己创造品牌注意力的最好机会之一。例如，百事在网上发动网民投票评选百事可乐最佳电视广告片等。

任务布置：百事可乐的网络营销策略带给你哪些启迪？

任务 4.1　了解潜在顾客和竞争对手

4.1.1　知识准备

1. 什么是市场

市场，传统的概念是指买主和卖主聚集在一起进行交换的场所，如菜场、集市、商店。经济学则用市场这一术语来泛指某一特定产品或某类产品进行交易的卖主和买主的集合，从而产生了房屋市场、粮食市场，等等。

可是，在营销者看来，卖主构成行业，买方则构成市场。商人口头上用"市场"这个词来概括各种不同的顾客群体，如需求市场（如美容市场）、产品市场（如鞋类市场）、人口统计市场（如青年市场）、地区市场（如宁波市场）。

市场营销学是从卖主的角度解释什么是市场的：市场是指那些具有特定的需要或欲望，而且愿意并能够通过交换来满足这种需要或欲望的全部潜在顾客。

因此，一个市场的大小就取决于那些表示有某种需要，并拥有某种支付能力，又愿意以这种支付手段取其需要的东西的人数。就是说市场的容量或潜量大小取决于三个变量（常称其为市场三要素）：

（1）潜在顾客的人数；
（2）潜在顾客的购买力；
（3）潜在顾客的购买意愿。

这三个变量是无法用相加这样的方式结合在一起的，如"市场＝人口＋购买力＋购买欲望"的表达方式是不可取的。这三项要素中任何一个在形成市场潜量时都是不可或缺的。比如如果没有购买意愿，潜在顾客人数和高购买力就变得毫无意义。

潜在顾客是指可能购买但是不一定真正成为购买者的那些人。如某地 300 万人（潜在顾客）可能购买某公司的洗发水，而最终使用过该洗发水的人（现实顾客）是 80 万，还有 220 万人中有人可能不使用任何品牌的洗发水，也可能购买其他品牌。

2. 调查潜在顾客信息

在这一任务中，你将学习怎样识别潜在的顾客，了解他们为什么选择买你的产品而不是竞争对手的。你可以利用这方面的信息准备市场计划，它将成为你创业计划的一个重要部分。

1）了解你的客户

顾客是企业的根本，如果你不能以合理的价格向他们提供所需和想要的产品，他们就会到别处去购买。对你感到满意的顾客会成为回头客，他们会向自己的朋友和其他人宣传你的产品。让顾客满意，意味着会给你带来更多的销售额和更高的利润。

记住，顾客就是你企业的衣食父母！

顾客购买产品和服务是为了满足不同的需求，他们购买：

◇ 汽车，因为他们需要交通工具。
◇ 服装，使自己的外表更美观得体。
◇ 电脑，为了获得信息和娱乐。
◇ 手机，为了方便通信。
◇ 开心农场游戏，为了缓解生活寂寞。

记住，如果你解决了顾客的问题，满足了他们的需求，你的企业就有可能成功！

2）了解顾客的信息

收集顾客的信息，也就是做顾客方面的市场调查，这对任何创业计划来说都是很重要的。

为了帮助你了解顾客的情况，你可以提出下面这些问题：

◇ 你的企业准备满足哪些顾客的需要？把你准备提供的产品或服务列一张单子，并记录顾客需要的产品或服务的种类。你的顾客是男人还是妇女，是老人还是儿童？其他企业也可能成为你的潜在顾客。把所有可能影响你创业思路的想法写下来。
◇ 顾客想要什么产品或服务？每个产品或服务的哪方面最重要？是质量、价格、规格、颜色，还是售后服务？
◇ 顾客愿意为每个产品或每项服务付多少钱？
◇ 顾客在哪里？他们一般在什么地方和什么时间购物？
◇ 他们多长时间购一次物，每年、每月还是每天？
◇ 他们购买的数量多少？
◇ 顾客数量在增加吗？能保持稳定吗？
◇ 为什么顾客购买某种特定的产品或服务？
◇ 他们是否在寻找有特色的产品或服务？

记住，通过做顾客需求调查，你可以得到上述这些问题的可靠答案，有助于判断你的创业构思是否可行。

◇ 信息推测——如果你对一个产业很了解，你可以凭自己的经验进行预测。
◇ 网络调研——同网络买家进行交流，咨询他们对你的产品的建议和意见。
◇ 利用产业渠道获得信息——通常，你可以从在这一行业工作的其他人那里获得有关市场规模的有用信息。要了解某一产品的市场份额以及顾客的需求和意见并不难，你可以与该产品的主要批发商交流，也可以通过阅读专业论坛、报纸、商业报刊和行业杂志等来了解你需要的信息。

◇ 抽样访问你针对的那部分顾客——通过网络或者实体店，与尽可能多的顾客交流，看一看到底多少人想买你的产品。

4.1.2 了解竞争对手

1. 竞争者

竞争者一般是指那些与本企业提供的产品或服务相似，并且所服务的目标顾客也相似的其他企业。

竞争者分析是指通过某种分析方法识别出竞争对手，并对其目标、资源、市场力量和当前战略等要素进行评价。

其目的是准确判断竞争对手的战略定位和发展方向，并在此基础上预测竞争对手未来的战略，准确评价竞争对手对本组织的战略行为的反应，估计竞争对手在实现可持续竞争优势方面的能力。对竞争对手进行分析是确定组织在行业中战略地位的重要方法。

2. 竞争者的类型

企业参与市场竞争，不仅要了解谁是自己的顾客，还要弄清谁是自己的竞争对手。从表面上看，识别竞争者是一项非常简单的工作，但是，由于需求的复杂性、层次性、易变性，技术的快速发展和演进、产业的发展，使市场竞争中的企业面临复杂的竞争形势，一个企业可能会被新出现的竞争对手打败，或者由于新技术的出现和需求的变化而被淘汰。企业必须密切关注竞争环境的变化，了解自己的竞争地位及彼此的优劣势，只有知己知彼，方能百战不殆。

我们可以从不同的角度来划分竞争者的类型。

1) 从行业的角度

（1）现有厂商：指本行业内现有的与企业生产同样产品的其他厂家，这些厂家是企业的直接竞争者。

（2）潜在加入者：当某一行业前景乐观、有利可图时，会引来新的竞争企业，使该行业增加新的生产能力，并要求重新瓜分市场份额和主要资源。另外，某些多元化经营的大型企业还经常利用其资源优势从一个行业侵入另一个行业。新企业的加入，将可能导致产品价格下降，利润减少。

（3）替代品厂商：与某一产品具有相同功能、能满足同一需求的不同性质的其他产品，属于替代品。随着科学技术的发展，替代品将越来越多，某一行业的所有企业都将面临与生产替代品的其他行业的企业进行竞争。

2) 从市场方面

（1）品牌竞争者：企业把同一行业中以相似的价格向相同的顾客提供类似产品或服务的其他企业称为品牌竞争者。如家用空调市场中，生产格力空调、海尔空调、三菱空调等厂家之间的关系。

品牌竞争者之间的产品相互替代性较高，因而竞争非常激烈，各企业均以培养顾客品牌忠诚度作为争夺顾客的重要手段。

（2）行业竞争者：企业把提供同种或同类产品，但规格、型号、款式不同的企业称为行业竞争者。所有同行业的企业之间都存在彼此争夺市场的竞争关系。如生产家用空调与中央空调的厂家、生产高档汽车与中档汽车的厂家之间的关系。

（3）需要竞争者：提供不同种类的产品，但满足和实现消费者同种需要的企业称为需要竞争者。如航空公司、铁路客运、长途客运汽车公司都可以满足消费者外出旅行的需要，当火车票价上涨时，乘飞机、坐汽车的旅客就可能增加，相互之间争夺满足消费者的同一需要。

（4）消费竞争者：提供不同产品，满足消费者的不同愿望，但目标消费者相同的企业称为消费竞争者。如很多消费者收入水平提高后，可以把钱用于旅游，也可用于购买汽车，或购置房产，因而这些企业间存在相互争夺消费者购买力的竞争关系。消费支出结构的变化，对企业的竞争有很大影响。

3）从企业所处的竞争地位

（1）市场领导者：指在某一行业的产品市场上占有最大市场份额的企业。如柯达公司是摄影市场的领导者，宝洁公司是日化用品市场的领导者，可口可乐公司是软饮料市场的领导者等。市场领导者通常在产品开发、价格变动、分销渠道、促销力量等方面处于主宰地位。市场领导者的地位是在竞争中形成的，但不是固定不变的。

（2）市场挑战者：指在行业中处于次要地位（第二、第三甚至更低地位）的企业。如富士是摄影市场的挑战者，高露洁是日化用品市场的挑战者，百事可乐是软饮料市场的挑战者等。市场挑战者往往试图通过主动竞争扩大市场份额，提高市场地位。

（3）市场追随者：指在行业中居于次要地位，并安于次要地位，在战略上追随市场领导者的企业。在现实市场中存在大量的追随者。市场追随者的最主要特点是跟随。在技术方面，它不做新技术的开拓者和率先使用者，而是做学习者和改进者。在营销方面，不做市场培育的开路者，而是搭便车，以减少风险和降低成本。市场追随者通过观察、学习、借鉴、模仿市场领导者的行为，不断提高自身技能，不断发展壮大。

（4）市场补缺者：多是行业中相对较弱小的一些中、小企业，它们专注于市场上被大企业忽略的某些细小部分，在这些小市场上通过专业化经营来获取最大限度的收益，在大企业的夹缝中求得生存和发展。市场补缺者通过生产和提供某种具有特色的产品和服务，赢得发展的空间，甚至可能发展成为"小市场中的巨人"。

综上所述，企业应从不同的角度，识别自己的竞争对手，关注竞争形势的变化，以更好地适应和赢得竞争。

3. 分析你的竞争对手

（1）产品：竞争企业产品在市场上的地位；产品的适销性；产品系列的宽度与深度。

（2）销售渠道：竞争企业销售渠道的广度与深度；销售渠道的效率与实力；销售渠道的服务能力。

（3）市场营销：竞争企业市场营销组合的水平；市场调研与新产品开发的能力；销售队伍的培训与技能。

（4）生产与经营：竞争企业的生产规模与生产成本水平；设施与设备的技术先进性与灵活性；专利与专有技术；生产能力的扩展；质量控制与成本控制；区位优势；员工状况；原材料的来源与成本；纵向整合程度。

（5）研发能力：竞争企业内部在产品、工艺、基础研究、仿制等方面所具有的研究与开发能力；研究与开发人员的创造性、可靠性、简化能力等方面的素质与技能。

（6）资金实力：竞争企业的资金结构；筹资能力；现金流量；资信度；财务比率；财务

管理能力。

（7）组织：竞争企业组织成员价值观的一致性与目标的明确性；组织结构与企业策略的一致性；组织结构与信息传递的有效性；组织对环境因素变化的适应性与反应程度；组织成员的素质。

（8）管理能力：竞争企业管理者的领导素质与激励能力；协调能力；管理者的专业知识；管理决策的灵活性、适应性、前瞻性。

任务 4.2　制定市场营销策略

4.2.1　知识准备

1. 产品的概念

提到产品，人们首先想到的是方便面、运动鞋、手机等一些具有物质形态和使用价值的物质实体，这是传统的产品概念。进入 20 世纪 50 年代后，这个产品的定义已不适应市场的发展，事实上顾客购买某种产品并不只是想得到产品的物质实体，而是通过购买该产品来获得某方面利益，甚至有的顾客购买的只是某种利益而无物质形态的实体。比如顾客去美容院美容是希望自己更加年轻漂亮，去听音乐会是追求精神上的满足。因此，产品不单单是指有形的物质实体，也包括无形的服务。

从市场营销角度，产品是指一切能满足消费者某种利益和欲望的物质产品和非物质形态的服务，即：产品 = 有形物品 + 无形的服务，有形物品包括产品实体、色泽、款式、包装等，无形服务包括给买主带来附加利益和心理上的满足感及信任感的售前、售中及售后服务等。

2. 产品的利益层次

产品整体概念包含三个层次：核心产品、形式产品、延伸产品。

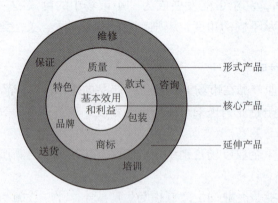

产品整体概念示意图

1）核心产品

它是指产品为满足消费者需求所必须具有的功能和效用，是能够给消费者带来的实际利益，也就是消费者购买产品时所追求的中心内容。核心产品是产品的中心部分，消费者只有在所追求的基本功能和效用得到充分满足的条件下，才会去追求产品的其他部分。比如消费者购买空调，首先追求的是空调制冷和制热的功能，在这个需求满足后，才会考虑空调的款式、品牌、安装、送货等。

2）形式产品

它是指产品所具有的质量、特色、款式、品牌、包装等可以满足不同消费者需求的具体内容。具有相同效用的产品，其表现形态可能有较大的差别。顾客购买产品除了追求其核心利益外，还会考虑产品的款式、质量、特色、包装、品牌等。顾客购买空调，在制冷和制热的需求满足后，还会考虑购买柜机还是挂机，空调的质量如何，是海尔好还是格力好等。

3）延伸产品

它是指消费者购买产品所期望得到的附加服务或利益，如送货、安装、维修、保证等。例如顾客购买空调，在核心产品和形式产品都接近的情况下，他会比较企业提供的服务。随着科学技术的发展，企业提供的产品在核心和形式上会越来越趋同，延伸产品就成为决定企业竞争力的关键因素。美国市场营销学家里维特教授曾断言："未来竞争的关键，不在于工厂能生产什么产品，而在于其产品所提供的附加价值，即包装、服务、广告、用户咨询、消费信贷、及时交货和人们以价值来衡量的一切东西。"

产品三层次论对营销的意义：产品三层次论体现了以顾客为中心的现代营销观念，对市场营销活动具有一定的指导意义。首先，产品三层次论说明顾客追求的核心利益是十分重要的。顾客在购买产品时只有基本效用或利益得到满足，顾客需求才会真正获得满足，企业才会走向成功。企业若不了解这一点，就很容易陷入营销近视症的误区。其次，随着经济的发展，延伸产品越来越重要，特别是企业所提供的服务。因为随着经济的发展和人民收入水平的提高，顾客对产品的无形方面越来越关注。因此，企业应摆脱传统产品观念的束缚，重视产品无形利益的开发，为顾客提供优质的服务，更好地满足顾客的需求。最后，产品三层次论告诉我们企业的竞争可以在多个层次上展开。随着科技的发展，产品在功能、品质上越来越接近，所以很多企业就从价格方面竞争，价格战越打越激烈，最终导致两败俱伤。产品三层次论告诉我们，产品的竞争还可以在款式、包装、品牌、售后服务等各方面开展，从而赢得竞争优势。

4.2.2 确定定价方法

1. 定价方法

定价方法是企业为实现其定价目标所采用的具体方法。由于价格的高低主要受成本费用、市场需求和竞争状况三方面因素的影响和制约，营销主管可以从对这三方面的不同侧重点考虑选择不同定价方法。但总的可归纳为以下几种：成本加成定价法、目标收益定价法、认知价值定价法、随行就市定价法和密封投标定价法。

1）成本加成定价法

这是一种最简单的定价方法，就是在单位产品成本的基础上，加上一定比例的预期利润作为产品售价，售价与成本之间的差额即为利润。由于利润的多少是按一定比例反映的，这种比例习惯上称为"几成"，所以这种方法称为成本加成定价法。其计算公式为：

$$单位产品价格 = 单位产品成本 \times (1 + 加成率)$$

这种方法的优点是简便易行，因此被广泛应用。尤其在零售业中，大都采用成本加成定价法。这种方法的不足是从卖方的利益出发进行定价。

2）目标收益定价法

这种方法是根据企业的总成本和估计的总销量确定一个目标成本利润率，作为核算定价的标准，然后核算出每个产品的售价。如美国通用汽车公司，它以总投资额的15%~20%作为每年的目标收益率，然后摊入汽车的售价中去。

3）认知价值定价法

也称觉察价值定价法，是以消费者对商品价值的感受及理解程度作为定价的基本依据。因为消费者购买商品时总会在同类商品之间进行比较，选购那些既能满足其消费需要、又符合其支付标准的商品。消费者对商品价值的理解不同，就会形成不同的价格限度，这个限度就是消费者宁愿付货款而不愿失去这次购买机会的价格。如果价格刚好定在这一限度内，消费者就会顺利购买。

4）随行就市定价法

采用随行就市定价法时，企业在很大程度上是以竞争对手的价格为定价基础的，而不太注重自己产品的成本或需求。企业的定价可以等于、高于或低于主要竞争对手的价格。在钢材、造纸、化肥等寡头垄断行业中，企业通常制定相同的价格。小企业会追随市场领导者。当市场领导者变动价格时，它们会随之变动，并不管自己的需求或成本是否发生了变化。有些企业的价格可能会略为提高或稍打折扣，但它们的差额保持不变。

5）密封投标定价法

密封投标定价法，许多大宗商品、原材料、成套设备、建筑工程项目的买卖和承包等，往往采用发包人招标、承包人投标的方式来选择承包者，确定最终承包价格。一般来说，招标方只有一个，处于相对垄断地位；而投标方有多个，处于相互竞争地位。标的物的价格由参与投标的各个企业在相互独立的条件下来确定。在买方招标的所有投标者中，报价最低的投标者通常中标，它的报价就是承包价格。密封投标定价最大的困难在于估计中标概率，这往往取决于竞争对手如何投标，而每个参与者总是严格地保守商业秘密。企业只能通过猜测、调研及搜集历史资料尽可能地准确估计。

2. 价格调整

企业制定产品的基本价格后，通常会在价格的执行中做适当的适应性调整，如提供折扣、折价和促销支持。

1）现金折扣

现金折扣即对按约定日期付款或提前付款的顾客给予一定的价格折扣，如销售房产、汽车时，对于现场付款、延期付款、分期付款等不同的支付条件采取相应的价格折扣（包括零折扣），目的在于鼓励顾客按期或提前支付货款，减少公司的利率风险，加速资金周转。折扣的大小一般根据付款期间的利息和风险成本等因素确定。

2）数量折扣

数量折扣即根据购买数量或金额的差异给予不同的价格折扣，分为非累计数量折扣与累计数量折扣两种形式。前者是对一次购买超过规定数量或金额给予的价格优惠，目的在于鼓励买方增大每份订单购买量，便于卖方企业组织大批量产销。后者是对一定时期内累计购买超过规定数量或金额给予的价格优惠，目的在于鼓励客户建立长期固定的关系，减少卖方企业的经营风险。数量折扣的关键在于合理确定给予折扣的起点、折扣档次及每个档次的折扣率。

3）交易折扣

交易折扣又称功能性折扣，即厂商依据各类中间商在市场营销中担负的不同职能，给予不同的价格折扣，目的在于利用价格折扣刺激各类中间商更充分地发挥各自组织市场营销活动的功能。

4）季节折扣

季节折扣是指对在非消费旺季购买产品的客户提供的价格优惠。目的在于鼓励批发商、零售商淡季购买，减少厂商的仓储费用，以利于产品均衡生产、均衡上市。

5）促销折扣

促销折扣是指厂商对中间商为产品推广所进行的各种促销活动而采用的折扣，如刊登广告、橱窗展示等，给予一定折扣作为报酬。此方法尤其适用于新产品的导入期。

4.2.3 促销策略

1. 促销概念

促销即销售促进，是指生产商（或企业）根据消费者的需求和偏好，运用各种手段，把产品的信息传递给消费者，以激发消费者的欲望和需求，从而促进产品销售的营销过程。促销的实质是一种沟通、激励活动。

2. 促销组合

促销的方式有直接促销和间接促销两种，又可分为人员推销、广告、公共关系和营业推广。由于各种促销方式都有其优点和缺点，在促销过程中，企业常常将多种促销方式同时并用。所谓促销组合，就是企业根据产品的特点和营销目标，综合各种影响因素，对各种促销方式的选择、编配和运用。促销组合是促销策略的前提，在促销组合的基础上，才能制定相应的促销策略。因此，促销策略也称促销组合策略。

促销策略从总的指导思想上可分为推式策略和拉式策略两类。推式策略，是企业运用人员推销的方式，把产品推向市场，即从生产企业推向中间商，再由中间商推给消费者，故也称人员推销策略。推式策略一般适合于单位价值较高的产品，性能复杂、需要做示范的产品，市场比较集中的产品等。拉式策略也称非人员推销策略，是指企业运用非人员推销方式把顾客拉过来，使其对企业的产品产生需求，以扩大销售。对单位价值较低的日常用品，流通环节较多、流通渠道较长的产品，市场范围较广、市场需求较大的产品，常采用拉式策略。

3. 促销的方式

促销的方式具体可分为广告宣传、公共关系、人员推销和营业推广四种。企业在制定促销策略、选择促销方式时，要综合考虑产品类型、具体的促销目标、顾客与市场的特性、产品生命周期阶段、促销预算等因素，以便达到最佳的促销效果。

1）广告

广告指企业用一定的费用，通过一定的媒介，把有关产品和企业的信息传递给广大消费者的一种非人员推销的促销手段，其目的是促使消费者认识、偏爱，直至购买本企业的产品。

2）营业推广

营业推广指企业运用各种短期诱因，鼓励购买或销售企业产品或服务的促销活动。其方式包括对消费者的销售促进、对中间商的销售促进、对推销人员的销售促进。

3）人员推销

人员推销指企业运用推销人员直接向顾客推销商品或服务的一种促销活动。

4）公共关系

公共关系指企业通过各种活动使社会各界公众了解本企业，以取得各类公众的信赖和好感。

4.2.4 影响销售预测的因素

销售预测是指对未来特定时间内，全部产品或特定产品的销售数量与销售金额的估计。销售预测是在充分考虑未来各种影响因素的基础上，结合本企业的销售实绩，通过一定的分析方法提出切实可行的销售目标。

销售预测是制定企业计划时最重要和最困难的部分。收入来自销售，没有好的销售就不可能有利润。大多数人往往过高估计自己的销售额，因此预测销售时不要过分乐观，应保守一点，留有余地。进行高质量的销售预测却并非易事。在进行预测和选择最合适的预测方法之前，了解对销售预测产生影响的各种因素是非常重要的。

1. 外界因素

1）需求动向

需求动向是外界因素之中最重要的一项，如流行趋势、爱好变化、生活形态变化、人口流动等，均可成为产品（或服务）需求的质与量方面的影响因素。因此，必须加以分析与预测。企业应尽量收集有关对象的市场资料、市场调查机构资料、购买动机调查等统计资料，以掌握市场的需求动向。

2）经济变动

销售收入深受经济变动的影响，经济因素是影响商品销售的重要因素。为了提高销售预测的准确性，应特别关注商品市场中的供应和需求情况。尤其近年来科技、信息快速发展，更带来无法预测的影响因素，导致企业销售收入波动。因此，为了正确预测，需特别注意资源问题的未来发展、政府及财经界对经济政策的见解以及基础工业、加工业生产、经济增长率等指标变动情况，尤其要关注突发事件对经济的影响。

3）同业竞争动向

销售额的高低深受同业竞争者的影响，古人云"知己知彼，百战不殆"。为了生存，必须掌握对手在市场的所有活动。例如，竞争对手的目标市场在哪里，产品价格高低，促销与服务措施等。

4）政府、消费者团体的动向

考虑政府的各种经济政策、方案措施以及消费者团体所提出的各种要求等。

2. 内部因素

1）营销策略

考虑市场定位、产品政策、价格政策、渠道政策、广告及促销政策等变更对销售额所产生的影响。

2）销售政策

考虑变更管理内容、交易条件或付款条件、销售方法等对销售额所产生的影响。

3）销售人员

销售活动是一种以人为核心的活动，所以人为因素对于销售额的实现具有相当深远的影响力，这是我们不能忽略的。

4）生产状况

考虑货源是否充足、能否保证销售需要等。

4.2.5 预测销售的基本方法

（1）你的经验——你可能在同类的企业工作过，甚至在你的竞争对手的企业中工作过。你应该对市场有所洞察和了解，并利用这方面的知识来预测你的销售。

（2）与同类企业进行对比——将你的企业资源、技术和市场营销计划与竞争对手的进行比较，基于他们的水平来预测你的企业销售。这可能是最常用的销售预测方法。

（3）预订单或购买意向书——你可以通过要求你提供产品或服务的近期来函来预测你的销售量。如果你的企业客户不多，可以采用这种方法。这种方法适用于出口商、批发商或制造商。你可以利用预订单来预测销售。

（4）进行调查——调查访问那些可能成为你客户的人，了解他们的购买习惯。做好调查并不容易，你最初打算提的问题一般应先以亲戚、朋友为对象进行初测。分析一下结果，然后判断你提的问题是否提供了预测销售所需的信息。你不可能采访所有的潜在顾客，所以需要做抽样调查。

案例分析

销量暴增30万单，却损失千万，元气森林给双11大促的商家上了一课

第13个双11电商大促热情高涨，淘宝天猫、京东、抖音等各大平台拉长大促战线，吸引各大品牌商家加入大促战场，消费者们也非常给力，纷纷抓住这次狂欢盛典疯狂下单……不过，有人欢喜就有人愁！在双11大促如火如荼进行时，一个4年淘宝店却遭受了上千万的损失。

01 因运营失误，被"薅羊毛"！

近日，元气森林被消费者"薅羊毛"损失200多万的消息传的沸沸扬扬，在10月28日，更有#元气森林发公告恳请用户退款#的话题冲上微博热搜榜第一，达到4.5亿阅读、1.2万讨论，而事情的发酵，还不止于此。

相关消息报道，10月25日晚，元气森林官方店推出优惠活动，但由于运营人员设置错误，10月26日大促活动开始后，很多消费者最终只花费了10.72元，就购买了价值216元左右的36瓶气泡水。

事发后，涉事的淘宝元气森林官方店紧急下架了所有商品，并在10月27日下午，在店铺首页发布公告，请求消费者退款。

在公告中商家表示，"10月26日凌晨，由于本店的一位运营同学操作时出现了失误，导致大量超低价订单远远超过了小店实际拥有的库存，由此造成的损失金额也远远超出了本店的承受能力。希望下单的消费者能够伸出援手，在后台申请退款，帮助小店度过难关。

10月28日，元气森林电商团队再次回应了这次运营事故，称在此期间共14.05万用户下单，产生了价值数千万元的订单。其中购买50箱以上的订单共451个，最大的订单有41 000箱。

元气森林称将为14.05万个下单用户每人寄一箱白桃气泡水（15瓶装），并决定淘宝店铺先停止一切销售，直到问题完全解决。

02 是血亏，还是血赚？

面对元气森林如此大金额的损失，网友们的看法也截然不同。

有网友觉得，元气森林出现BUG之后，能够及时站出来面对自己的错误，且从元气森林官方公布的补偿办法来看，元气森林真的是非常有诚意的。

也有网友表示，79元一箱的气泡水打折卖3.5元，尽管价格出现了"乌龙"，但这并不是消费者的问题，商家应该按照消费者支付的价格发货。

更有网友认为，这次事件是元气森林自导自演的一次营销事件，目的是利用在双11大促的关键营销节点，与经销商合作去库存，将流量导入到官方旗舰店，是一次很好的营销案例，希望元气森林"别赚了热搜还卖惨"。

在各种议论背后，值得我们注意的是，大批用户下单已经成为事实。根据《民法典》第一百四十七条规定，淘宝店铺可以本次事件存在重大误解为由，申请撤销与消费者之间的低价交易。交易撤销后，淘宝店铺有义务向消费者退还已支付金额，消费者同时有义务返还已购买商品。

也就是说，如果此次事件确为重大失误而非营销，元气森林可以举证申请撤销与消费者之间的交易，就能将这次事件损失降为最低。

03　元气大伤的元气森林，给商家提了个醒！

其实，电商运营设置失误的事情常有发生，但是在全年最大的营销大促活动中，出现如此巨大损失的品牌，确是罕见。究其原因，还是在于这次事件的主角，是元气森林。

作为新消费领域的头部品牌，元气森林凭借"0糖0脂0卡"的产品特性，用户口碑稳定提升，连续两年在天猫618购物节和天猫双11购物节均拿下饮料类目销量明星。

虽然这件事情走向还没有最终定论，但却考验着元气森林的智慧，此次元气森林处理方式，想必也是希望保护好自己的产品价格，毕竟亏损事小，与流量热度相比，品牌与口碑才是最重要的。

透过元气森林这件事件，我们所有电商人也应该吸取教训，不论企业如何发展，电商运营的流程机制，团队人才的管理，都是非常重要的一环，不能忽视。

记住，品牌声量越大，细节越受关注，有时候一个数字出现错误，也可能变成煽动品牌的那双蝴蝶翅膀。

思考： 元气森林双11事件给企业发展带来哪些启示？

课程思政案例导读

刷单、虚假宣传……网络促销套路多

自2018年6月起，江西省工商和市场监管系统开展了2018网络市场监管专项行动（"网剑"行动）。11月7日，记者从江西省消保委了解到，截至目前，共网上检查网站、网店32 272个次，实地检查网站、网店经营者4 335个次，检查电子商务产品生产加工单位281家次，督促网络交易平台删除违法商品信息605条，责令整改网站241个次。已提请关闭网站16个次，已责令停止平台服务的网店14个次，已办结网络市场违法案件255件。

"双十一"来临之际，江西省市场监督管理局公布了与网络消费密切相关的典型案例。

雇刷手假拍赚信用

萍乡市讯启网络科技有限公司设立萍乡海淘网，通过QQ群聊招募商家和刷手，商家在海淘网平台发布刷单任务，刷手通过平台接受任务，并通过平台链接至商家网店，以正常价格拍下商品并按规定付款，商家收到货款后直接发空包裹（或寄送小礼品）获得交易记录。刷手进行好评后，商家通过当事人将本金和佣金转至刷手账户。经调查，当事人累计组织涉及987家网店、14 323单刷单任务，涉及商品金额196.165万元。当事人的行为违反了《网络交易管理办法》"不得以虚构交易、删除不利评价等形式，为自己或他人提升商业信誉"的规定。鉴于当事人主动关闭刷单网站，停止刷单行为，萍乡市市场和质量监督管理局责令当事人停止违法行为，并处罚款6万元。

江西婺源林生实业有限公司通过向刷手发布刷单任务，采用刷手假拍、发空包的方式对其开设于天猫商城的"林生旗舰店"和京东商城的"林生茶叶官方旗舰店"进行刷单，当事人以退差价或好评返现的名义通过微信将本金和佣金转账给刷手，累计刷单233笔。对此，上饶市婺源县市场和质量监督管理局责令当事人停止违法行为，并处罚款4万元。

虚假违法广告宣传

景德镇市泥元素陶瓷有限公司开设于天猫商城的"博冠陶瓷"，对其销售的多种商品进行虚假宣传，宣称"百分之百好评，无一人退货"，与实际情况不符。当事人的行为违反了《反不正当竞争法》"经营者不得利用广告或者其他方法，对商品的质量、制作成分、性能、用途、生产者、有效期限、产地等做引人误解的虚假宣传"的规定。景德镇市市场和质量监督管理局责令当事人停止违法行为，并处罚款4万元。

九江市金易金融服务有限公司为宣传、推广各项金融理财产品，多次在其开设的互联网网站、微信公众号上发布"低门槛，高收益……""九江金易金融，你的最佳理财选择！"等内容的广告。当事人的行为违反了《广告法》"广告不得使用'国家级''最高级''最佳'等用语"的规定，还构成了在广告中对理财产品的未来收益作出保证性承诺的违法行为。九江市工商局责令当事人在相应范围内发布更正广告，消除影响，并处罚款20万元。

江西拉斐特生物科技有限公司开设于天猫商城的"南极人拉斐特专卖店"在销售其生产的内裤页面，宣称具有抗菌和抑菌功能，但无法提供合法有效的检验报告，证明所售产品具有抗菌和抑菌功能。当事人的行为"以虚假或者引人误解的内容欺骗、误导消费者的，构成虚假广告。"鉴于当事人积极配合调查，违法广告发布时间较短，新余市场和质量监督管理局责令当事人改正违法行为，并处罚款10万元。

排除消费者合法权利

深圳市福宝来科技有限公司开设在天猫商城的"夜璃公坊旗舰店"在买一送一活动条款中设立了双方的权利义务，该合同中标明"最终解释权归本店所有"，属于利用合同格式条款排除消费者合法权利的行为。当事人在景德镇分支机构负责该项经营活动，其行为违反了《合同违法行为监督处理办法》"经营者与消费者采用格式条款订立合同的，经营者不得在格式条款中排除消费者下列权利：（四）解释格式条款的权利"的规定。景德镇市市场和质量监督管理局责令当事人停止违法行为，并处罚款1万元。

南丰县中天家居店利用南丰在线微信公众平台发布"购寝具、抽大奖"有奖销售广告，广告内容为"特等奖三名，奖品为价值138 675元的凝胶床垫1张十年使用权；一等奖五名，奖品为价值65 340元的水晶薄垫1张十年使用权"。当事人的行为违反了《反不正当竞争法》"经营者进行有奖销售不得存在下列情形：（三）抽奖式的有奖销售，最高奖的金额超过5万元"。抚州市南丰县市场和质量监督管理局责令当事人停止违法行为，并处罚款5.2万元。

思考： 互联网企业应该如何加强自身诚信守法建设？

课后练习

项目五

网络企业注册

学习目标

通过本项目的学习与实训，了解和掌握公司注册流程；学会注册域名；了解 ISP 选择的注意事项；了解和掌握经营性网站备案登记。

教学重点：企业注册流程，域名注册流程，网站备案登记的方法。

教学难点：企业注册方法，网站域名注册方法。

新组织形式

项目引例：宁波在校大学生自主创业案例

年纪轻轻就年薪百万，这是什么样的体验？不要震惊，因为在宁波的高校里，一些还在就读的大学生们已经年薪百万了。

怎么？不相信？这件事，我们用事实说话。

在此，隆重推出几位宁波在校大学生，第一位是年薪百万的学生"土豪"黎冠文。

黎冠文，1994 年生，现就读于浙江万里学院会展经济与管理专业，大四在校生，他在大二时就成立了手绘 POP 教育培训公司。

黎冠文

从 2014 年开始，公司将线上与线下的培训结合，主要的业务已拓展到企业、个人线上线下培训、加盟商、自主品牌马克笔销售、大学生就业培训技能训练营、人才培训中心等。

他的这个创业项目在近日的第七届全国高等学校信息技术创新与实践大赛中还获得一等奖。今年，他的公司年产值已达 2 000 多万元，个人年收入约百万元。

再来看一位，同样是年薪百万的沈兴秋。

浙江工商职业技术学院电子商务专业学生沈兴秋，从大一开始到基地做学徒，大二开始做网店店长，目前已经是拥有 6 个网店的总经理，2014 年完成销售额 2 600 多万元，2015 年预计完成销售额将达 5 000 万元，将实现服务费收入 100 万元。

再来一位，来自宁波大红鹰学院的吴德堪。"95 后"的他虽然没有透露自己的实际收入，但是，就在前不久，他的公司获得了千万种子轮融资！

沈兴秋

现在是大四生的吴德堪从小就是一个"网瘾少年"，在老师的眼里更是一个问题少年。进入大学后的吴德堪，像是一条游入大海的小鱼，活泼开朗的个性与丰富多彩的大学生活一经碰撞就激起了火花。

2015 年，大四的吴德堪开始创业，并成立了迷之游戏有限公司，利用一学期的课余时间制作开发出了 Sc2Dota。公司的 11 位成员大多是"95 后"，其中有不少是身边的同学。

据了解，他的公司参加了 2015 年 8 月 22 日盛宴·NBJOY 游戏专场投融资会的路演，吴德堪的沉稳、幽默与朝气，让在场的游戏投资大佬们青睐有加。于是，他获得近 1 000 万元种子轮融资。中国首家专注游戏产业的锋人院孵化器也决定与盛世方舟联合孵化迷之游戏。

除了这些"土豪"，在宁波高校，年薪数十万的在校生那就更多了。比如他，宁波城市职业技术学院的大三学生王辰杰。

1993 年出生王辰杰是一名涂鸦爱好者。2013 年，王辰杰来到宁波城市职业技术学院就读多媒体专业。第一年，他把精力都投入到大学生活，当了班长，还拿了国家二等奖学金。但是，对涂鸦的热爱之情，一直让王辰杰难以割舍。

于是，在大学里，他把自己的爱好发展成了事业并组成了创业团队"030crew"。他们的团队在江浙已经小有名气。宁波走火餐厅的宣传墙、桐庐一条美食街的 44 面 600 平方米的墙壁涂鸦，都是这个团队设计的。

030crew 团队一个月最多能接 5 个单子，每完成一笔单子，平均每人都能得到上万元的收入。

还有他们，宁波大学科技学院 2012 级的郑浩泽和唐平康。

原本他们每个月都拿着父母给的生活费过着"穷日子"，但不服输爱折腾的性格使他们早早踏上了创业之路。他们成立的电子盘公司，加盟了江苏大圆普洱交易中心，目前在大圆已经有将近 1 000 人的交易团队。团队 2015 年的年盈利在 100 万元左右，当然年底还有一笔重要的收入，在此先保密。

又比如，宁波工程学院交通工程专业的大二学生邵威。

他和他的团队开发了一款网络电子产品——询价宝，通过微信等网络渠道以薄利多销的方式和完善的售后服务为保障大学生权益谋福利。

2015 年，邵威带领他的团队成立了自己的工作室——自道科技工作室。工作室主要方向是电子产品销售，仅 2015 年秋季单季度销售额就高达 200 万元，净利润近 20 万元。

同时，他 2015 年还新交了女朋友。他的心里还藏着一个秘密：希望大四毕业的时候凭自己的能力买车买房。

20岁，路还很长，让我们拭目以待！

任务布置： 如果你选择在校期间自主创业，你了解企业如何注册吗？

任务5.1　工商注册登记

5.1.1　知识准备

1. 自然人与法人的区别

自然人是基于自然规律出生、生存的人，具有一国国籍的自然人称为该国的公民。所谓法人，是具有民事权利能力和民事行为能力，依法独立享有民事权利和承担民事义务的组织。简言之，法人是具有民事权利主体资格的社会组织。因此法人作为民事法律关系的主体，是与自然人相对应的。

两者相比较有不同的特点：① 法人是社会组织在法律上的人格化，是法律意义上的"人"，而不是实实在在的生命体，其依法产生和消亡。自然人的生老病死依自然规律进行，具有自然属性，而法人不具有这一属性。② 虽然法人、自然人都是民事主体，但法人是集合的民事主体，即法人是一些自然人的集合体。对比之下，自然人则是以个人本身作为民事主体的。③ 法人的民事权利能力、民事行为能力与自然人也有所不同。根据《民法通则》第37条规定，法人必须同时具备4个条件，缺一不可，包括依法成立，有必要的财产和经费，有自己的名称、组织结构和场所以及能够独立承担民事责任。

2. 什么是企业组织形式

所谓企业组织形式，是指企业依据财产组织形式和法律责任，所采用的企业法律形式。在现代高度发达的市场经济条件下，企业的组织形式日益多样化，主要包括个体工商户、个人独资企业、合伙企业、有限责任公司、股份有限公司、中外合资企业、中外合作企业等形式。一般而言，小企业最常见的组织形式包括个体工商户、个人独资企业、合伙企业和有限责任公司。

（1）个体工商户：指在法律允许的范围之内，依法经核准登记，从事工商业经营的自然人。

（2）个人独资企业：指依法设立，由一个自然人投资，财产为投资者个人所有，投资人以其个人财产对企业债务承担无限责任的经营实体。

设立个人独资企业应具备5个条件：

① 投资人必须为自然人。法律、行政法规禁止从事营利性活动的人不得作为投资人申请设立个人独资企业。

② 有合法的企业名称。

③ 有投资人申报的出资。

④ 有固定的生产经营场所和必要的生产经营条件。

⑤ 有必要的从业人员。

（3）合伙企业：指两人以上书面协议共同投资、共同经营、共负盈亏，合伙人对企业债务负连带无限责任的企业。

设立合伙企业应具备5个条件：

① 有两个以上的合伙人，且都是依法承担无限责任者。法律、法规禁止从事营利性活动的人不得成为合伙企业的合伙人，如公务员、事业单位干部职工等。

② 有书面的合伙协议。合伙协议是合伙成立的依据，也是合伙人权利和义务的依据，必须以书面形式订立，且经过全体合伙人签名、盖章方能生效。

③ 有各合伙人实际缴付的出资。合伙人可以用货币、实物、土地使用权、知识产权或者其他财产权利出资。对货币以外的出资需要评估作价的，可以由全体合伙人协商确定，也可以由全体合伙人委托法定评估机构进行评估。经全体合伙人协商一致，合伙人也可以用劳务出资，其评估办法由全体合伙人协商确定。

④ 有合伙企业的名称。

⑤ 有经营场所和从事合伙经营的必要条件。

（4）公司：指依照《公司法》规定设立的有限责任公司和股份有限公司。公司是企业法人，有独立的法人财产，享有法人财产权，公司以其全部资产对公司的债务承担责任。

有限责任公司，是指股东以其认缴的出资额为限对公司承担责任。2006年1月1日正式实施的《公司法》中特别规定了一人有限责任公司。所谓一人有限责任公司，指只有一个自然人股东或者一个法人股东的有限责任公司。一人有限责任公司的注册资本最低限额为人民币10万元，股东应当一次足额缴纳公司章程规定的出资额。

股份有限公司，将全部资本分为等额股份，股东仅就所认购的股份为限，对公司的债务负清偿责任。股份有限公司的设立可以采取发起设立或者募集设立的方式。所谓发起设立，指由发起人认购公司应发行的全部股份而设立公司；所谓募集设立，指由发起人认购公司应发行股份的一部分，其余股份向社会公开募集或者向特定对象募集而设立公司。

公司股东作为出资者按投入公司的资本额享有所有者的资产收益、重大决策和选择管理者等权利。公司享有由股东投资形成的全部法人财产权，依法享有民事权利，承担民事责任。

设立有限责任公司应具备5个条件：

① 股东符合法定人数（50个股东以下）。

② 股东出资达到法定资本最低限额（有限责任公司注册资本的最低限额为人民币3万元）。

③ 股东共同制定公司章程。

④ 有公司名称，建立符合有限责任公司要求的组织机构。

⑤ 有公司住所。

设立股份有限公司应具备6个条件：

① 发起人符合法定人数（设立股份有限公司，应当有2人以上200人以下的发起人，其中须有半数以上的发起人在中国境内有住所）。

② 发起人认购和募集的股本达到法定资本最低限额。

③ 股份发行、筹办事项符合法律规定。

④ 发起人制定公司章程，采用募集方式设立的须经创立大会通过。

⑤ 有公司名称和符合股份有限公司要求的组织机构。

⑥ 有公司住所。

3. 各种企业组织形式比较

各种企业组织形式比较见表5.1。

表 5.1 企业组织形式比较一览表

组织形式	个体工商户	个人独资企业	合伙企业	有限责任公司
法律依据	城乡个体工商户管理暂行条例	个人独资企业法	合伙企业法	公司法
法律基础	无章程或协议	无章程或协议	合伙协议	公司章程
法律地位	自然人	非法人	非法人	企业法人
责任形式	无限责任	无限责任	无限连带责任	有限责任
投资者	完全民事行为能力的自然人，法律法规禁止从事营利性活动的人除外	完全民事行为能力的自然人，法律法规禁止从事营利性活动的人除外	完全民事行为能力的自然人，法律法规禁止从事营利性活动的人除外	无特别要求，法人、自然人皆可
注册资本	无限制	投资者申报	协议约定	最低 3 万元
出资	无限制	投资者申报	约定：货币、实物、土地使用权、知识产权或者其他财产权利	法定：货币、实物、工业产权、非专利技术、土地使用权
出资评估	投资者决定	投资者决定	可协商确定或评估	必须委托评估机构
章程或协议生效条件	无	无	合伙人签章	公司成立
财产权性质	投资者个人所有	投资者个人所有	合伙人共同所有	法人财产权
财产管理使用	投资者	投资者	全体合伙人	公司机构
出资转让	投资者	投资者	合伙人一致同意	股东过半数同意
经营主体	投资者个人或家庭	投资者及其委托人	合伙人共同经营	股东不一定参与经营
事务决定权	投资者	投资者	全体合伙人或遵从约定	股东大会
事务执行	投资者	投资者或其委托人	合伙人权利同等	公司机构、一般股东无权代表
损益分担	投资者	投资者	约定，未约定则均分	投资比例
解散程序	注销	注销	注销	注销并公告
解散后义务	无	5 年内承担责任	5 年内承担责任	无

5.1.2 注册企业

下面以有限责任公司设立为例进行企业的注册。

1. 注册准备

1）选择注册性质与名称

有两种选择，即注册为工作室性质或注册为公司性质。注册为工作室或公司，均不影响业务种类，都可以从事网络服务。规模小的话，可以先注册为工作室，规模大的话可以注册为公司，公司的形象更好一些，利于业务的开展。

网络公司则属于"有限责任公司"形式，名称中应有"有限公司"或"有限责任公司"字样。公司承担有限责任，以投资人的出资额承担有限责任，公司注册手续麻烦、成本高、管理费用高、管理麻烦。

对网络公司而言，如果开展网页制作、网络信息服务，则需要办理 ICP 经营许可证，办理此证的一个前提条件是公司的注册资本在 100 万元以上。

2）考虑优惠条件

创业者在注册前一定要做一个全面了解，很多地方都是有优惠的。个体经营优惠更多，有限公司优惠可能比较少。具体需要了解当地市场监管部门的相关文件。

3）材料准备

（1）公司法定代表人签署的《公司设立登记申请书》；
（2）全体股东签署的公司章程；
（3）法人股东资格证明或者自然人股东身份证及其复印件；
（4）董事、监事和经理的任职文件及身份证复印件；
（5）指定代表或委托代理人证明；
（6）代理人身份证及其复印件；
（7）住所使用证明。

注：住所使用证明材料的准备，分为以下三种情况：

① 若是自己房产，需要房产证复印件，自己的身份证复印件；
② 若是租房，需要房东签字的房产证复印件，房东的身份证复印件，双方签字盖章的租赁合同以及租金发票；
③ 若是租的某个公司名下的写字楼，需要该公司加盖公章的房产证复印件，该公司营业执照复印件，双方签字盖章的租赁合同以及租金发票。

2. 注册公司

（1）核准名称。

时间：1~3 个工作日。

操作：确定公司类型、名字、注册资本、股东及出资比例后，可以去市场监督管理局现场或线上提交核名申请。

结果：核名通过，失败则需重新核名。

（2）提交材料。

时间：5~15 个工作日。

操作：核名通过后，确认地址信息、高管信息、经营范围，在线提交预申请。在线预审通过之后，按照预约时间去市场监督管理局递交申请材料。

结果：收到准予设立登记通知书。

（3）领取执照。

时间：预约当天。

操作：携带准予设立登记通知书、办理人身份证原件，到市场监督管理局领取营业执照正、副本。

结果：领取营业执照。

（4）刻章等事项。

时间：1~2个工作日。

操作：凭营业执照，到公安局指定刻章点办理公司公章、财务章、合同章、法人代表章、发票章；至此，一个公司注册完成。

任务5.2 网站域名注册

5.2.1 知识准备

1. 域名注册

域名，是企业在互联网上的标识，是企业的网络商标。没有一家企业不重视自己产品的标识——商标，而域名的重要性及其价值也已经被全世界的企业所认识。中国国内域名每天的注册数量都以飞快的速度增长着。由于一个域名被注册后，其他任何机构都无权再注册相同的域名，所以，虽然域名是网络中的概念，但它已经具有类似于产品的商标和企业的标识物的作用。

随着大量的企业开始应用互联网开展业务，由此开始了注册符合自己企业特征的网络域名的争夺战。由于互联网源于美国，目前大多数美国及西方国家的公司和机构均在互联网上注册了与自己机构名称相对应的网络域名，如国际商用机器（IBM）公司的域名是IBM.COM、索尼（SONY）公司的域名是SONY.COM、可口可乐公司的域名是COCACOLA.COM、迪斯尼的域名是DISNEY.COM，这些都是最早注册域名的公司。负责审批互联网域名的机构是位于美国的互联网络信息中心InterNIC及其下属的分支机构。由于目前还没有规范关于网络域名注册的法律申请，任何人只要具有必需的网络设施并确定所要注册的域名尚未被他人注册，一般就可以申请到该域名。正是由于这个原因，我国大量的知名企业、商标和特定称谓等才会被他人抢先注册。由于域名被抢夺，可能对我国的国际交流、产品出口、企业形象等方面造成巨大的潜在威胁。根据目前的检索资料显示，我国著名的企业和商标，如海尔、长虹、同仁堂、阿诗玛、红塔山、五粮液、青岛啤酒、娃哈哈、健力宝、海信、中化、中包、中外运等均已经被抢先注册。由于域名抢注，我国驰名商标在互联网上的域名保护问题已引起国家市场监督管理总局商标局的关注。

根据互联网在我国迅猛发展的实际形势和域名管理的需要，原信息产业部（现工信部）从2000年年初，开始组织进行域名管理办法的起草调研工作。信息产业部参考国际惯例，并结合国内的发展情况，同时广泛征求了我国互联网、法律界、知识产权界专家学者的意见，经过多次讨论，反复修改完善，制定了《中国互联网络域名管理办法》。国际域名管理组织为了促进公平竞争，于 1999 年重新修订了国外域名注册机制，设立了注册管理机构、注册服务商、代理商的分层体系，由一家权威机构管理中央数据库并提供日常域名解析服务，在注册服务领域增加注册服务商展开竞争。

因此，企业设计与制作了自己的网站，要传输到互联网上去，以达到建设企业网站的最终目的。那么，企业首先必须为自己的网站注册一个域名，而注册一个域名就要与负责注册的管理机构联系。域名注册分为国际域名注册与国内域名注册两种，分别由国际和国内管理机构负责。国内域名注册由中国互联网络信息中心（CNNIC）（http://www.cnnic.net.cn）授权其代理进行；国际域名注册通过国际互联网络信息中心（InterNIC）（http://www.internic.net.cn）授权其代理进行。CNNIC 严格按照《中国互联网络域名注册暂行管理办法》和《中国互联网络域名注册实施细则》的规定负责各种域名的申请与注册工作等。

注册域名必须符合一定的条件，国内域名注册申请人必须是依法登记并且能够独立承担民事责任的组织。注册时，需要出示营业执照复印件，然后按照程序规定填写申请单。涉及国家政府机构、行业机构、行政区等单位的域名注册，需经国家有关部门（指部级以上单位）正式批准和相关县级以上（含县级）人民政府正式批准，并取得相关机构出具的书面批文。国际域名注册则没有任何条件限制，单位和个人均可以提交申请。表 5.2 是域名注册报价表。

表 5.2 域名注册报价表

产品名称	销售价格	产品名称	销售价格
国内域名 cn	60 元/年	国际域名 .cc	380 元/年
国际域名 com	65 元/年	国际域名 .tv	500 元/年
国际域名 net	65 元/年	国际中文域名 com	200 元/年
国际域名 org	65 元/年	国际中文域名 net	200 元/年
国内域名 com.cn	60 元/年	国内域名 gov.cn	60 元/年
国内域名 net.cn	60 元/年	国内中文域名中国	240 元/年
国内域名 org.cn	60 元/年	国内中文域名公司	220 元/年
国际域名 .info	180 元/年	国内中文域名网络	220 元/年

2. ISP 的选择方法

ISP（Internet Service Provider，互联网服务提供商），是指专门从事互联网接入服务和相关技术支持及咨询服务的公司或企业，是众多企业和个人用户进入互联网空间的驿站和桥梁。ISP 通过自己拥有的服务器和专门的线路 24 小时不间断地与互联网连接。ISP 有很多类型，有拨号 ISP，也就是从事通过调制解调器从一个服务器拨号接入互联网；有后端 ISP，即从事网络服务器服务，通过服务器的高速缓冲存储器向大量用户提供经常性接入信息服务；有前端 ISP，即从事高效的接入服务，并通过服务器的高速数据缓冲存储器向局域网用户提供服务。

企业成功注册了域名，仅仅是对自己设计的网站选择了一个名称而已。网站中的网页与数据需要有空间存放，也就是网络服务器。这就需要企业对主机托管和虚拟主机做出决策。

主机托管就是将购置的网络服务器，托管给 ISP 等网络服务机构进行网站的构建、管理与维护，每年支付一定数额的费用。主机托管可以减轻企业缺少网站设计与管理人员所带来的压力，解决网站建设后在技术支持及维护等方面可能出现的各种问题，它适用于技术实力欠缺的企业构建中型网站。

虚拟主机适合于一些小型、结构较简单的网站。虚拟主机技术是使用特殊的软、硬件技术，把一台运行在互联网上的服务器主机分成很多台"虚拟"的主机，每一台虚拟主机都具有独立的域名和 IP 地址，具有完整的互联网服务器（WWW、FTP、E-mail 等）功能；虚拟主机之间完全独立，并可由访问者自行管理。因此，在外界看来，每一台虚拟主机和一台独立的主机完全一样。由于多台虚拟主机共享一台真实主机的资源，每个用户承担的硬件费用、网络维护费用和通信线路的费用均大幅降低。同时，网站使用和维护服务器的技术问题由 ISP 负责，企业就可以不用担心技术障碍，更不必聘用专门的管理人员。

企业根据需要租用 ISP 提供的"虚拟主机"的一定空间，按照"虚拟主机"指定目录将企业的网页和其他资料放到网上。企业和其访问者通过 ISP 代理的高速网络系统进行信息系统，就好像在真实的主机上进行着网上贸易信息的交流与传递。由于主机的管理与维护的大部分工作由 ISP 完成，所以企业管理"虚拟主机"的主要工作就是网页的上传和电子邮件的处理。

对于大型企业而言，由于设计的网站比较大，功能也比较齐全，则需要申请独立的域名建立网站，就必须至少投资一台价格较高的服务器，还需要架设专线，由专人维护。

作为企业，也就是网站建设方，在选择 ISP 时，应该考虑 ISP 是否能提供完善的服务，包括售前、售中、售后的系统化服务；是否能够直接或间接提供强大而稳定的上网服务；是否能够为企业提供从网站域名注册直到网站维护的一体化服务；是否是权威机构授权的域名代理机构；是否能够为企业提供网上商务的后台支持解决方案等。另外，网络营销是一种通过互联网进行的实时的"无纸贸易"，对安全性要求很高，提供该项服务的 ISP 一般需要使用专用的软硬件设备，因此入网时一定要注意 ISP 是否有足够的实力。

5.2.2 网站域名注册准备及流程

1. 注册准备

1）注册方式的选择

一种方式是自己到国家商标局办理商标注册，另一种方式是委托一家经验丰富的商标代理组织来提供商标代理服务。

如选择直接注册网站名称时要求在实质公司的经营范围内必须有"互联网信息服务"或"互联网信息服务"一项，否则不予办理。

网站名称注册必须由实质公司提出，注册后该名称归申请人所有，其他任何单位和个人使用，均属违法。

2）商标在先注册权利的查询工作

商标查询是指商标注册申请人或其代理人在提出注册申请前，对其申请的商标与在先权利商标有无相同或近似的查询工作。

3）申请商标资料的准备

如果是以自然人名义提出申请，需提供身份证的复印件和个体营业执照复印件。

2. 申请注册

下面以国内域名为例，说明国内域名注册的操作方法，其步骤大致如下：

1）查询注册域名

有许多注册管理机构的网站是经过 CNNIC 授权的。因此，在任一经过授权的注册管理机构网站上都可以直接查询企业所要注册的域名是否已被别人注册过。通常，只要按提示输入要注册的域名，提交之后，检索结果会自动反馈。如果域名已经被别的企业注册，则需重新选取新的域名。

2）填写注册申请表

如果选取的域名尚未被注册，就可以填写注册申请表了。目前，企业注册既可以采用 Web 方式，也可以用电子邮件的方式。在 Web 方式下，企业在 CNNIC 授权代理的注册管理机构网站上联机填写域名注册申请表，如图 5.1 所示。在申请表上要填写注册域名的名称、申请单位的中英文名称、单位负责人、域名管理联系人、承办人、技术联系人、缴费联系人、各种联系方式、域名服务器放置地与 IP 地址等。填好后，单击"注册递交"按钮。这样，申请表格就会被域名注册系统接收。如果用电子邮件方式，则可以将表格从网上下载，填写完毕后，再发给注册管理机构。

3）等待审核书面申请

提交申请表后，还必须等候注册管理机构网站系统对申请表的初步审核，并准备营业执照（副本）复印件等申请材料。一般在 48 小时之内，注册管理机构网站系统就会自动回复电子邮件，通知企业递交书面申请材料。当按照要求将书面材料邮寄后，等候下一步的电子邮件通知即可。

4）书面申请材料的审核

注册管理机构将审查邮寄的申请材料，并采用电子邮件的方式通知企业其审查结果。如果审查合格，企业将进入缴费阶段；如果审查没有通过，获得未通过原因与修改建议后，需重新进行注册。

5）缴纳注册费用

按照要求通过邮政汇款、银行电汇或来访缴纳域名注册费用。

6）注册成功

注册管理机构收到域名注册费用后，发出"域名注册证"和付款发票，至此，域名注册成功。一般情况下，域名注册处理时间大致如下：从收到申请材料至域名开通在 5 个工作日内完成；从收到域名注册费用至寄出"域名注册证"在 10 个工作日内完成。

国际域名注册的主要步骤与国内域名注册大致相同，首先是检索注册域名，确认要注册的域名是否已被他人注册。如果没有被注册过，进入下一步注册步骤。其次是填写表格并缴纳费用，也就是填写注册管理机构的"在线订单"，并传真至该网站，同时将相应缴费款项汇至注册管理机构的账户。然后是办理注册，即收到申请的"在线订单"及汇款后，注册管理机构立即开始办理申请注册。最后是注册成功，注册管理机构将缴费发票邮寄给申请人。

目前，代理域名注册的机构比较多，如果是通过代理公司注册，则其操作步骤会有所不同，这里不再赘述。

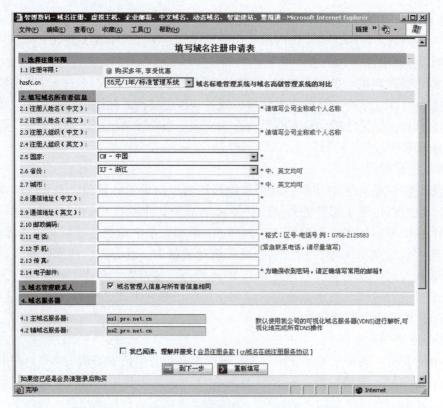

图 5.1　域名注册申请表

任务 5.3　经营性网站备案登记

5.3.1　知识准备

经营性网站是指网站所有者为实现通过互联网发布信息、广告、设立电子信箱、开展商务活动或向他人提供实施上述行为所需互联网空间等活动的目的，利用互联网技术建立的并拥有向域名管理机构申请的独立域名的电子平台。

国家对经营性网站实行 ICP 许可证制度。经营性网站所有者向备案机关申请备案登记的，应遵守本制度的规定，领取"经营性网站备案登记证书"（即 ICP 证）并在其网站首页安装备案登记电子标识。其全称是《中华人民共和国电信与信息服务业务经营许可证》，是通过互联网向上网用户提供有偿信息、网上广告、代为制作网页、电子商务及其他网上应用服务的公司必须办理的网络经营许可证。

ICP 证是网站经营的许可证，根据国家《互联网管理办法规定》，经营性网站必须办理 ICP 证，否则就属于非法经营。未取得经营许可或未履行备案手续，擅自从事互联网信息服务的，由相关主管部门依法责令限期改正，给予罚款、责令关闭网站等行政处罚；构成犯罪的，依法追究刑事责任。

"备案登记证书"及电子标识由市场监督管理局统一制作。"备案登记证书"的有效期为三年，网站所有者应于期满之日前向备案机关申请换领新的"备案登记证书"。

《中华人民共和国公司法》《中华人民共和国企业法人登记管理条例》《互联网信息服务管理办法》规定：

（1）个人不得作为经营性网站的网站所有者。

（2）工商行政管理局是经营性网站备案登记工作的执行机关。

（3）经营性网站的网站所有者应当领取企业法人营业执照并拥有相应的经营范围，其经营范围核定为"互联网信息服务"。

（4）办理网站备案登记，申请人应在线提出申请。

（5）申请人应于在线申请程序完成后 30 日内，向备案机关提交书面证明材料。申请人未能在规定期限内提交书面证明材料的，视为未申请。

（6）经营性网站所有者获得"备案登记证书"后，应每年向备案机关申请进行年度检验。有关登记事项发生变化的应同时向备案机关提出变更申请。

5.3.2 网站备案

1. 前期准备

（1）申请者向通信管理部门申领《ICP 许可证》。

（2）申请者取得《ICP 许可证》后，向工商行政管理机关申请增加"互联网信息服务"或"互联网信息服务"的经营范围。

2. 申请备案

1）在线申请

（1）网站所有者（或称为申请人）申请网站备案登记时，应先通过互联网向市场监督管理局的网上工作平台提出申请，填写网上的制式表格并进行网站名称查重。

（2）登录工商行政管理局的网上工作平台，进入"网站备案"系统中的"备案申请"模块。在《经营性网站备案申请书》的栏目中，填写网站的名称、域名、IP 地址、管理负责人、ISP 提供商、服务器所在地地址、联系办法等相关内容。

（3）在线提交《经营性网站备案申请书》。

（4）打印《经营性网站备案申请书》。

2）递交文件

对经查询不重名的网站名称，申请人应于 30 日内向备案登记机关提交与在线申请相应的书面申请及有关证明材料。

申办经营性 ICP 经营许可证需要提供的文件和材料包括：

（1）申办经营《ICP 许可证》的书面申请；

（2）公司的营业执照（复印件）或企业名称核准通知书；

（3）公司概况，包括从事 ICP 业务的技术人员和经营管理人员、场地设施及相应的资源等；

（4）公司近一年经会计师事务所审计的财务报告或验资报告；

（5）公司章程、公司股权结构及股东的有关情况；

（6）从事新闻、出版、教育、医疗保健、药品和医疗器械等互联网信息服务的，应提交有关主管部门前置审批的审核同意文件；

（7）从事经营 ICP 业务的可行性报告和技术方案；

（8）为用户提供长期服务的能力及保障措施，包括后续资金保障、技术力量保障、商业经营保障、内置管理模式；

（9）信息安全保护措施，包括网站安全保障措施、信息安全保密管理制度、用户信息安全管理制度；

（10）证明公司信誉的有关材料；

（11）公司对依法经营电信业务的承诺。

3）接受受理审查

备案登记机关对申请人提交的书面申请及证明材料受理后，进行审查，对发现错误的要求申请人补报。

4）等待公告异议

备案登记机关对申请人提交的书面文件审查合格后，在网站上进行为期30天的公告，在此期间任何单位和个人均可向备案登记机关提出书面异议。

5）取得证书

对公告的网站名称未提出异议或经裁定异议不成立的，备案登记主管机关予以注册登记，颁发"备案登记证书"。

附：全国部分省区市经营性网站备案办理要求

1. 北京经营性网站备案要求

企业：核验单原件、营业执照副本复印件、主体负责人身份证复印件（正反面）、网站负责人身份证复印件（正反面）、网站负责人幕布照片（需有拍照日期与核验单签字日期同一天）。

个人：核验单原件、身份证复印件（正反面）、网站负责人幕布照片（需有拍照日期与核验单签字日期同一天）。

2. 天津经营性网站备案要求

企业：核验单原件、营业执照副本原件扫描件、主体负责人身份证原件扫描件（正反面）、网站负责人身份证原件扫描件（正反面）、网站负责人幕布照片（需有拍照日期与核验单签字日期同一天）。

注：主体负责人需为法人，网站负责人可以不是法人，但需提供法人委托书。备案期间网站不允许访问。域名不做解析或解析地址与备案信息中IP一致。

个人：暂停备案。

3. 上海经营性网站备案要求

企业：核验单原件（网站负责人签字处加盖公章）、营业执照副本复印件、主体负责人身份证复印件（正反面）、网站负责人身份证复印件（正反面）、网站负责人幕布照片（需有拍照日期与核验单签字日期同一天）。

个人：核验单原件、身份证复印件（正反面）、网站负责人幕布照片（需有拍照日期与核验单签字日期同一天）。

4. 江苏经营性网站备案要求

企业：核验单原件（网站负责人签字处加盖公章）、营业执照副本复印件、主体负责人身份证复印件（正反面）、网站负责人身份证复印件（正反面）、网站负责人幕布照片（需有拍照日期与核验单签字日期同一天）。

注：主办单位通信地址须具体到门牌号，如无门牌号，应备注说明。

个人：核验单原件、身份证复印件（正反面）、网站负责人幕布照片（需有拍照日期与核验单签字日期同一天）。

注：主办单位通信地址须具体到门牌号，如无门牌号，应备注说明。

5. 浙江省通信息管理局备案要求

企业：核验单原件（网站负责人签字处加盖公章）、营业执照副本原件扫描件、主体负责人身份证原件扫描件（正反面）、网站负责人身份证原件扫描件（正反面）、网站负责人幕布照片（需有拍照日期与核验单签字日期同一天）。

注：备案期间网站须关闭。主体负责人须为法人。

个人：核验单原件、身份证原件扫描件（正反面）、域名证书、网站负责人幕布照片（需有拍照日期与核验单签字日期同一天）。

注：备案期间网站须关闭。须提供域名证书。

拓展阅读

浙江省人民政府关于进一步加快电子商务发展的若干意见

（浙政发〔2012〕24号）

各市、县（市、区）人民政府，省政府直属各单位：

近年来，电子商务在全球范围内正以前所未有的速度迅猛发展，并逐步向研发、生产、流通、消费等实体经济活动渗透，成为引领生产生活方式变革的重要推动力。为加大对电子商务的支持力度，营造良好的环境，推进全省电子商务加快发展，结合《浙江省电子商务产业"十二五"发展规划》，现提出如下意见：

一、充分认识加快电子商务发展的重要意义

（一）电子商务有利于经济发展方式转变。电子商务以"全天候、全方位和零距离"的特点，改变着传统经营模式和生产组织形态，影响着产业结构调整和资源配置，对促进我省产业结构调整，推动经济增长方式转变，提高经济运行质量和效率，提升综合竞争力具有十分重要的作用。

（二）电子商务有益于开拓国内外市场。电子商务突破了传统的"商圈"概念，使交易和服务等经济活动像实体产品一样进行流通，有效扩大了市场空间。依托电子商务，生产商直接构建零售终端与消费者进行交易，大大缩减流通环节，进一步降低中间商、物流等交易成本，从而有力地促进商品和各种要素的流动，消除妨碍公平竞争的制约因素，降低交易成本，推动浙江企业开拓国内外市场。

（三）电子商务有利于规范市场经济秩序。电子商务交易记录可长期保存，具有"来源可追溯、去向可查证、风险可控制、责任可追究"的特点，是新时期实现市场有效监管和商业文明建设的重要支撑，有利于建立长效监管机制，从源头上规范市场经济秩序。此外，电子商务在品牌培育、节能减排、创造就业、支持创业等方面都发挥着重要作用。

二、加快构建电子商务产业体系

（四）构建电子商务产业链。根据我省产业特色和电子商务发展现状，巩固和提升电子商务服务平台，加快发展网络购物，不断拓展电子商务应用范围，逐步提高电子商务产业集聚度和市场辐射力，形成以网上交易活动为核心，技术、配送、支付、认证等支撑服务为外延的重点突出、范围明晰、理念先进的电子商务产业链。

（五）建设国际电子商务中心。大力推进电子商务发展，强化政府在产业规划、政策引导、法规建设和市场监管等方面作用，提升电子商务产业规模和综合竞争力。推进电子商务与支撑体系同步协调发展，逐步突破物流配送、诚信机制、人才和资金短缺等制约。推动电子商务创新发展，在经营模式、技术和人才等方面达到国际先进水平，努力把浙江打造成为"国际电子商务中心"。

三、提升发展电子商务公共平台

（六）巩固发展综合性电子商务平台。支持阿里巴巴等综合性电子商务平台加快向全国中小企业提供电子商务服务，逐步向境外延伸业务，巩固全球最大企业电子商务交易平台地位。延伸电子商务平台服务功能和内容，拓展业务范围。推进综合性农产品电子商务平台建设，引导我省农产品开展电子商务交易。

（七）提升发展行业电子商务平台。依托块状经济、专业市场和产业集群，提升发展行业电子商务平台，推进现有行业电子商务平台由信息流服务向信息流、商流、物流和资金流综合服务发展；进一步整合行业电子商务平台的资源，重点在化工、纺织、医药、服装等领域培育一批集交易、物流、支付等服务于一体的行业电子商务平台，确保我省行业电子商务平台发展的全国领先地位。

（八）加快建设大宗商品电子商务交易平台。支持有条件的生产资料经营企业和专业批发市场开展大宗商品网上现货交易，在煤炭、钢铁、塑料、化工、有色金属等领域建成一批以商品交易为核心、现代物流为支撑、金融及信息等配套服务为保障的大宗商品现货交易电子商务平台；结合浙江海洋经济发展示范区的大宗商品交易中心建设，加快建设综合性大宗商品电子商务交易平台，提升我省大宗商品定价话语权。

四、加快发展网络零售业

（九）稳步发展第三方网络零售平台。扩大网络零售商品和服务种类，推动服装、家纺、电脑、家电、数码、家居、母婴用品、土特产等商品进行网上销售。支持淘宝网做强做大，巩固其全球最大第三方网络零售平台地位；培育一批新兴的第三方网络零售平台，规范发展网络团购平台。

（十）大力发展专业化网络零售业。在支持综合性网络零售企业发展的同时，发挥网络零售低成本快速覆盖全国市场的优势，重点支持建设销售特定商品或针对特定消费人群的专业化网络零售平台，做精做透网络零售业务，着力培育一批行业细分并辐射全国消费市场的网络零售企业。

（十一）支持传统商贸企业发展网络零售业务。支持传统百货、连锁超市等企业，依托原有实体网点、货源、配送等商业资源开展网络零售业务，进一步发展集电子商务、电话订购和城市配送为一体的同城购物。结合农村流通实体网点建设，探索"网上看样、实体网点提货"的经营模式，推进农村市场网络零售业发展。鼓励日用消费品交易市场经营户依托第三方零售平台开展网上销售，推进传统零售业与网络零售有机接轨。

五、积极利用电子商务开拓国内外市场

（十二）普及中小企业电子商务应用。充分发挥我省电子商务公共服务平台领先优势，鼓励我省中小企业利用第三方平台开展电子商务，积极开拓国内外市场。支持有条件的第三方电子商务平台开设"浙江专区",对浙江企业集中进行展示、宣传和推广,打造一批特色鲜明、影响力较大的"浙江中小企业网上集聚区"。

(十三)支持骨干企业发展供应链电子商务。充分发挥骨干企业在采购、销售等方面的带动作用,支持一批品牌效应明显、产品标准化程度高、系列齐全的骨干企业建立企业电子商务网站,以产业链为基础,以供应链管理为重点,实现采购、生产、销售全流程电子商务。

(十四)鼓励生产企业直接开展网络零售。支持生产企业依托自身品牌,通过第三方零售平台开设网络旗舰店、专卖店等网络零售终端,有条件的可自建零售平台,开展网络零售、网上订货和洽谈签约等业务。支持专业化网络销售企业承接传统企业电子商务业务,培育一批网络销售领域的总代理、总经销。

(十五)支持发展境外网络销售。鼓励我省电子商务服务平台针对不同语言进行区域划分,加大境外电子商务市场拓展力度。加快跨境零售的报关结汇、境外配送等配套业务,鼓励我省企业依托电子商务平台开展境外批发或零售,特别是采取自主品牌方式建设境外零售终端,提升我省产品在境外市场的品牌影响力和附加值。

六、进一步扩大电子商务应用范围

(十六)鼓励数字产品开展网络交易。鼓励平面出版物和视频节目数字化,支持舞台剧目、音乐、美术、非物质文化遗产和文献资料等进行数字化转化、开发、下载和交易,规范发展网络游戏等文化服务,培育专业性文化产品交易平台。依托网络建立数字版权运营体系,探索"自助出版模式",建设全省数字出版网上交易系统,在文化、出版等领域培育一批重点电子商务平台。

(十七)鼓励服务产品开展网络交易。推进金融领域电子商务应用,加快发展网络融资、理财等网络金融中介业务;加快推进电子商务在物流、旅游、会计、法律、培训等服务领域应用;鼓励票务、房产、人才等中介行业开展电子商务。积极建设社区便民服务平台,鼓励政府采购、招投标、药品采购等公共资源开展网络业务。重点在物流、金融、旅游、教育、医疗、中介等服务领域培育一批电子商务平台。

七、健全电子商务发展的基础保障

(十八)加强信息网络基础建设。加快基础通信设施、光纤宽带网和移动通信网、广电有线网络建设,推动"三网融合",构建覆盖城乡、有线无线相结合的带宽接入网。全面推进光纤到楼、入户、进村,实现政府机关和公共事业单位光纤网络全覆盖;推进已建居住区光纤到户改造,实现新建小区光纤宽带全覆盖;推进农村地区和边远地区的宽带互联网等信息通信基础设施建设;加快推进企业信息化,普及研发、采购、制造、营销和管理等领域信息技术应用。

(十九)培育电子商务技术服务企业。有效整合基础电信运营、软件供应和系统集成等基础业务,培育一批专业化电子商务服务商,为中小电子商务企业提供平台开发、信息处理、数据托管、应用系统和软件运营(SaaS)等外包服务。引进国内外知名电子商务服务企业来浙设立区域总部。

(二十)推进电子商务应用技术创新。加快发展云计算,建设云服务平台,完善云安全解决方案,推进海量存储、虚拟化和低功耗等云计算技术在电子商务领域的应用。大力发展移动电子商务,推广手机、掌上电脑等智能移动终端的应用,支持电子商务运营商与电信运营商、增值业务服务商和金融服务机构之间开展对接，提高移动电子商务覆盖面。

（二十一）逐步完善电子商务物流配送。整合现有工业、商业、仓储和运输等物流信息资源，大力发展第三方物流，推进第四方物流，提高物流配送的社会化、组织化和信息化水平。推动第三方物流与电子商务平台合作，为网上交易提供快速高效的物流支撑。发展快递物流，培育一批信誉良好、服务到位、运作高效的快递物流企业；引进一批浙商投资的快递物流和国际先进快递物流到我省设立总部。支持重点电子商务企业建设物流中心。支持城市社区建设网络购物快递投送场所，新建小区应将快递投送场所纳入规划。尽快构建覆盖全省地级市，并逐步向县级城市、城镇和农村延伸，与电子商务快速发展相适应的现代物流配送体系。

（二十二）进一步完善网络支付。鼓励银行拓展电子银行服务业务，强化在线支付功能；加强与电子商务企业的合作，发展电子票据、移动电话支付等新型电子支付业务，推出适合电子商务特点的支付产品和服务。加强第三方支付平台建设，引导第三方支付机构在依法合规经营的基础上，加快产品和服务创新，做大做强非金融机构支付服务市场。尽快建立由网上支付、移动电话支付、固定电话支付以及其他支付渠道构成的综合支付体系，提供安全、高效的资金结算服务。

（二十三）加强网络认证和安全建设。推进认证平台建设，完善电子认证基础设施，加快电子认证加密技术研究。加强信息安全防范，引导电子商务企业完善数字认证、密钥管理、数字加密等安全服务功能。健全信息安全管理制度与评估机制，提高电子商务系统的应急响应、灾难备份、数据恢复、风险监控等能力。

（二十四）加快电子商务人才培育。鼓励省内高等院校和职业院校开设电子商务、物流配送等专业，培养多层次电子商务人才。推进中小电子商务企业、配套服务商的中高级人才学历继续教育，鼓励举办电子商务高级研修班，加强高端人才培养力度；支持有条件的电子商务企业与科研院所、高校合作建立教育实践和培训基地，支持电子商务企业开展职工培训，提高职工培训费用计入企业成本的比例，鼓励和动员社会力量开展面向农民和下岗工人的电子商务知识培训。加大省外优秀电子商务人才的引进力度，积极支持引进高端复合型电子商务人才。加快推进电子商务职业技能鉴定工作，健全电子商务人才成长促进机制。

八、实施电子商务示范带动工程

（二十五）培育重点电子商务企业和平台。结合省委、省政府提出的"大平台、大产业、大项目、大企业"战略，在电子商务各领域中选出一批基础扎实、成长性好的企业、平台和项目，集中相关政策措施，进行重点支持和培育，发挥好示范带动作用，全面提升我省电子商务发展水平。

（二十六）推进电子商务产业园建设。支持各地按照产业链的要求建设电子商务产业园，吸引国内外电子商务企业和相关配套企业入驻，形成集商品贸易、平台建设、物流配送、融资支持等多功能、多业态的电子商务园区。推动实体交易和网上交易相结合，支持有条件的批发市场强化仓储、配送、采购等功能，发展一批以商品市场为依托的网商集聚区。开展省级重点电子商务园区认定，带动全省电子商务产业集聚发展。

（二十七）推动电子商务示范城市建设。支持有条件的地方积极申报国家级电子商务示范城市。同时，综合考虑电子商务应用普及、电子商务企业集聚、大型平台建设和产业园区发展等要素，认定一批省级电子商务示范县（市、区），通过区域示范，带动全省电子商务发展。

九、加大对电子商务产业的政策支持力度

（二十八）加大财政专项资金支持。自2012年开始进一步加大对电子商务的资金支持力度。重点支持中小企业利用电子商务开拓国内外市场、重点电子商务企业发展、电子商务产业园区建设及网络零售、平台提升等电子商务重点工程。对新引进的知名电子商务企业总部，依据其缴纳税收、吸纳就业和产业水平等情况，经省商务、发展改革、财政、税务、人力资源和社会保障等有关部门认定，省服务业发展引导资金给予一次性奖励。各地要结合实际落实电子商务发展专项资金，充分发挥资金的导向作用，切实提升电子商务发展水平。

（二十九）加大税收政策的支持。对省重点电子商务企业纳税有困难的，报经地税部门批准，酌情减免水利建设专项资金、房产税、城镇土地使用税；对新入驻省重点电子商务产业园的电子商务企业，自入驻之日起三年内，纳税有困难的，报经地税部门批准，可减免应缴的水利建设专项资金。

支持电子商务及相关服务企业参与高新技术企业和软件生产企业认定，如符合条件并通过认定的，可享受高新技术企业和技术先进型服务企业税收政策。支持国家级电子商务示范城市电子商务及相关服务企业参与技术先进型服务企业认定，如符合条件并通过认定的，可以享受技术先进型服务企业所得税优惠政策。对符合小型微利企业条件的电子商务企业按规定予以减免企业所得税。对电子商务企业交易平台的研究开发费用，未形成无形资产计入当期损益的，在按规定据实扣除的基础上，按研究开发费用的50%加计扣除；形成无形资产的，按照无形资产成本的150%摊销。积极研究解决物流企业代理采购、电子商务税收管辖、税务登记和电子发票应用等相关问题。

（三十）加大对电子商务用地的支持。统筹安排电子商务产业园用地空间布局，优先保障重大电子商务项目用地。对国家和省重点电子商务项目，各地应优先安排用地指标，保障项目落地。鼓励利用存量土地发展电子商务产业，在不改变用地主体、不重新开发建设等前提下，利用工业厂房、仓储用房等存量房产、土地资源兴办电子商务企业和园区，其土地用途可暂不变更。

（三十一）加大对电子商务人才引进的支持力度。对电子商务企业引进高端电子商务人才而产生的有关住房货币补贴、安家费、科研启动经费等费用，可列入成本核算。对一定规模省重点电子商务企业副总经理以上人员，经有关部门批准，可不受学历、资历、任职资格等限制，破格直接申报高级经济师资格。加快公共租赁住房建设，支持省重点电子商务产业园按照集约用地的原则，引导用工单位等各类投资主体建设公共租赁住房，面向区内就业人员出租。

（三十二）加大电子商务企业金融支持。鼓励金融机构积极探索无形资产和动产质押融资方式，扩大电子商务企业贷款抵质押品范围。积极发展小额贷款保证保险，缓解电子商务企业抵押担保难；积极探索网络联贷联保等中小企业网络融资产品，提高中小企业信贷审批和发放效率。

推动省重点电子商务企业直接融资，鼓励电子商务企业以各种方式引入风险投资、战略投资，发行中小企业集合债券，加快企业发展。支持电子商务企业通过境内外证券市场上市融资，符合条件的可作为省级重点上市培育企业，在上市申报过程中由省企业上市工作联席会议成员单位提供"绿色通道"，优先办理有关手续。探索建立以财政资金为引导，社会资本为主参与的电子商务产业投资基金。

（三十三）其他方面政策支持。鼓励各类资本投资电子商务产业，电子商务企业登记注册时，除法律、法规和国家已有规定外，各部门一律不得设置前置性审批事项。放宽电子商务企业出资最低限额，除法律、法规另有规定外，允许电子商务企业注册资本分期缴付，注册资本首期缴纳20%，其余2年内缴足。方便电子商务证照办理，对省重点电子商务企业的网络零售企业用于配送的小型车辆予以办理相关通行证和临时停靠证。完善价格政策，电子商务企业用水、用电、用气与工业企业同质、同量、同价。

十、加强电子商务管理和服务

（三十四）加强对电子商务工作的组织领导。切实发挥省电子商务工作领导小组职能，协调解决全省电子商务发展中的重大问题；有关部门要结合自身职能，各司其职，分工合作，形成电子商务发展合力。各级政府要加强电子商务的管理机构建设和人员配备，更好地发挥统筹规划、政策制定和综合协调作用，全面推进电子商务提升发展。

（三十五）依法保障电子商务发展。重点围绕消费者权益保护、商业秘密保护、网络信用管理、特殊电子商务业态的市场准入等问题，制订出台有关促进电子商务发展和管理的地方性法规。建立健全多部门联动防范机制，切实做好执法检查和日常监管，严厉打击依托网络的制售假冒伪劣商品、侵犯知识产权、传销、诈骗等行为。推进网上经营主体信息公开披露，探索建立电子商务信用管理和信息共享机制，推广信用产品在电子商务中的应用，促进全省电子商务规范有序发展。

（三十六）积极营造良好的电子商务发展氛围。开展电子商务发展战略和政策研究，建立完善发展评价体系，提升电子商务统计监测、分析的科学化水平。研究制订电子商务产业统计指标体系，加强电子商务企业信息统计和采集，建立电子商务运行监测系统，将网络零售额纳入社会消费品零售总额。加快研究制订电子商务相关标准，出台针对在线支付、安全认证、物流配送等支撑服务环节的行业标准和规范，大力推进国际通用商品条码、企业代码在电子商务中的应用。加强行业协会等中介组织建设，开展电子商务企业等级评定，提升行业管理和服务水平。加大电子商务宣传力度，积极营造良好的政策导向和舆论氛围。

课程思政案例导读

将诚信教育与大学生创新创业相结合

2014年1月，燕山大学经济管理学院和燕山大学学生工作处共同出资设立了"诚信基金"，用于家庭经济困难学生的创业扶持和应急资助。以"诚信基金"为依托，通过资金注入、项目咨询、经营指导等方式，"诚信小站""诚信雨伞""诚信快递""诚信车行""诚信书屋""诚信花圃"等一系列以诚信理念为主导的大学生创新创业项目被逐步孵化、扶持起来，在为学生提供勤工助学、创新创业实践平台的同时，也将诚信、奉献的基因深深植入学生的心中。

拿"诚信小站"来说，它不仅是一个无人看守的购物平台，更是一个检验诚信的平台。遍布校园各教学楼的"诚信小站"为大家提供瓶装矿泉水、文具和面巾纸等日常生活学习用品，大家根据标价把钱放入钱箱即可拿走所需物品。每个"诚信小站"都设有留言板，工作人员会每天公布销售情况和诚信率。经济管理学院电子商务专业学生冯一范说："每次看到小站的诚信率没有达到百分之百，就会去反省自己平常生活中有没有不诚信的行为。"正如"诚信小站"的指导老师杨春敏所说："'诚信小站'就是最好的品德导师。"

"诚信小站"成立至今，诚信率已由原来的60%到现在保持在80%左右，偶尔有同学们急需忘记了带钱也会及时送回。每逢课间和上下学时间总会有同学从小站享受便利，留下诚信。2014级建筑工程与力学学院的解丽萍说："'诚信小站'给我们的日常生活带来了很多便利，每逢考试自习忘记带笔、带本子、带水的时候就可以直接去那里购买，非常省事，而且符合市场价格。尤其是支持支付宝支付之后，更为便利。"同学们也常常在小站的留言板上写下自己的建议和感谢，如今的"诚信小站"已成为同学们之间的沟通桥梁，传递的是相互的信任和温暖。

遍布校内边边角角的"僵尸"自行车一直是大学校园里的痼疾。2016年年初，"诚信车行"开始运营，通过翻新修理校园内废旧无主的自行车，免费提供给师生使用。如今，60余辆来来往往的诚信自行车宛如绿色的精灵，已成为燕大校园内一道美丽的风景线。"诚信车行"这一创新之举既有利于绿色校园的建设，也让广大师生充分感受到了"自治"与"自律"带来的便捷。继"诚信车行"之后，"诚信书屋""诚信花圃"项目的加入，更是为"诚信"系列项目锦上添花。清幽雅致的"诚信书屋"由经济管理学院挤出的办公用房改建而成。首批精选上架的400册图书都是根据同学们票选的结果购进，实行自由取放，自行登记后便可以借走。"诚信花圃"由一支贫困生创业团队发起，通过在教学区和宿舍区设置花架，进行自主销售。购买者选择自己喜欢的盆栽后，通过扫码付费购买，全程无人看管。

经济管理学院学生科科长夏亮亮老师说："'诚信'系列项目的宗旨就是引导同学们树立诚信意识，弘扬诚信精神。这些项目不仅给大学生提供了创业实践的平台，使之能够将所学知识运用到实践中，更在扶助贫困生方面发挥了积极作用，努力做到社会效益最大化。""诚信"系列项目的开展，不仅锻炼了经管类学生的市场营销能力，对接了广大师生的需求，同时，诚信作为一种生活方式，已随着各种"诚信"项目融入学生的日常生活当中，诚信之风已悄然遍布校园各处。

思考： 在你身边有哪些值得你学习的诚信教育？

课后练习

项目六

网络创业平台建设与推广

学习目标

通过本项目的学习与实训,能够更进一步领会网站建设和推广的基本知识,熟悉和掌握电子商务网站建设的基本流程和注意事项,熟练运用常用的网页制作设计和推广工具的使用,通过对电子商务网站的建设与推广培养学生综合运用所学知识分析和解决实际问题的能力。

教学重点: 创业平台规划,创业平台设计,创业平台的推广。

教学难点: 著名搜索引擎注册,中小企业网络平台推广。

电商创业平台

项目引例:百度——全球最大的中文搜索引擎网站

百度公司成立于 2000 年 1 月 1 日,总部位于北京中关村,公司创始人李彦宏拥有"超链分析"技术专利,使中国成为美国、俄罗斯、韩国之外,全球仅有的四个拥有独立搜索引擎核心技术的国家之一。基于对人工智能的多年布局与长期积累,百度在深度学习领域领先世界,并在 2016 年被《财富》杂志评为全球 AI 四巨头之一。

每天,百度响应来自百余个国家和地区的数十亿次搜索请求,是网民获取中文信息的最主要入口。百度以"用科技让复杂的世界更简单"为使命,不断坚持技术创新,致力于提供更懂用户的产品及服务。百度移动应用月活跃设备数超过 11 亿。

百度以技术为信仰,在技术研发、人才引进等方面坚持长期持续的投入。根据中国专利保护协会 2018 年统计,百度以 2 368 件申请量成为中国人工智能专利领头羊。

在"夯实移动基础,决胜 AI 时代"的战略指导下,百度移动生态更加繁荣强大,AI 加速推进产业智能化,AI 生态不断拓展完善。

得益于 AI 驱动,百度移动形成了"一超多强"的产品矩阵,并构建起以"百家号"和"智能小程序"为核心的移动生态。2019 年 3 月,百度 APP 日活跃用户达 1.74 亿,同比增长 28%;好看视频日活跃用户达 2 200 万,同比增长 768%;百度

百度 Logo

APP 和短视频信息流总用户时长同比增长 83%；"百家号"内容创作者达到 210 万；"智能小程序"月活跃用户达到 1.81 亿，环比增长 23%。

未来，百度将继续坚持"夯实移动基础，决胜 AI 时代"战略，不断提升用户体验，推动 AI 应用与落地加速发展，为实现"成为最懂用户，并能帮助人们成长的全球顶级高科技公司"的愿景而不断努力。

百度上市

任务布置：如果你要在百度上做推广，你会选择怎么做？

任务 6.1　网络创业平台规划

6.1.1　知识准备

1. 网络创业平台的含义

网络创业平台，其构成要素随着网站类型及规模的不同而各有差异。一般情况下，企业特别是中小企业在建立网络创业平台时，并不一定要构建网络基础设施，可以借用公众的网络多媒体平台搭建自己的网站运行平台。因此，构建网络创业平台时，只要重点考虑网站的软件结构与网页的结构设计，以及数据库系统的选择与开发。图 6.1 展示的是典型的网络创业平台构成。

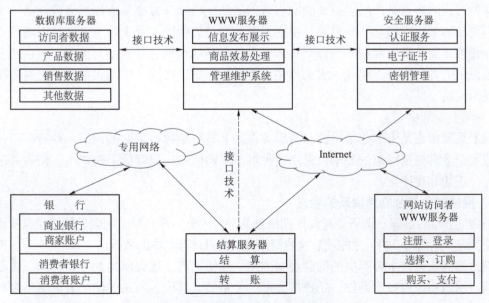

图 6.1　典型的网络创业平台构成

网络创业平台软件系统的功能应该包括商品目录显示、购物车功能、交易处理、支持商品陈列与店铺展示工具、支持在线支付等。由于网络创业平台对系统安全、运行速度、运行效率等方面有较高的要求,因此,无论是在选择网络接入方式,还是在选择数据库时,都必须考虑满足多方面的要求,以保证为企业提供强大的前台与后台管理功能,使用户安全、快捷地实现电子商务。

2. 网络创业平台模式

网络创业平台根据所采用的技术不同,可以分为基于 ERP 的内联网网络创业平台模式、基于 EDI 的外联网网络创业平台模式与基于 Web 的互联网网络创业平台模式。目前,基于 Web 的互联网网络创业平台模式已成为主流,它主要是通过建设 Web 站点,让互联网访问者在规定的权限内获取与发送信息,实现网站交易双方之间信息流、资金流、物资流的高效率畅通和自动化进行,完成商业贸易活动。具体有以下几种形式:

1)网上商店

由企业在互联网上建立网上商店,在网上推销商品与服务并开展网络营销活动。在这种形式下,企业通过网站传达自己的经营理念、发布产品信息、树立企业形象,并提供商品在线订购和在线支付等基本功能。这种形式也就是通常所说的 B2C 网站。

如果将多个网上商店集合就形成了网上购物中心,这个中心实际上是一个基于网络环境的中间商。

2)网上拍卖平台

这种形式是参照传统的拍卖方式,卖方运用网络多媒体技术将需要拍卖的商品在网上展示与拍卖,免除了将实物商品移动到拍卖场所带来的一系列问题。买方也通过网络参与竞拍,从而实现足不出户完成商品所有权的转移。在这种形式下,拍卖平台的建设者从买卖双方的交易活动及相关活动中获取利益。淘宝网与 eBay 中国就是网上拍卖平台的典型代表。

3)第三方交易市场

这种形式的特点是产品供应商的网络营销活动交给第三方交易市场来完成,第三方交易市场为商品的供应商建立产品目录,提供界面和产品数据库。由于第三方交易市场具有明显的行业特性,商品采购商在第三方交易市场上很容易找到理想的商品与价格,并在第三方交易市场提供的各种服务下顺利、安全地完成交易。阿里巴巴网、中国煤焦数字交易市场都是这一类的网站。

4)网上采购中心

网上采购中心是专门用来将商品与服务在网上进行招标与采购的网站。政府部门、事业单位或大企业都根据国家的要求,采用这种电子采购模式,以降低采购成本,使购买过程公开化、公正化和程序化。

3. 网络创业平台需求调研的意义

网络创业平台的需求调研是建设好网络创业平台的第一步,只有明确了网站建设所要实现的功能、想要达到的目的,才能使后续的网站规划与设计有基本的依据。

网站的需求调研主要解决的问题是明确网站的使用者、建设网站的主要目的、核心的业务流程、网站建设的技术条件、用户群之间的关系等。其中,网站的使用者可能是多种多样的,可能是消费者、企业,也可能是行业领导机构,即使是企业,也因为分不同的工作职责而有不同的使用者。各种不同的使用者对网站建设都有不同的期望,他们希望得到什么或者网站能提供什么都是他们所关心的,这也是在调研阶段应该明确的。

除此以外,网络创业平台的调研还必须对竞争对手进行调查分析,了解竞争对手网站的主要业务、网站的基本架构、运营策略等，从而吸取竞争对手的长处，突出自己的优势。

4. 网络创业平台的可行性分析

技术可行性分析是指对网络创业平台的建设与运行阶段所涉及的硬件、软件与相关技术等方面进行分析。随着网络技术的发展，支持电子商务的应用越来越广泛。从技术上说，以下技术适合于电子商务的应用：

1）EDI 技术

EDI 是以报文交换为基础的数据交换技术，它推动了世界贸易的电子化。在电子商务的应用过程中，EDI 可用于单证与商务文件的传递与交换以及客户管理等方面。

2）电子邮件

电子邮件技术广泛应用于电子商务活动中，它为客户与合作伙伴之间提供实时的商务信息交流、信息查询、信息反馈的平台，也为企业与员工之间架设了沟通的桥梁。

3）Web 技术

Web 技术在商务活动中的应用，大大扩大了商务活动的范围。基于 Internet 与 Intranet 的电子商务，可以完成信息发布、信息浏览、信息查询、信息处理和信息检索等任务。

4）数据仓库与数据挖掘技术

数据仓库与数据挖掘技术在电子商务活动中主要用于各种大量的繁杂数据的存储与分析，并提高数据处理的效率。

5）条形码技术

在电子商务中，条形码技术主要用于商品的快速判断与识别，以及客户身份的识别与鉴定，并将数据快速集成到其他的应用与数据库中。

当企业对实施电子商务并构建网络创业平台做出决策时，需要分析与确定可以满足企业需要的各种技术的可行性。增加硬件系统和选择电子商务技术的原则应该是以与企业原有的技术相衔接的程度和提高企业业务能力为基准，也要考虑技术对网络创业平台功能实现的支持程度。如果企业目标层次低，所建立的网站功能简单，只是用来宣传及推广企业形象与产品，则选择满足 Web 服务的软硬件技术即可。如果企业建立网站的目标是在网上销售商品并与供应商、合作伙伴等进行网上信息交流，那么网站的功能不仅应包括信息发布、信息浏览、信息反馈，还应包括比较复杂的网上支付、网上认证等功能。在技术的选择上要充分考虑实现这些功能的技术支持程度，需要配置包括 Web 浏览器、数据库服务、邮件服务、防火墙与代理服务器、中间组件、客户操作系统、网络服务系统、商务应用系统在内的软件与硬件设施。

网络创业平台经济可行性分析是指对网络创业平台建设与运行阶段的投入与产出进行评估。网络创业平台在建设过程中需要投入大量的人力、物力和财力。人员、技术、设备和材料等的投入构成了电子商务的成本，其中在规划、分析、设计与构建过程中的投入是投资的主要部分。一般情况下，将网络创业平台的成本分为构建开发成本与运行管理成本两部分。图 6.2 所示是网络创业平台的成本构成。

网络创业平台构建的费用主要包括域名使用费用、硬件费用、主机托管费用、系统软件、开发工具及开发费用等。网站的开发费用是比较难于计算准确的。一般地，开发费用是按照员工工资、各项费用和利润率来计算的，即：总价＝工资＋费用＋利润。目前，网站开发费用有多种计算方法。如果参考电子商务服务商的报价，网站开发费用的常见计算方法有三种：套餐法、时间法和项目评估法。套餐法也称页面法，即指定明确的页面数、图像数、链接数和功能等。这个办法最通用，但不是一个较好的计算办法。因为，按照页面计价，开发商对有关开发费用的解释很含糊。时间法就是按照每小时成本计算的方法。但是这种方法经常遭到质疑和拒绝，因而实行起来比较困难。项目评估法是将整个项目分解成一个个小的工作项目，评估每个工作的技能难度，计算其完成的时间，再根据每小时成本计价。表6.1列出了某网络公司页面设计的报价，表6.2列出了某网络公司程序设计的报价。

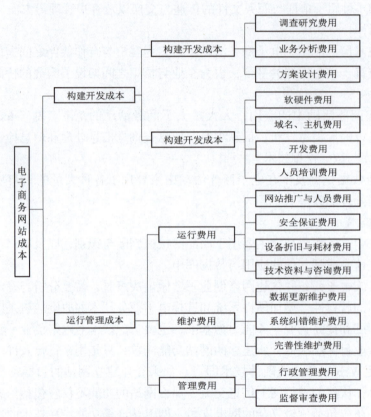

图6.2　网络创业平台的成本构成

表6.1　网站页面设计报价表

项目	说　　明	价格
网站策划	精彩广告规划人员都有扎实的与电子商务相关的专业背景和二年以上企业网站规划经验，他们将根据您公司的行业特性与建站诉求，为您提供专业的网站策划方案	免费提供
形象页A	用于展示企业形象或多语言版本网站导航，主要以非进程性Flash技术表现。例如，江苏通光集团网站 www.chinatongguang.com 和上海国际集团网站 www.sigchina.com	1 000元
形象页B	以非进程性Flash技术表现，用于展示企业形象或多语言版本网站导航。例如，新加坡金鹰集团网站 www.rgmi.com.cn	1 500元

续表

项目	说　　明	价格
视觉设计	良好的全站色彩与风格设计突出企业性质与精神，精彩广告顶尖级设计师将深入研究客户的行业特点、企业文化以及您的宝贵意见，将您的企业精彩展现	1 200 元
页面制作	详细展现与阐述网站的主要产品信息与服务内容的页面	150 元 / 页
动态效果	Flash 动画及 Java 特殊效果制作（使网站生动而富有表现力）	400 元
批量扫描	批量产品或案例图片扫描以及图片的后期艺术处理	100 元 /20 幅
数码摄影	网站内容素材的现场数码摄影以及图片的后期艺术处理	500 元 /30 幅
多语言版	费用按照主语言版本"页面设计"费用的 40% 计算	按实际情况

表 6.2　网站程序设计报价表

项目	说　　明	价格
公告系统 A 型	企业公告信息发布与管理系统（限一条）	400 元 / 个
公告系统 B 型	弹出式，有背景图，可选择弹出或不弹出	800 元 / 个
新闻系统 A 型	可以不限量发布新闻，每条新闻由 3 个字段描述，可以设定有效时间段，可以加载多张相关图片	1 500 元 / 个
新闻系统 B 型	较 A 型增加新闻分类、新闻检索、点击量统计功能	2 000 元 / 个
新闻系统 C 型	较 B 型增加新闻分权限审核与发布功能	3 000 元 / 个
在线视频宣传	通过录像带、VCD、数码摄像机转制	1 000 元 / 分钟
产品发布 A 型	不限量发布产品，每个产品由 10 个字段描述，可以加载多张相关图片，有点击量统计，可以设定为推荐以便首页突出显示	2 500 元 / 个
产品发布 B 型	较 A 型增加产品一级分类设置、产品搜索功能	4 000 元 / 个
产品发布 C 型	较 B 型增加产品二级分类设置功能	5 000 元 / 个
产品搜索系统	"下拉列表＋自由搜索词"模糊匹配搜索系统	800 元 / 个
购物车系统	与产品发布系统结合，在线订购系统	2 000 元 / 个
在线支付功能	本公司与银联合作，提供网站收费平台，浏览者现有的所有银行卡都可以实现在线支付	5 000 元 / 套
会员注册系统 A 型	网管可以设定会员级别与权限，关闭或删除会员	2 000 元 / 个
会员注册系统 B 型	会员可以修改资料，管理相关的订单、财务等信息，网管可设定会员级别与权限，关闭或删除会员	3 500 元 / 个
BBS 论坛系统	网管可以进行多种设定和管理活动	2 000 元 / 个

续表

项目	说 明	价格
F&Q 答疑系统	F&Q 全称为"Federal asked Questions",即客户通常问及的问题,采用自问自答的形式为用户提供详细的解答	1 000 元 / 个
网上调查系统	自由添加并设置问题及选择项,提供统计结果,给出分析图表	500 元起
文件传输系统	支持各类程序及 Office 文件格式的上传和下载	1 500 元 / 个
客户列表 A 型	能够管理客户列表,但不能点击查看客户详细介绍	200 元 / 个
客户列表 B 型	能够管理客户列表,而且能够点击查看客户详细介绍	500 元 / 个
职位发布系统	不限条数发布企业招聘的职位说明	1 000 元 / 个
简历提交系统	按照要求定制的在线简历表(20 个字段描述)	1 500 元 / 个
在线订单系统	完全按照真实订单表格制作(10 个字段描述)	1 000 元 / 个
留言板系统	收集浏览者的要求、意见和联系信息	500 ~ 1 000 元 / 个
网络视频系统	提供网络视频格式的转制、3D 动画制作及其网络展示服务	面议
访问统计系统	图表显示日、周、月浏览量,以及地区分布等信息	300 元 / 个
站点计数器	统计网站访问总量	免费
多语言版本	每增加一种,费用按主语言版"系统程序"费的 40% 计算	视主版本情况

6.1.2 平台规划

1. 网络创业平台需求调研

网络创业平台需求调研一般分为 3 个具体步骤,首先是制定调研计划,其次是进行需求调研及资料整理,最后是撰写调研报告。

1)制定调研计划

(1)制定调研目标。理论上说,调研目标应该是十分明确的,但实际工作中网络创业平台的需求调研并不是一次就可以完成的,有时还需要分阶段进行。另外,调研目标也是不断深入与细化的,这就需要分阶段制定调研的目标,解决详细的需求问题。一般情况下,前期的调研着眼于网站的总体框架,后期的调研才注重各种分项需求。

(2)确定调研对象。调研对象是指网络创业平台的使用者或者管理者。当然,涉及其他相关的人员与部门,也是需要确定为调研对象的。所以,调研对象可以是一个企事业单位,也可以是某个单位的一些部门或某些个人。调研对象应该越明确越好,因此,如果调研是面向某个单位的,应该让这个单位尽可能细化,明确具体要调研的部门或者员工,只有通过调研人员与调研对象的直接沟通,才能取得第一手的资料。

(3)确定调研方法。目前被广泛采用的调研方法有许多种,如座谈会、现场讨论会、填写调研表、走访参观现场业务与技术环境、搜集与业务相关的资料或者电子文档、问卷调查等。为了达到调研的总体目标，应该根据每次调研的目标、调研对象等因素采用不同的调研方法。在互联网高度发达的今天，有些调研项目可以通过网络来完成。

（4）确定调查时间、人员、资金预算。为了有效地进行调研，必须十分重视调研时间表的制定，而调研时间表的制定必须在与调研对象沟通的基础上确定下来。调研时间表包括调研计划的制定、调研准备、调研、资料整理、撰写调研报告以及向领导汇报等时间安排。

① 调研人员数量是根据调研工作量与调研时间表安排而确定的。通常，调研人员由领队、调研员、需求分析人员等组成，形成调研小组。在调研过程中，与调研对象协调是极其重要的工作，往往由调研小组的领导人员担任或者专门设立协调，以保证最大可能地搜集调研对象的信息。

② 调研的资金预算主要包括调研所需要的交通费、人力资源费用、耗材费等。

（5）设计调研表。当调研正式开始之前，应该设计好具有针对性的调研问题列表。对于每一个调研对象，分别列出需要调研的问题。

2）需求调研与资料整理

（1）调研准备。在制定了调研计划的基础上，对调研小组的每个成员进行分工，让每个调研人员了解调研计划与分阶段的调研目标，由此制作出调研的相关表格。

（2）需求调研。需求调研是将调研计划付诸实践的行为，这一工作就是以调研计划为指导，将事先设计好的调研表中所列的问题与调研对象进行沟通，明确业务流程与调研对象的期望，搜集相关的文字资料与数字资料。在这一过程中，需要反复与调研对象就调研内容与时间进行沟通与协调，以提前准备好需要调研小组讲解的内容，保证调研的正常进行。

（3）调研资料的整理。由于调研过程搜集的资料是杂乱的，甚至许多是重复无用的，这就需要按照调研目的进行归类整理，使资料系统化与条理化。这一过程需要运用多种技术手段与统计方法，去粗存精，从大量资料中找出有价值的信息。

3）撰写调研报告

调研报告是对调研成果的文字反映，其主要内容包括调研目标、调研过程、调研方法、调研总结，也就是对网站建设相关问题的现状与建设期望进行描述，让需求分析与网站设计人员有个基本依据。

调研报告除了正文以外，应该将调研过程中各种详细记录以附件的形式作为调研报告的一部分，因为各种记录中包含了各种原始需求信息，应作为需求分析的重要参考。

值得注意的是，网络创业平台需求调研往往需要分多次完成，每次调研的目标、方法与成果都不同，需要每次制定相应的调研计划，经过具体的调研并通过整理形成调研报告，在此基础上再形成需求分析说明书。

在调研的基础上，分析人员可以开展对网站的需求分析。通过分析，要发现网站建设者最关注的需求，确立需求的优先级别，并可以制作用户界面原型，使用户对建成后的网站更直观地了解。

2. 网络创业平台技术可行性分析

（1）分析网络创业平台所采用的技术的成熟度、项目技术来源、合作单位情况。

（2）分析网络创业平台技术方案的可靠性、安全性与可扩充性。

（3）分析本项目国内外发展现状、存在的问题及发展趋势。

（4）得出关于本项目技术方案是否可以采用的结论。

技术可行性分析可以采用列表对比等定性方法来进行。

3. 网络创业平台经济可行性分析

（1）计算网络创业平台的主要投入成本。

（2）估算网络创业平台投入运行后一段时间内可能的收入。网络创业平台的经济效益主要包括直接收益与间接收益。直接收益包括网站增加的产品销售、原材料采购降低的费用、收取的会员费、广告收入等。间接收益表现为企业形象得到提升、企业信息化水平提高、服务内容的增加与市场的开拓等。

经济可行性分析可以采用投资回收期分析、投资效益率分析等定量的方法进行。

4. 网络创业平台可实施性分析

网络创业平台的可实施性分析主要是从项目的社会环境、法律法规依据、企业管理水平、各级领导重视程度、对实施的项目技术人员要求等方面做出分析。

可实施性分析主要还是采用定性的分析方法进行。

5. 提出建议

根据对网络创业平台的需求调研与需求分析，对系统建设方案从技术与经济及可实施性等方面撰写可行性分析报告并提出综合性建议。通常可以对网络创业平台建设做出建议，即可着手组织开发。

任务 6.2　网络创业平台设计

6.2.1　知识准备

1. 网络创业平台内容设计的要求

网络创业平台内容设计是网站建设的重点。企业要在互联网上展示自己的形象，宣传企业文化，开展商务活动，网站内容的设计是决定成败的关键。网站内容设计一般从以下几个方面考虑：

1）信息内容要有特色

网站内容是客户最为关注的，客户访问网站的目的就是发现自己感兴趣的信息。因此，网站内容的新颖、专业、精练是吸引用户访问、提高网站效益的关键。作为网站规划与设计者应把网站内容的特色放在第一位考虑。

另外，网站内容的及时更新也至关重要。网页的内容应是动态的，随时可进行修改与更新，以紧紧抓住用户。

2）使用操作方便易行

网络创业平台主要是实现网上商业贸易。客户并不都是计算机操作能手或者贸易专家，因此，要充分考虑网站使用操作的简便性。要提供方便易行的交互功能，包括留言簿、反馈表单、在线论坛或者社区；要提供强大的搜索工具与帮助功能，方便客户检索与交易；要为客户提供个性化的服务，满足不同客户的需求；设计贸易流程要清晰流畅，要减少客户商业贸易过程中的信息干扰等。只有当客户能方便地在网站上进行信息交流，实现网络贸易，网站才能吸引客户，才能与客户建立良好的互动关系，从而增加销售与服务的机会。

3）访问快速安全

在确定内容的基础上提高客户访问速度是很有必要的。目前，虽然大部分网站浏览者都以宽带上网的形式访问网站，但访问速度还或多或少地存在着问题。如果网站内容能吸引人，但打开网页的速度让人失去耐心，最终就会影响网站的访问量。因此，网站必须具备良好的硬件与软件环境，网页设计也要考虑简洁明快，以提高访问速度。另外，设计网站时，要充分考虑客户获取信息的便捷性，如果客户想了解某种型号产品的相关信息，一般都能够在两三次点击之内得到，也就是网站首页有指向产品网页的链接，产品网页有指向各型号产品网页的链接，型号产品有指向更为详细介绍产品信息的链接。

在电子商务交易过程中应该尽可能地保证服务器不发生死机、病毒发作等，以免引起客户的交易中断、信息丢失等问题。

2. 网络创业平台功能设计的要求

网络创业平台的模式有多种，业务流程也就各不相同，在设计时应从宏观的角度考虑网站需要提供的功能。作为网络创业平台有核心功能和辅助功能，各类网站主要是围绕核心功能开展业务活动。

作为 B2C 的零售型网站，其主要功能的设置是为了满足消费者购买过程中的各种需要，以帮助消费者更好地买到所需要的商品。因此，就应该设置消费者注册功能、购物功能和管理功能。

B2B 交易平台主要是为买方企业与卖方企业、政府相关机构及支撑机构完成商业贸易全过程服务的，这里有商业贸易、有政府机构的监管、有银行与物流等相关的交易支撑活动。因此，就应该设置会员服务与管理功能、产品目录与管理功能、交易功能、交易统计分析功能、结算与物流接口功能。

C2C 交易平台为消费者提供一个拍卖平台，因此应该设置会员注册与管理功能、交易平台管理功能、买卖双方交易工具等。

在网络创业平台功能设计时，还应从客户角度出发，设计配套的服务功能，如虚拟社区、信息发布与管理、广告预订、邮件订阅、在线查询、全文检索、在线调查等子系统。虽然有些功能很细小，却体现了人性化的服务。

3. 网络创业平台链接结构设计的要求

为了实现信息的有效传递，也为了方便网站的访问者，网站开发人员在网站信息结构设计的同时应规划并设计好主次分明、结构清晰的网站链接结构。因为网站访问者总是希望访问某个网站时，既可以方便、快速地到达自己需要的页面，以最少的时间浏览网站获得所需信息，并清楚地知道自己的位置，而不至于在众多的网页中迷失方向。

网站的链接结构是指页面之间相互链接的拓扑结构，它建立在网站的目录结构基础之上，但可以跨越目录。可以说每个页面都是一个固定点，链接则是在两个固定点之间的连线。一个点可以和一个点链接，也可以和多个点链接。更重要的是，这些点并不是分布在一个平面上，而是存在于一个立体的空间中。网络创业平台是一个大型、复杂的综合网站，在这个网站中有几十个类别的文件，文件之间的关系极其复杂。网站设计人员在网站链接结构的设计时应遵循用最少的链接，使浏览最有效率的原则，使之化繁为简，事半功倍。

网站的链接结构有两种基本方式：树状链接结构和网状链接结构。

树状链接结构（一对一）是类似计算机文件管理的目录结构方式，其立体结构看起来就像一棵多层二叉树。这种链接结构的特点是条理清晰，访问者明确知道自己在什么位置。一般地，在这种结构中首页的链接指向一级页面，一级页面的链接指向二级页面。因此，浏览该链接结构的网站时，必须一级级进入，再一级级退出。其缺点是浏览效率低，从一个栏目下的子页面进入另一个栏目下的子页面时，必须绕经首页。

网状链接结构（一对多）类似网络服务器的链接，立体结构像一张网。这种链接结构的特点是浏览方便。通常，在这种结构中每个页面相互之间都建立有链接，访问者随时可以到达自己喜欢的页面。其缺点是链接过多，容易使访问者搞不清自己的位置以及看过的内容。

在实际的网页设计与制作中，链接结构的设计是非常重要的一环，采用的链接结构形式将直接影响到版面的布局。例如，主菜单放在什么位置，是否每页都需要放置，是否需要用分帧框架，是否需要加入返回首页的链接。在链接结构确定后，再开始考虑链接的效果和形式，是采用下拉表单，还是采用 HTML 动态菜单等。

4. 网络创业平台整体风格设计的要求

网站的整体风格是指网站整体形象给访问者的综合感受。网站风格在网站内容设计中是个难点，也是所有网站开发者最希望掌握，并且难于学习的内容。网站的整体风格设计并没有固定的程式可以参照或者模仿，整体风格体现在作品内容与形式等各种元素中。对体裁的驾驭、题材处理、表现手法、语言运用等各方面形成特色就形成了网站的整体风格。

风格独特是一个网站区别于其他网站并吸引访问者的重要因素。网站设计应根据企业的要求与具体情况找出特色，突出特点。比如网易网站，网站定位为个人互联网应用的门户网站，它面向年轻、时尚的人群，这使 B2C 企业、消费品供应商、生活资料供应商用网易搜索引擎向最终消费者推广成为首选。淘宝网作为 C2C 平台，其亲切活泼、方便安全的特点吸引了千万访问者将其作为创业平台。

作为网络创业平台，风格的一致性也是极其重要的。网站结构的一致性、色彩的一致性、导航的一致性、背景的一致性以及特别元素的一致性都是形成网站整体风格的重要因素。

6.2.2 平台设计

1. 网络创业平台信息结构设计

从经营的实质上来说，网络创业平台主要有 3 种形式：信息发布型、产品销售型和综合型。以信息发布型的网络创业平台为例，设计网络创业平台的信息结构，主要从公司、产品、服务等几个方面来进行。即将网站的信息结构分为 4 个部分：企业信息、产品信息、服务信息与其他信息。

1）拟定企业信息

企业信息通常也就是企业概况、员工信息与企业的动态新闻。其中，企业概况是企业在网络中推广企业的第一步，应该予以重视。它包括企业背景与历史、主要业绩与社会贡献、经营理念与经营目标及组织结构等，让访问者对企业的情况有一个概括的了解。员工信息主要是介绍企业相关部门的员工，特别是与用户有直接或间接联系的部门与员工的一些信息。这些部门或员工都应有自己专门的页面，应向访问者介绍这些员工的姓名、工作岗位、兴趣、联系方式等，这是网站人性化设计的一个重要组成部分，最后得以建立服务与消费者的一对一关系。企业之间的竞争是人才的竞争，通过这个方式介绍了企业的人力资源状况，也展示了企业的实力。企业动态是企业让访问者了解企业最新发展动向的版块，通过它让访问者加深对企业的了解，从而达到展示企业实力和形象的目的。不断搜集与提供各类媒体对企业的有利报道，并把它们及时上传到网站上会带来很好的宣传效果。

2）设计产品信息

产品信息主要向访问者提供本企业的产品与服务的目录、产品价格等信息，设计时应该充分考虑访问者的访问效率，因此，应该设计产品检索功能与产品订购功能。对于产品与服务的目录，企业可根据实际需要决定资料的详细程度，最简单的应包括产品和服务的名称、品种、规格和功能描述。可能的情况下，应尽量为产品配以图片、视频和音频资料。同时，在公布有关技术资料时，应注意对重要数据资料保密，要注意涉及知识产权的法律法规等问题。产品的价格信息对于访问者来说是很重要的内容，有些访问者浏览网站的部分目的是希望了解与对比企业产品价格。对于一些通用产品及可以定价的产品，网站应该标明产品价格；对于一些不方便报价或价格波动较大的产品，也应尽可能地为访问者了解相关信息提供方便的途径，如设计一个标准格式的询问表单，以便咨询。一个大型的企业或者大型网络创业平台，其产品类型较多而且经常发生价格的变动，那么在简单的目录中就无法全部列出。这时，就应考虑除了设计详细的分级目录之外，应当采取增加关键词搜索功能等措施，使访问者能够方便地找到所需要的产品。对于一般的网络创业平台来说，网上订购只是指用户通过网络提交给网站管理员的在线表单，最后的确认、付款、发货等仍然需要通过线下来完成。而对于有条件的实力强大的网络创业平台，网上订购也就是指直接购买。

3）确定服务信息

服务信息主要内容通常是售后服务、技术支持、联系资讯与企业的销售网络等。访问者访问企业网站并查看商品信息时，比较关心的是在购买商品后，与产品有关的质量保证、售后服务措施、是否可以在本地获得售后服务以及各地售后服务的联系方式等。这些信息都是影响访问者做出购买决策的重要因素。因而，网站应该尽可能详细地提供这些信息。技术支持是相对于高科技产品而言的。生产或销售高科技产品企业的网站，除了产品说明书之外，还应该将访问者关心的技术问题及其答案公布在网上，如一些常见故障处理、产品的驱动程序、软件工具的版本等信息资料。也可以用在线提问和常见问题回答的方式让访问者可以随时提出任何有关公司、产品或技术方面的信息需求。联系资讯是网络创业平台必须提供的信息之一，网站上应该提供详尽的联系信息，除了企业的地址、电话、传真、邮政编码、网络管理员 E-mail 地址等基本信息之外，还应当有各地分支机构的联系方式，方便消费者得到售后服务与技术支持。

4）选择其他信息

其他信息包括一些辅助信息、增值服务等内容，可以是企业人才招聘信息、娱乐信息、论坛、专题讨论区、网页版权信息以及到其他相关站点的链接等。

综上所述，网络创业平台的信息结构可以用图形清晰地表示，如图 6.3 所示。

2. 网络创业平台功能模块的选择

企业的网络创业平台可以根据企业的业务类型及其网站的类型，选择一些功能模块。网络创业平台常用的功能模块及其说明见表 6.3。功能模块越多，则网站的开发费用越高。这些功能模块可以请专业的公司代为开发，也可由企业自行完成。

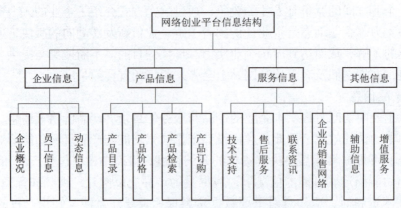

图 6.3 网络创业平台信息结构

表 6.3 网络创业平台常用的功能模块及其说明

功能模块	说　　明
新闻更新系统	实现在网站后台自由发布和管理各类企业内外新闻信息，并保存历史新闻供访问者查询
网上调查系统	可设置调查内容，自动统计调查结果，并自动生成分析图表
会员管理系统	自动完成会员资格审核、会员名称的分配确认工作，管理注册会员
滚动文字公告系统	实现在网站后台自由发布和管理企业的最新公告信息
BBS 论坛系统	实现访问者之间以及访问者和企业之间直接的网上交流，管理人员可以设置和管理论坛的话题，并参与讨论，对访问者的疑问进行解答
网站访问统计系统	了解任意时段内网站访问量，并通过分析随时掌握网站的使用效果
聊天室系统	支持文字及语音聊天方式，管理人员对聊天室有管理功能
E-mail 自动回复系统	以 E-mail 形式自动回复访问者提出的问题，可定制和更改回复内容
E-mail 自动通知系统	对于访问者在线提交的信息以 E-mail 的形式即时报告给管理人员
在线反馈单系统	访客在线填写表单内容并提交后，反馈程序立即将信息保存到数据库
文本域更新系统	在网站后台实现网站某处文本信息的自由发布和更改
表格域更新系统	在网站后台实现网站某个表格内信息的自由发布和更改
图片上传更新系统	图片上传，实现在网站后台对网站某处图片信息的自由发布和更改
访问者列表管理系统	发布及管理最新的访问者名录
文件上传下载系统	可将各类文档、程序及文件包上传至网站，供访问者进行下载使用
在线支付系统	与银联合作，提供各类个人和企业客户的在线电子支付系统

3. 网络创业平台整体风格设计

1）设计网站标志

网站的标志（Logo）也可以说是企业的标志，应尽可能地出现在每一张网页上，例如页眉、页脚或者背景上。标志可以是中文、英文字母、符号、图案，如新浪网站是用字母Sina和眼睛组合作为标志；也可以用代表性的人物、动物、花草作为设计蓝本，加以卡通化和艺术化，比如搜狐网站的标志，标志的设计创意来自网站的名称与内容。专业性网站可以用本专业最具代表性的物品作为标志物，如工商银行。最简单与常用的方法是用网站自身的中、英文名称作标志，如淘宝网。

2）设计网站的标志色彩

标志色彩是体现网站形象与网站内涵延伸的色彩，确定标志色彩是相当重要的事。例如，阿里巴巴与淘宝网的标志色彩都与网站标志颜色一致，其主色调是大多数客户都喜欢的。IBM的深蓝色及乌镇旅游网的古色古香都让人感觉贴切、和谐。

要注意网站的标志色彩不能过多，标志色彩主要用于标志、标题、主菜单与主色块。文字的链接、背景、边框色彩尽量与标志色彩一致，给人整体统一的感觉。

3）设计网站标志字体

标志字体是用于标志、标题、主菜单的特有的字体。一般要求在关键的标题、图片、菜单里使用特别的字体，体现与众不同的风格。因为只有被安装在客户计算机操作系统中的字体才能显示出来，而操作系统所安装的字体又是有限的几种，因此，大多数网络创业平台采用网页的默认字体。

4）设计网站标语

网络创业平台的标语是网站的精神，是网站的目标表达。网站的标语可以用一句话或者一个词来概括，类似实际生活中的广告句。例如，Intel的"给你一颗奔腾的心"，阿里巴巴网站的"全球最大的网上贸易市场"，主题突出，个性鲜明。这些标语放在首页动画、Banner里或者醒目的位置，所起的作用相当大。

需要说明的是，网络创业平台整体风格的设计并不是一次就能完成的，但需要在第一次设计时定位，然后通过网站运行与管理的实践再进行强化和调整。

任务6.3　网络创业平台推广

6.3.1　知识准备

1. 关联网站

所谓关联网站，通常是指同一个机构所拥有或控制的各个独立的网站（包括二级域名的网站），但这些网站之间具有互相推广的关联关系。关联网站推广是很多互联网公司或者以互联网为主要营销手段的企业成功的一个重要因素。作为一般的企业网站通过关联获得有效访问量，也就是用户通过关联网站获取信息和服务，并最终形成购买。使用网站关联的方式推广，首先，可以有效地增加在搜索引擎检索结果中被用户发现的机会。因为在同一个行业，一般来说，一个网站在搜索结果中只占有一个或者少数几个检索结果位置，增加网站数量有利于占据更多搜索结果位置，这样在为自己推广的同时，也挤占了竞争对手的推广机会。其次，便于单个产品的重点推广。同一个公司可能有多个主打产品，这些产品之间的关联性较弱，或者将各个产品放在同一网站上不容易突出重点。采用各个独立网站便于对每一个产品进行针对性的推广，尤其适合利用搜索引擎策略进行推广。最后，关联网站之间的链接优势。多个网站之间互相链接,提高了每个网站的链接数量,因此在搜索结果排名中具有一定优势。当然,这种关联链接要有一定的限度,否则会被视为搜索引擎垃圾而受到惩罚。

企业网站推广是网站建设后的必要工作,只有让更多的人知道企业建成的网站,才能有效地开展电子商务。

2. 著名搜索引擎

目前国内外专门用于中文搜索引擎与分类导航的站点已有许多,几乎每个大城市的多媒体公众信息网都有导航站点。如网民所熟悉的百度(http://www.baidu.com)、搜狐(http://www.sohu.com)、新浪(http://www.sina.com.cn)等,其中既有收费的,也有可以免费在其上登记注册的。根据 Jupiter Media Metrix 公布的统计数据,79% 的互联网用户依靠搜索引擎获取信息,信息搜索成为仅次于电子邮件的互联网第二大应用。另据 NPD Group 的调查显示,在在线消费中,由搜索导致的购买行为比其他任何渠道都多。

目前在我国众多的搜索引擎当中,百度以其庞大的搜索量和极高的知名度成为搜索引擎的代名词。百度搜索引擎竞价排名服务可将网站排在百度搜索结果前列,同时出现在各大搜索引擎的搜索结果中。CNNIC 调查报告显示,搜索引擎是用户得知新网站的最重要途径,80% 的网民习惯通过搜索引擎以"关键词"搜索的方式查询其感兴趣的信息。百度搜索是特别适合于我国国情的引擎,其推广的特点是:独有的搜索引擎网页登录推广、突破传统的网站登录方式、没有关键词数量限制。让每个登录网页上的所有文字,都可以在百度搜索中找到,在百度搜索引擎一次登录,可以在 2 500 家百度搜索联盟成员的网站上同时见到效果。

6.3.2 平台推广

1. 确定网站推广目标

例如,计划在网站发布 1 年后达到每天独立访问用户 100 人,注册用户 1 000 人。

2. 网站策划建设阶段的推广

在网站建设过程中从网站结构、内容等方面对 Google、百度等搜索引擎进行优化设计:

(1)网站的架构优化。页面布局,页面设计优化。

(2)导航设计。导航的方便性,导航的文字优化等。

(3)链接整理。对网站的内外链接进行处理。

(4)Title 标记。Title 标记中说明网页的标题。每一页都要有相应的标题,以增加网站的曝光率。

(5)meta 标记。其中最重要的是 description(站点在搜索引擎上的描述)和 keywords(分类关键词),所以应该给每页加一个 meta 值。

(6)努力提高页面 PR(PageRank,网页级别)。当网站的 PR 很高时,在搜索引擎里排名自然要靠前很多。可以尝试比自己网站 PR 高的链接。

(7)网站速度优化。

3. 网站发布初期的基本推广手段

登录 10 个主要搜索引擎和分类目录、购买两三个网络实名/通用网址、与部分合作伙伴建立网站链接。另外,配合公司其他营销活动,在部分媒体和行业网站发布企业新闻。

4. 网站增长期的推广

当网站有了一定访问量之后,为继续保持网站访问量的增长和品牌提升,在相关行业网站投放网络广告（包括计划投放广告的网站及栏目选择、广告形式等），在若干相关专业电子刊物投放广告；与部分合作伙伴进行资源互换，如广告交换，可以找一些流量相当，或者是内容互补的网站交换广告。另外，进行微博与百度贴吧推介也是不错的方法。

5. 网站稳定期的推广

结合公司新产品促销和节假日，不定期发送在线优惠券；参与行业内的排行评比等活动，以期获得新闻价值；在条件成熟的情况下，建设一个中立的与企业核心产品相关的行业信息类网站来进行辅助推广。

新经济的互联网对于传统的市场营销最具有革命性的影响就在于缩短了生产与消费之间的距离，减少了商品流通环节，消费者可以直接操纵鼠标在网上完成购买行为。网络与经济的紧密结合，推动了市场营销走入了崭新的阶段——网络营销阶段。

网络推广是企业整体营销战略的一个组成部分，是建立在互联网基础之上、借助于互联网的特性来实现一定营销目标的一种营销手段。人们早已熟知，市场营销的研究对象是市场，而随着网络经济时代的到来，这一研究对象发生了巨大的变化，网络虚拟市场有别于传统市场，其竞争游戏规则和竞争手段发生了根本性的改变。我们已经不能再简单地将传统的市场营销战略和市场营销策略搬入网络营销。传统市场营销中的一些具有优势的资源在网络市场营销中可能失去了优势。因此，企业必须重新审视网络虚拟市场，调整旧的思路，树立新的观念，开创新的思维，研究新的方法。网络推广不是市场营销的简单延续，它带给人们一个充满创造性和想象力的世界，它带给社会的效益目前还无法估量，它带给网络营销人员的机会和挑战丰富多彩而又充满诱惑。

任务 6.4　网络创业平台管理

6.4.1　知识准备

1. 网络创业平台管理模式

企业的网络创业平台由于涉及大量的访问信息和频繁的交易数据，所以网站内容管理问题就显得极其重要。无论是对网页的管理，还是对网站软硬件、用户或物流的管理，其目的都是要保证电子商务系统中信息流有序、快速而安全地流动。

网站类型多种多样，管理模式也就有多种。目前，常见的有如下几种模式。

1）完全手工模式

这是种方式用人工操作来更新网站内容。其特点是工作量大、改动困难、链接基本固定。这种模式适用于更新量不大的小型网站。

2）半自动化模式

这种模式的工作流程基本与手工模式相同。但其采用模板方式，可以自动复制与粘贴，内容一般都是以文件形式保存。这种管理模式比较适合于页面数量不多，也不需要经常改动内容的小型网站，其管理与维护费用较低。

3）数据库支持模式

这种模式采用模板技术，用程序自动生成网页，以数据库的形式存储网站内容。这种管理模式的特点是内容、样式改变容易,页面多样化。缺点是层次结构不容易改变,是一个信息发布系统。这种管理模式适用于中型网站。通常只要先请设计与开发人员制作好网站,在不进行大量改版的情况下,只需少量人员维护即可。

4)智能结构模式

这种模式是以数据库存储内容,将内容结构化并辅以各种自动管理流程与远程维护功能,来管理与维护网站。

2. 网络创业平台管理层次

网络创业平台的管理主要包括4个层次的管理:网站文件管理、网站内容管理、网站综合管理和网站安全管理。

网站文件管理是指对构成网站资源的文件应用层进行的文件管理,以及对支持企业与客户之间数据信息往来的文件传输系统和电子邮件系统的管理。网络创业平台的资源由服务器端一个个网页代码文件和其他各类资源文件组成。一般来说,文件管理包括网站文件的组织、网站数据备份、网站数据恢复、网站文件传输管理和网站垃圾文件处理等。

网站内容管理是面向电子商务活动中的具体业务而进行的对输入和输出信息流的内容管理,是基于业务应用层的管理。网站内容管理是网站管理的核心,是保证网络创业平台有序和有效运作的基本手段。网站内容管理一般分为用户信息管理、在线购物管理、新闻与广告发布管理、企业在线支持管理等。

网站综合管理是指除文件管理、网站内容管理之外对网站提供的个性化服务等方面的管理,主要包括网站运行平台的管理、Web服务器和数据库服务器管理、个性化服务管理、网站统计管理和系统用户管理等。

网站安全管理贯穿在以上3个层次的管理之中,主要是分析网站安全威胁的来源,并采取相应的措施。网络创业平台的安全是网络创业平台可靠运行并有效开展电子商务活动的基础和保证,也是消除客户安全顾虑、扩大网站客户群的重要手段。广义地说,它应该包括信息安全管理、通信安全管理、交易安全管理和设备安全管理等。因此,网站安全管理必须与其他的计算机安全技术如网络安全和信息系统安全等结合起来,才能充分发挥其作用。

3. 网络创业平台管理结构

电子商务管理的层次决定了管理的结构,典型的网络创业平台管理结构可以用图来清晰地表示,如图6.4所示。

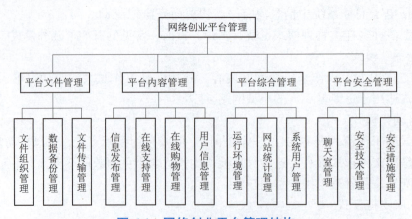

图 6.4 网络创业平台管理结构

4. 网络创业平台内容管理

网络创业平台的内容管理属于网站电子商务业务应用层，主要是指面向电子商务活动中的具体业务而进行的对输入、输出信息流的内容管理。它包含的内容很广泛，具体可以分为对两类信息的管理：一类是对外部流入的数据和信息的管理，包括用户信息管理、供应商的管理、在线购物管理、交易管理等；另一类是对网站内部本身业务信息的管理，如产品管理、新闻管理、广告管理、企业论坛管理、留言板管理、邮件订阅管理、网上调查管理、在线技术支持管理等。对这些信息流的管理可以单独分成一个个子系统，也可以综合起来进行集中管理。

1）用户信息管理

用户信息管理包括用户基本信息管理和用户反馈信息管理两部分。由于用户是企业开拓市场、分析市场、制定经营策略、创造利润的重要资源，因此，建立基于企业网络创业平台的用户管理系统是极有必要的，应把其纳入企业信息系统建设和发展电子商务的整体框架之中，从而为企业经营发展提供良好的服务。

（1）用户基本信息管理。在电子商务活动中，网络创业平台对顾客通常是采用会员制度，使顾客登录为会员，以保留顾客的基本资料。用户的基本信息管理就是包括用户注册管理、忘记密码查找、用户消费倾向分析、用户信用分析等管理活动。由于这项功能能够帮助企业收集目标用户的资料，为企业网络营销提供分析的资料，并可以考察网站的使用频率及对目标消费者的吸引程度，所以，在以后的网络营销中，这些注册会员是相当准确的目标用户。

（2）用户反馈信息管理。用户反馈信息管理几乎是所有网站必备的管理内容，它用于管理者从网上获取各种用户反馈信息。目前一些网站的用户反馈功能是以邮件的信息直接发送到管理者信箱中，还有一些是采用基于数据库开发的设计。前者的反馈信息是散乱的，难于对反馈信息进行分类存档、管理、查询及统计；后者提供了强大的后台管理功能，形成了用户信息反馈系统。

2）在线购物管理

在线购物是当前许多网络创业平台运营的主要模式。当用户访问网络创业平台时，能够查询、浏览该网站提供的所有商品信息并随时选择自己感兴趣的商品放入虚拟的购物车中。而所购商品的数量、价格等信息由网站数据库存储和管理。当用户选货完毕后，可对购物车中的选购物品进行修改。当用户确定所选购商品，提交购物车数据后，就完成了一次订单操作过程。根据在线购物流程，在线购物管理可以分为系统账号管理、产品信息管理、购物车管理、订单管理等。

（1）系统账号管理。系统账号管理是针对网络创业平台管理系统的安全性而设置的。因为网络创业平台管理系统是负责整个网站所有资料的管理，因此管理系统的安全性显得格外重要。按一般的要求，该管理系统应提供超级用户的管理权限控制，根据不同的用户进行不同的管理列表控制，设定和修改企业内部不同部门用户的权限，限制所有使用网络创业平台管理系统的人员与相关的使用权限。它将给予每个管理账号专属的进入代码与确认密码，以确认各管理者的真实身份，做到级别控制。超级用户可根据要求管理所设定的相应的管理功能，如对订单、产品目录、历史信息、用户管理、超级用户管理、次目录管理、功能列表控制、购物车管理等进行添加、删除、修改等一系列操作。

（2）产品信息管理。为了保证用户浏览到的始终是最新的产品信息，产品信息管理应该能够让网站管理员通过浏览器，根据企业产品的特点在线进行产品分类，并将产品按照不同层级进行分类展示，提供产品的动态增减和修改，对数据进行批量更新。同时，可以随时更新最新产品、畅销产品以及特价产品等，方便日后产品信息的维护，提高企业的工作效率。

（3）购物车管理。该模块类似于产品的在线管理，其功能与产品信息管理大致一样。在线购物车管理应能对用户正在进行的购买活动进行实时跟踪，从而使管理员能够看到消费者购买、挑选和退货的全部过程，并实时监测用户的购买行为，纠正一些错误或防止不正当事件的发生。

（4）订单管理。这是网上销售管理一个不可缺少的部分，它用于对网上全部交易产生的订单进行跟踪管理。管理员可以浏览、查询、修改订单，对订单进行分析，追踪从订单发生到订单完成的全过程。只有通过完善、安全的订单管理，才能使基于网络的电子商务活动顺利进行。

3）新闻发布管理

新闻发布管理的主要内容包括在线新闻发布、新闻动态更新与维护、过期新闻内容组织与存储、新闻检索系统的建立等。目前，网站的新闻管理可以做到工作人员在模板中输入相应的内容并提交后，信息就会自动发布在 Web 页上。这是因为网站信息通过一个操作简单的界面输入数据库，然后通过一个能够对有关新闻文字和图片信息进行自动处理的网页模板与审核流程发布到网站上。通过网络数据库的引用，网站的更新维护工作简化到只需录入文字和上传图片，从而使网站的更新速度大大缩短。网上新闻更新速度的加快极大地加快了信息的传播速度，也吸引了更多的长期用户群，时刻保持着网站的活动力和影响力。

4）广告发布管理

网络广告最重要的优势就在于可以被精确统计，即广告被浏览的次数、广告被点击的次数，甚至浏览广告后实施了购买行为的用户数量，都可以获得记录数据。而所有这些都需要完善的广告发布管理。

广告发布管理系统应该操作简单、维护方便，具有综合管理网站广告编辑、播放等功能，可以轻易实现统计、分析每个页面广告播放的情况，并且可以指定某个页面的广告轮播。

5）企业在线支持管理

企业在线支持管理包括在线帮助管理、留言板管理、企业论坛管理、网上调查管理、在线技术支持管理。

（1）在线帮助管理。在线帮助管理主要是提供用户对网站功能的使用帮助，指导用户使用公司的网络创业平台。具体包括提供使用信息查询系统浏览商品信息；填写订单，参与购物；使用留言板、电子邮件、论坛、聊天室等和企业交互的系统等方面的帮助信息。

（2）留言板管理。网站留言板是为了增加网站及顾客间良好的互动关系而设的，它的作用是记录来访用户的留言信息，收集他们的意见和建议，为网站与用户提供双向交流的区域，为优化服务提供用户依据。留言板管理应提供多项辅助功能，以协助管理者方便地增加、删除与修改留言板上的留言内容，以及对部分留言内容加以回应。

（3）企业论坛管理。企业论坛是一个网络创业平台必不可少的功能模块，它能为网站与用户、用户与用户之间提供广泛的交流场地，也是企业进行技术交流和用户服务的最重要的手段。企业可以利用该功能进行新产品的发布、征求消费者意见、接受消费者投诉等；可以定期或选定某个时段，邀请嘉宾或专门人员参与该系统的主持与维护。企业论坛管理包括在线发布、维护信息等内容。

（4）在线技术支持管理。在线技术支持可以给用户提供相关产品的技术或服务信息。企业可以将一些常见的技术或服务问题罗列在网站上,供用户浏览。

总之,网络创业平台的管理既包含了对网站内容的管理,也包含了对客户的管理。从本质上讲,网络创业平台管理的目的就是保证商务系统中信息流、资金流和物资流有序、快速而安全地流动,也就是对网站输入与输出这两个方向进行管理与监控,使电子贸易能顺利进行。

5. 网络创业平台的安全管理

1)网络创业平台安全管理的意义

随着网络技术的快速发展,网络安全问题日益突出。由于网络创业平台的特殊性,对网站在运行过程中的安全提出了更高的要求。网络创业平台安全管理,首先是出于树立企业良好形象的要求。网络创业平台建设的主要目的之一就是在互联网上树立企业的良好形象,开展网络贸易。如果网站经常被攻击或破坏,基本的安全保障都没有,企业形象也就无从谈起。其次,网络创业平台越来越成为企业开展贸易活动的主要场所,网站能否安全、稳定地运行关系到电子商务活动的管理秩序、运行秩序能否得到保障,即商贸活动能否正常开展。最后,开展电子商务活动的企业,其商业秘密应得到充分保障是一项基本要求。如果未经授权的人或者非法入侵者可以轻易得到相关资料,那么,网络创业平台的信任机制也就不可能建立起来。

2)网络创业平台安全缺陷

在我国,造成网络创业平台安全缺陷的因素有网站技术结构上的,也有产业结构上的,更有管理结构方面的。到目前为止,虽然我国的互联网业比较发达,但网络核心技术还处于相对落后的层次,关键技术大多源于发达国家,如网站的系统软件、芯片、协议等。这就使网站开发技术受到一定的限制,独立性无法保障。

从产业结构方面看,我国信息产业中信息安全产业在整个产业中的比重还偏低,目前我国信息安全产业的产值还远远不能保证网络安全防范的要求。从管理结构上看,我国网络创业平台管理还存在着多头管理的缺陷,这就容易造成责权不清,缺少网站安全标准,同时也缺乏法律方面的规范。所有这些,都造成了网络创业平台安全的先天不足。

6.4.2 平台管理

1. 创业平台客户购物流程的设计

客户在网络创业平台上进行购物的过程,自始至终应该是安全、流畅的。购物时首先可以用浏览器浏览和查看商品,一旦需要购买,就可以方便地打开电子钱包实现网上支付。用户也可以随时随地查看自己的购物车情况,并进行确认。同时,虽然网上支付需要信用公司和商业银行等多次的身份认证,但整个交易过程及单据往来应该在短时间内完成。根据以上要求,对客户网上购物流程应做如下设计:

(1)浏览网站并搜索需要的商品。
(2)查看所选商品的详细信息。
(3)将所选商品放入购物车。
(4)确认所购商品相关信息。
(5)填写订单信息。
(6)选择商品配送方式。
(7)选择结算方式(表6.4)。
(8)确认订单。

网上购物流程中的各个环节可以互换顺序,设计宗旨是以方便客户、完成交易为目的。首次在网站上购物的客户还需要注册,因为只有在登录网站的情况下才能进行商品的购买。

表 6.4　银行结算方式比较表

结算方式	使用者	使用区域范围	付款期限	特点	分类
银行汇票	单位或个人	异地	自出票日起一个月内	1.灵活,变现性好;2.可背书转让,但填明"现金"字样的银行汇票不得转让	
商业汇票	单位	同城、异地	最长不超过6个月	1.须具备真实的交易关系或债权债务关系;2.可以背书转让,汇票经过承兑;3.信用较高,急需资金时,还可以向银行申请贴现;4.签发人可以是收款人、付款人;承兑人可以是付款人、银行	按照承兑人不同分为商业承兑汇票和银行承兑汇票
银行本票	单位或个人	同城	自出票日起最长不超过2个月	1.由银行签发并保证兑付,且见票即付,信誉高,支付功能强;2.可以背书转让(填明"现金"字样的银行本票不得背书转让)	不分定额
支票	单位或个人	同城	提示付款期限为自出票日起10日内	1.记名;2.禁止签发空头支票;3.支票限于见票即付,不得另行记载付款日期;4.可以背书转让(用于支取现金的支票不得背书转让)	支票分为现金支票、转账支票和普通支票
汇兑	单位或个人	异地		简便,灵活	汇兑分为信汇、电汇两种,由汇款人选择使用
委托收款	单位或个人	同城异地	3天	单位和个人凭已承兑商业汇票、债券、存单等付款人债务证明办理款项的结算,均可以使用委托收款结算方式	委托收款结算款项的划回方式,分邮寄和电报两种,由收款人选用
异地托收承付	国有企业、供销社、经审查同意的集体企业	异地	1.验单付款的承付期为3天;2.验货付款的承付期为10天	1.办理托收承付结算的款项,必须是商品交易,以及因商品交易而产生的劳务供应的款项,代销、寄销、赊销商品的款项不得办理托收承付结算;2.托收承付结算每笔的金额起点为10 000元,新华书店系统每笔金额起点为1 000元	1.款项的划回方法,分邮寄和电汇两种,由收款人选用;2.承付货款分为验单付款和验货付款两种,由收付双方商量,并在合同中明确规定

续表

结算方式	使用者	使用区域范围	付款期限	特点	分类
信用卡	单位或个人	同城异地	信用卡透支期限最长为60天	1. 具有消费信用且允许善意透支；单位卡账户的资金一律从其基本存款账户转账存入，不得交存现金，不得将销货收入的款项存入其账户；2. 单位卡一律不得支取现金	1. 按照用户对象分为单位卡和个人卡；2. 按信誉等级分为金卡和普通卡
信用证		国际结算（主要）		1. 信誉较好；2. 经中国人民银行批准经营结算业务的商业银行总行以及经商业银行总行批准开办信用证结算业务的分支机构，也可办理国内企业之间商品交易的信用证结算业务	

2. 创业平台运行管理流程设计

为客户提供平等、自由的购物权利是网站管理者应尽的义务，根据客户注册资料与购物信息，统计与分析交易资料，挖掘出用于正确决策的信息，并吸引客户再次访问网站。开发新客户，也是管理者的重要任务之一。

根据与客户相关的信息，网站管理者的管理流程应按如下方式设计：

（1）搜集客户信息。
（2）整理与分析客户资料。
（3）分析客户购买的真实性。
（4）统计交易量与交易额。
（5）发掘重要客户并与之交流。
（6）分析市场信息。
（7）确定网站发展与调整规划。

客户在网上购物以及管理人员对网站的管理都是通过网站进行的，根据两者的流程可以画出关联图，如图6.5所示。

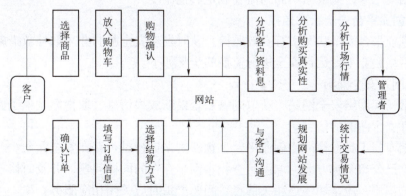

图 6.5 客户与网站管理流程关联图

以上设计是基于客户与管理是同等地位的，如果网站的登录者是公司的员工，他们可能是领导，也可能是业务人员，他们需要远程登录网站查看经营状况，以便对商品的采购、库存、配送做出相应调整。事实上，很多网站对一般客户与重要客户（或者会员）登录后给予的权限是不同的。那么在设计时，就应该考虑到网站的登录人员至少有3种，即一般客户、重要客户、在职员工。在这种情况下，网站购物与管理流程必须考虑对不同的网站登录者给予不同的流程，分别完成网上购物与管理。

3. 网络创业平台运行管理制度的制定

一个网络创业平台的正常运行需要不同的岗位人员来完成各自的工作。一般而言，电子网站设有网站设备管理员、操作系统管理员、应用服务器管理员、数据库管理员、网页维护员、网站安全管理员、网站内容管理员、网站数据分析员等。针对不同的工作人员以及工作内容制定管理制度是网络创业平台正常运行的保障。因此，可以从以下几个方面制定网站运行管理制度。

1）人员管理制度

这是对上述人员进行考核、选拔、培训、奖励、惩罚的制度。制定该制度时应尽量量化，在总的考核原则框架下制定具体实施细则。

2）日常维护制度

这是为了保证网络创业平台软、硬件系统正常运行而建立的管理制度，包括软件与硬件系统的运行日志、系统升级、维修与更新等管理办法。

3）安全制度

这是为了防止人为的恶意攻击、病毒入侵、客户商业秘密与管理口令泄密等事件而制定的制度。因此，必须严格规定网络创业平台信息安全的等级，恰当分配各个等级的权限与管理办法。

4）数据处理与更新制度

制定这一制度是为了及时对网络创业平台交易资料进行备份、统计与分析，进行数据挖掘，保证对外公布资料的新颖性。

5）应急制度

这是预防网络创业平台灾难性事故或者紧急事件发生的应对措施，以保证网络创业平台所遭受到的损失最小。

6）其他制度

除以上制度之外，应根据不同的需要制定其他制度。

4. 网络创业平台安全状况监控

对网络创业平台安全状况实行有效监控，及时发现安全漏洞并采取补救措施无疑是极其重要的。对网络创业平台运行安全进行监控的步骤如下。

1）查找网站安全漏洞

（1）经常访问网络安全网站，获取网络安全最新成果信息，取得影响电子商务安全的各种软件与硬件安全漏洞的信息。

（2）使用专门工具巡检网络创业平台，判断网站运行是否存在安全漏洞。

（3）根据已公布解决方案的漏洞，查找本网站存在的同样问题，并及时修补。对于未公布解决方案的漏洞，应密切注意相关信息，问题严重时应关闭相应服务。

2）确定网站安全监控的主要目标

网站运行过程中的不安全因素包括：
（1）泄密。主要是已授权或未授权用户窃取他人的重要信息。
（2）未授权存取。未被授权进入系统或者使用系统。
（3）丢失系统的完整性。

3）确定监控的主要方式

目前，网站安全监控主要采取入侵检测技术。其功能主要是：
（1）监视及分析客户与系统的行为。
（2）审计系统配置与漏洞。
（3）评估敏感系统的数据完整性。
（4）识别攻击行为。
（5）对异常行为进行统计。
（6）跟踪识别违反安全法则的行为。
（7）自动搜索与系统相关的补丁。

4）监控结果的记录与检查

通过对监控结果的记录与检查，有可能分析出黑客的来源，并对黑客起到震慑作用。

对于 UNIX 系统，可以分析专事系统记录事件的 Daemon；syslogd，依据配置要求产生的两个系统记录文件：Syslog、Messges。对于 Windows 系统，也可以查看相应的系统事件记录文件。对于记录中频繁出现的入侵者，可以查询其 IP。如果 IP 地址没有对应域名，可以先对 IP 地址分级，再向 InterNIC 查询，直到查询完成为止，必要的情况下报告国家网络安全部门。

网站安全监控情况应及时向领导汇报，一方面让领导知情，另一方面可以及时采取措施，保障网络创业平台的安全运行。

5. 网络创业平台安全策略的制定

1）设备安全策略的制定

网络创业平台在规划阶段，就应该充分考虑到网络设备的安全问题。应该将网站重要设备，如各种服务器、主干交换机、路由器、防火墙等集中放置。对于终端设备、工作站、小型交换机、集线器等其他转接设备，要落实到人，进行严格管理。

2）技术安全策略的制定

从技术上说，目前网络安全技术有多种，如病毒查杀技术、防火墙技术、身份验证技术、存取控制技术、安全协议等。在制定技术安全策略时，应重点考虑三个方面，即采用过滤器与防火墙技术、VLAN 技术以及病毒查杀技术。运用过滤器技术可以屏蔽某些不良网站，防火墙技术可以有效地将外部网络与内部网络隔离，保护网络创业平台不受非法入侵者的破坏。VLAN 技术的核心是网络内部分段，根据不同的应用业务与安全级别，将网络分段并进行控制，实现相互之间的访问控制。杀毒软件可以有效地防止病毒在网络创业平台上传播，在制定技术安全策略时，应考虑杀毒软件能够支持所有主流平台，能保护网络创业平台所有病毒入口有很强的防病毒能力，以保护数据与程序的正常运行。

3）身份安全策略的制定

身份安全策略主要是针对电子身份认证而言的，即数字认证证书（CA），就是用电子形式来唯一标识企业或者个人在互联网上或者专用网上的身份。当用户使用数字证书对电子信息进行数字签名以后，对其发送的电子信息具有不可抵赖性或者篡改性。以数字证书为核心的加密传输、数字签名、数字信封等安全技术，可以实现网络上确认身份的真实性、信息传输的保密性、完整性以及交易的不可抵赖性，从而保障网络应用的安全性。

制定身份安全策略的核心工作就是在网络创业平台建设与运行过程中，必须全面考虑充分利用数字证书这一极其有力的工具，保障商业贸易活动的顺利进行。

4）安全管理策略的制定

制定安全管理策略主要是在制度管理上使网络创业平台的安全得到保障。除了建立一套严格的安全管理规章制度外，还必须培养一支具有较高安全意识的网络管理队伍。网络创业平台管理人员必须对所有网站资源使用人员，根据其工作性质，分配相应的使用权限，对客户名与口令加密存储、传输，妥善保存客户完整的使用记录，从而保证网络创业平台安全。另外，网络管理人员应建立与维护完整的客户数据库，严格对系统日志进行管理，硬件设备安全管理责任到人，建立使用登记制度，定时进行数据库系统的巡检，及时调整安全防范设施等。

案例分析

从网购"菜鸟"到年销售额过百万的网店店长

近日，在浙江工商职业技术学院电子商务学院2017届的毕业晚会上，王磊作为优秀毕业生代表上台发言，这位长相斯文的男生，前不久刚获得2016年全国高职学生"劲牌阳光奖学金"优秀奖和省级优秀毕业生等荣誉，他的另一个身份是一家年销售额过百万的网店店长。

可是谁能想到，3年前他对"电子商务"还一无所知。

结缘：高中毕业时首次听说网购

提起3年前的高考，王磊记忆犹新，当时他的分数距本科分数线仅差了3分，这一度让他倍感沮丧。就在高中毕业典礼那天，他看到很多同学互赠礼物留作纪念，礼物品种繁多、新奇有趣，王磊这才第一次从同学们的口中听说了"网购"这个词："对于来自农村的我来说，此前对电子商务并不知晓。"

正是基于对未知领域的好奇，在经过一番搜寻、比对后，他填报了浙江工商职业技术学院的电子商务专业并被顺利录取，从此与电商结缘。

启程：在"双十一"实战演练中奠定梦想

进入浙江工商职院后，王磊对电商专业的了解和认知不再停留于"网购"，然而真正点燃他电商梦想的是入校后的首次"双十一"实战演练。

2014年11月，在经过前期培训后，王磊所在的电子商务专业和物流管理、国际商务等专业的同学共赴在甬各大知名企业，进行专业实践训练。

当时，王磊来到位于奉化的富罗迷童鞋，担任起了"店小二"（售前客服）的角色，由于同学们的加入，企业的总体销售成绩扶摇直上，冲到了类目第一！

"记得我看着大屏幕上的数字不停闪烁、迅速增长，身边是一群分工明确、团结一心的同学，耳边是一阵高过一阵的呐喊，这样的场景让我不由得激情澎湃！"王磊笑着说，"当时就想，原来电商可以这么火，我什么时候也能有这么大的成就！"

蜕变：在生产性实训基地练就专业核心技能

王磊

"双十一"过后,王磊带着一份更加坚定的信念进入了校内生产性实训基地——宁波市中小型企业电商服务外包基地,踏上了一段新的征程。

宁波市中小型企业电商服务外包基地,是通过为企业代运营电子商务项目的方式,把企业网店运营管理的核心岗位技能要求、电商项目运营的基本流程等专业课程内容融入外包项目中,让学生学习和实战操练。也正是这种产教融合的模式,让王磊在一个个真实项目中摸爬滚打、迅速成长。

"除了外出实习,平时没课我们都要到基地来'上班',基地不仅按企业化的制度来管理,还要定期评定各学习小组的运营业绩。"王磊说,上课学过的知识都能在基地得到实践巩固,实际运营中遇到的问题又能及时在课堂上获得解决方法,"甚至许多专业课的课堂就设置在基地里。"

就这样,一年不到的时间内,王磊的理论知识水平和技能操作能力得到了质的飞跃。

跨越:从独立运营岗位到实现创业梦想

大二的第一学期,王磊晋升到了运营岗位,开始独立为企业运营店铺,第二学期他同时担任了"森兰克个人护理中国站"及"曲禅香道"两家淘宝店铺的店长。到了大三,他开始经营一家属于自己的网店,其间他还和团队成员先后参加首届浙江省"互联网+"大学生创新创业大赛、省第五届职业院校"挑战杯"创新创业竞赛、省第一届"智欣联创"杯大学生跨境电子商务技能竞赛等各级、各类技能与创新创业比赛近20项,并多次获得省级二等奖以上的好成绩。

"其实没有什么特别的成功方法和取胜妙招,做电商,或者说做每一件事情都得持之以恒,认准了目标就要坚持做下去。"

正如王磊所说,除了学校创造的良好学习条件和创新创业氛围,使他完成一次次跨越的,就是对专业的热爱和那一股子韧劲。

在王磊的作息表里,没有双休日和寒暑假。当同学们周末出去玩耍时,他留在基地学习;当别人在寝室里打游戏的时候,他正在写运营市场分析报告;当室友们入睡时,他还在做思维导图,总结白天所学的内容,反思遇到的问题;当期末考试后大家纷纷回家过年时,他还和团队成员制定着各种店铺操作方案,打算利用寒假实现弯道超车,使店铺数据得到提升……"我们的竞争对手不是在校的学生,而是行业中的各大企业和专业团队,"王磊称。

通过不懈的努力,王磊在校期间运营的两家店铺月总成交额都在10万元以上,年总成交额达100万元以上,而他自己的网店"妈咪宝贝毛绒玩具",单店月营业额已经达10万元以上。他说,毕业后继续经营好这家网店的同时,可能还会结合家乡海宁的货源优势再新开一家店铺。

"毕业是终点也是起点,今后,不论走到哪里,从事什么职业,我们都会带着学弟学妹对我们的信赖,老师对我们的期待,母校对我们的支持,做奋发有为的时代青年。"王磊在毕业生代表演讲中如是说。

思考: 王磊的案例给你哪些启示?

课程思政案例导读

美团被重罚34.42亿元

2021年4月,市场监管总局依据《反垄断法》对美团在中国境内网络餐饮外卖平台服务市场滥用市场支配地位行为立案调查。

国家市场监管总局成立专案组，依法扎实高效推进案件查办，广泛开展调查取证，获取大量证据材料并全面深入分析，查明案件事实；组织专家反复深入开展研究论证；多次听取美团陈述意见，保障其合法权利；确保本案事实清楚、证据确凿、定性准确、处理恰当、手续完备、程序合法。

　　经查，2018年以来，美团滥用在中国境内网络餐饮外卖平台服务市场的支配地位，以实施差别费率、拖延商家上线等方式，促使平台内商家与其签订独家合作协议，并通过收取独家合作保证金和数据、算法等技术手段，采取多种惩罚性措施，保障"二选一"行为实施，排除、限制了相关市场竞争，妨碍了市场资源要素自由流动，削弱平台创新动力和发展活力，损害平台内商家和消费者的合法权益，构成《反垄断法》第十七条第一款第（四）项禁止"没有正当理由，限定交易相对人只能与其进行交易"的滥用市场支配地位行为。

　　根据《反垄断法》第四十七条、第四十九条规定，综合考虑美团违法行为的性质、程度和持续时间等因素，2021年10月8日，市场监管总局依法做出行政处罚决定，责令美团停止违法行为，全额退还独家合作保证金12.89亿元，并处以其2020年中国境内销售额1 147.48亿元3%的罚款，计34.42亿元。同时，向美团发出《行政指导书》，要求其围绕完善平台佣金收费机制和算法规则、维护平台内中小餐饮商家合法利益、加强外卖骑手合法权益保护等进行全面整改，并连续三年向市场监管总局提交自查合规报告，确保整改到位，实现规范创新健康持续发展。

　　思考： 美团为何会被处罚？给平台型企业未来合规发展带来哪些启示

课后练习

项目七

财务管理

学习目标

通过本项目的学习与实训，能够了解网店经济核算与税收的重要意义与办法，学会税务登记的流程以及网上纳税的操作，初步学会如何阅读财务报表、资产负债表、利润表，能及时判断网店盈利状况。

教学重点：网店纳税申报知识，资产负债表阅读方法，利润表阅读方法。

教学难点：网店纳税申报流程，资产负债表阅读，利润表阅读。

项目引例：淘宝店主代购偷税走私案

2018 年，一则"淘宝店主代购逃税 300 万被判刑 10 年"的新闻在社交媒体引起热议。据了解，2018 年 7 月广东省高级人民法院对该案做出终审判决，被告人游燕走私入境的服饰金额共计 1 140 余万元，偷逃税额共计 300 余万元。法院判决游燕犯走私普通货物罪，判刑 10 年，并处罚金 550 万。

经法院审理查明，2013 年，被告人游燕设立了名为"TSHOW 进口女装店"的淘宝店用于销售进口高档服装，并租用珠海市凤凰北路 2072 号华海公寓 513 房作为该淘宝店的工作室及仓库。

同年 5 月起，被告人游燕开始在香港向香港名家、HI ≈ STYLE、BISBIS、FASHIONCLUB、T&BPLUS+、CDC-DG、EVA 等多家服装公司通过刷卡支付的方式大量采购各种服饰，其在香港所购服饰全部通过快递邮寄、雇请"水客"偷带及自行携带等方式走私入境，并由其网店"TSHOW 进口女装店"在境内销售牟利。

经统计，被告人游燕在香港刷卡购买并走私入境的服饰金额共计人民币 11 400 558.93 元。经核定，上述服饰偷逃税款共计人民币 3 005 187.33 元。

广东高院终审认为，游燕违反国家法律、法规，走私普通货物入境后在国内销售牟利，偷逃应缴税额特别巨大，其行为已构成走私普通货物罪。游燕归案后如实供述自己

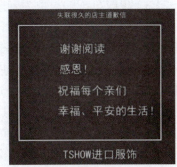

TSHOW 进口服饰道歉

的犯罪事实，依法可以从轻处罚。原判认定的事实清楚、证据确实、充分，定罪准确，量刑适当，审判程序合法，维持广东省珠海市中级人民法院对游燕的定罪量刑部分。

需注意的是，游燕不仅逃税，更涉及走私。

本案中，游燕走私价值1 140余万元的服饰，偷逃应缴税额300余万元。根据《刑法》第一百五十三条规定，走私本法第一百五十一条、第一百五十二条、第三百四十七条规定以外的货物、物品的，偷逃应缴税额特别巨大或者有其他特别严重情节的，处十年以上有期徒刑或者无期徒刑，并处偷逃应缴税额一倍以上五倍以下罚金或者没收财产。

游燕的走私行为触及红线，亦提醒广大从事代购的个体：海外代购不是法外之地。特别是，电子商务法于2019年1月1日起正式施行，对人们普遍关心的从事海外代购、微商代购等业务的自然人网店是否需要进行市场主体登记的问题，也给出了明确答案。

任务布置：创办一家网络企业，你知道要缴纳哪些税吗？

任务 7.1　企业纳税申报

7.1.1　知识准备

1. 税收相关知识

1）税收的概念

税收又称"赋税""租税""捐税"，是国家为了实现其职能，凭借政治权力按照法律规定，强制地、无偿地参与社会剩余产品分配，以取得财政收入的一种规范形式。可以从以下5个方面来理解。

（1）税收是一种分配。

社会再生产包括生产、分配、交换、消费等环节，周而复始，循环不息。其中，生产创造社会产品；消费耗费社会产品；分配是对社会产品价值量的分割，并决定归谁占有，各占多少；交换是用自己占有的价值量去换取自己所需要的产品，解决使用价值的转移。征税只是从社会产品价值量中分割出一部分集中到政府手中，改变了社会成员与政府各自占有社会产品价值量的份额。因此，税收属于分配范畴。

（2）税收是以国家为主体，凭借政治权力进行的分配。

社会产品的分配可以分为两大类，一类是凭借资源拥有权力进行的分配，另一类是凭借政治权力进行的分配。税收是以国家为主体，凭借政治权力进行的分配。

（3）税收分配的对象为剩余产品。

社会产品按其价值构成可分为三部分：物化劳动的价值补偿部分；劳动者、经营者和所有者的劳动力再生产的补偿部分；用于积累和消费的扩大再生产的后备价值（即剩余价值）。从维持纳税人简单再生产的角度出发，对前两部分一般不能进行社会性的集中分配，只有对第三部分可作为集中性的社会分配，但又不能全部用于社会性的集中分配，因为纳税人必要的扩大再生产也是社会发展与进步的经济前提。由此可见，剩余产品是税收分配的对象，也是税收分配的根本源泉，这是就税收收入的最终来源而言的。

（4）征税的目的是满足社会公共需要。

有社会存在，就有社会公共需要的存在。为保证国家行政管理、文教卫生、国防战略等社会公共需要，必须要由政府集中一部分社会财富来实现。而征税就是政府集中一部分社会财富的最好方式。与此相适应，社会成员之所以要纳税，是因为他们专门从事直接的生产经营活动，而不再兼职执行国家职能，因此需要为此付出一定的费用。

（5）税收具有无偿性、强制性和固定性的特征。

国家筹集财政收入的方式除税收外，还有发行公债和收取各种规费等，而税收分配方式与其他方式相比，具有无偿性、强制性和固定性的特征，习惯上称为税收的"三性"。

2）税收的职能

税收职能是指税收自身所固有的功能。我国税收具有组织财政收入、调节经济和监督社会经济活动的职能。

（1）组织财政收入。

组织财政收入的职能是税收最基本的职能，不论是什么性质国家的税收，也不论是什么种类的税收，都具有这一职能。表现为从国家的需要和社会经济发展的实际情况出发，设置一定数量的税种，设计适当的税率，把社会组织和个人为社会创造的一部分剩余产品从分散在成千上万个经济单位和个人手中聚集起来，形成国家的财政资金。

（2）调节经济。

税收在积累国家财政资金过程中，通过设置不同的税种、税目，确定不同的税率，对不同的部门、单位个人以及不同产业、产品的收入进行调节，以调整经济利益关系，促进社会经济按照客观规律的要求发展，起着一种经济杠杆的作用。

（3）监督社会经济活动。

税收在参与社会产品分配和再分配过程中，对社会产品的生产、流通、分配和消费进行制约及控制。通过税收监督一方面要求纳税人依法纳税，以保证国家履行其职能的物质需要；另一方面，对社会再生产的各个环节进行监督，制止、纠正经济运行中的违法现象，打击经济领域的犯罪活动，保证税收分配的顺利进行，促进国民经济的健康发展。

3）我国现行的税法体系

2018年1月1日以后我国现行税法体系中实际征收的有18个税种，分别为增值税、消费税、关税、资源税、土地增值税、城镇土地使用税、企业所得税、个人所得税、房产税、车船税、印花税、契税、城市维护建设税、车辆购置税、耕地占用税、烟叶税、船舶吨税、环境保护税。根据现行的分税制财政管理体制，税收收入分为中央收入、地方收入和中央地方共享收入。

4）税制构成的基本要素

（1）纳税人。

纳税人是税法规定直接负有纳税义务的单位和个人，也称纳税主体，它规定了税款的法律承担者。纳税人可以是自然人，也可以是法人。

自然人是对能够独立享受法律规定的民事权利，承担相应民事义务的普通人的总称。凡是在我国居住，可享受民事权利并承担民事义务的中国人、外国人或无国籍人，以及虽不在我国居住，但受我国法律管辖的中国人或外国人，都属于负有纳税义务的自然人。

法人，是指依照法定程序成立，有一定的组织结构和法律地位，能以自己的名义独立支配属于自己的财产、收入，承担法律义务，行使法律规定的权利的社会组织。

（2）征税对象。

征税对象又称课税对象，是征税的目的物，即对什么东西征税，是征税的客体，是一种税区别于另一种税的主要标志。与课税对象密切相关的有税目、计税依据和税源3个概念。

① 税目是税法上规定应征税的具体项目，是征税对象的具体化，反映各种税种具体的征税项目。它体现每个税种的征税广度，并不是所有的税种都有规定税目，对征税对象简单明确的税种，如房产税等，就不必另行规定税目。对大多数税种，由于征税对象比较复杂，而且对税种内部不同征税对象又需要采取不同的税率档次进行调节，这样就需要对税种的征税对象做进一步划分，做出具体的界限规定，这个规定的界限范围就是税目。

② 计税依据是征税对象的数量化，是应纳税额计算的基础。从价计征的税收，以计税金额为计税依据；从量计征的税收，以征税对象的数量、容积、体积为计税依据。

③ 税源，即税收的源泉。从根本上说，税源来自当年的剩余产品。税源与征税对象有时是重合的，但大多数情况下两者并不一致。征税对象只是表明对什么征税，税源则表明税收收入的来源。

（3）税率。

税率是应纳税额与征税对象数量之间的法定比例，是计算税收负担的尺度，体现了课税的深度。税率是最活跃、最有力的税收杠杆，是税收制度的中心环节。按照税率的表现形式，税率可以分为以绝对量形式表示的税率和以百分比形式表示的税率，常用的有以下几种形式：

① 比例税率。比例税率是对同一征税对象或同一税目，不论数额大小，都按同一比例征税的税率，税额与纳税对象数额之间的比例是固定的。

② 累进税率。累进税率是指按征税对象数额的大小，从低到高分别规定逐级递增的税率。征税对象数额越大，税率就越高，相反就越低。累进税率的基本特点是税率等级与征税对象的数额等级同方向变动。按照累进依据和累进方式不同，可分为全额累进、超额累进、超率累进等税率形式，其中使用时间较长，应用较多的是超额累进税率。

③ 定额税率。定额税率是指按征税对象的简单数量直接规定一个固定的税额，而不是规定征收比例，因此也称为固定税额，是税率的一种特殊形式。它一般适用于从量计征的税种，在具体运用上又可分为地区差别税额、幅度税额和分类分级税额。

（4）纳税环节和纳税地点。

纳税环节是指按税法规定对处于不断运动中的纳税对象选定的应当征税的环节。每个税种都有特定的纳税环节，不同税种因涉及的纳税环节多少不同，就形成了不同的课征制。凡只在一个环节征税的称为一次课征制，如我国的资源税只在开采环节征税；凡在两个环节征税的称为两次课征制；凡在两个以上环节征税的称为多次课征制，如我国的增值税对商品的生产、批发和零售均征税。

与纳税环节密切相关的是纳税地点，它是指与征纳税活动有关的各种地理位置，如纳税人的户籍所在地、居住地、营业执照颁发地、税务登记地、生产经营所在地等。一般来说，这些地点接近或一致，但也有许多不一致的情况。如在此地登记，而跨地区经营，地点上的不一致，给税源控管带来了很大的难度。

（5）纳税时间。

纳税时间，又称为征税时间，是税务机关征税和纳税人纳税的时间范围。它是税收的强制性、固定性在时间上的体现，具体又分纳税周期和纳税期限。纳税周期是指法律规定的两次纳税行为发生的正常时间间隔，如流转税每月履行一次纳税义务；纳税期限是指纳税人正式向国库缴纳税款的时间期限。

（6）减税免税。

减税免税是对某些纳税人或征税对象的鼓励或照顾措施。减税是对应纳税额少征一部分税款，而免税是对应纳税额全部免征税款。减税免税可分为以下3种形式：税基式减免、税率式减免、税额式减免。

（7）附加与加成。

附加也称为地方附加，是地方政府按照国家规定的比例随同正税一起征收的列入地方预算外收入的一种款项。正税是指国家正式开征并纳入预算内收入的各种税收。税收附加由地方财政单独管理并按规定的范围使用，不得自行变更。例如，教育费附加只能用于发展地方教育事业。税收附加的计算方法是以正税税额为依据，按规定的附加率计算附加额。

加成是指根据税制规定的税率征税以后，再以应纳税额为依据加征一定成数的税额。加成一成相当于应纳税额的10%，加征成数一般规定在1~10成。

（8）法律责任。

法律责任一般是指由于违法而应当承担的法律后果。违法行为是承担法律责任的前提，而法律制裁是追究法律责任的必然结果。法律制裁，习惯上又称为罚则或违章处理，是对纳税人违反税法的行为所采取的惩罚措施，它是税收强制性特征的具体体现。

2. 企业应缴纳的税费

1）工业企业应缴纳的税费

（1）增值税；

（2）城市维护建设税；

（3）企业所得税；

（4）房产税；

（5）城镇土地使用税；

（6）车船税；

（7）印花税；

（8）教育费附加；

（9）生产、委托加工烟、酒、化妆品、护肤护发品、贵重首饰及珠宝玉石、鞭炮、烟火、汽油、柴油、汽车轮胎、摩托车、小汽车等商品，要缴纳消费税；有营业税应税行为的，要缴纳营业税。

（10）开采原油、天然气、煤炭、其他非金属矿、黑色金属矿、有色金属矿、盐等产品，要缴纳资源税；有偿转让国有土地使用权，地上的建筑物及其附着物，还要缴纳土地增值税。

2）商品流通企业应缴纳的税费

（1）增值税；

（2）城市维护建设税；

（3）企业所得税；

（4）房产税；
（5）城镇土地使用税；
（6）车船税；
（7）印花税；
（8）教育费附加；
（9）有偿转让国有土地使用权，地上的建筑物及其附着物，还要缴纳土地增值税。

3）建筑企业应缴纳的税费
（1）增值税；
（2）城市维护建设税；
（3）企业所得税；
（4）房产税；
（5）城镇土地使用税；
（6）车船税；
（7）印花税；
（8）教育费附加；
（9）有偿转让国有土地使用权，地上的建筑物及其附着物，要缴纳土地增值税。

4）服务业应缴纳的税费
（1）增值税；
（2）城市维护建设税；
（3）企业所得税；
（4）房产税；
（5）城镇土地使用税；
（6）车船税；
（7）印花税；
（8）教育费附加；
（9）广告企业还应缴纳文化事业建设费；
（10）有偿转让国有土地使用权，地上的建筑物及其附着物，要缴纳土地增值税。

5）房地产开发企业应缴纳的税费
（1）增值税；
（2）城市维护建设税；
（3）教育费附加；
（4）土地增值税；
（5）房产税；
（6）城镇土地使用税；
（7）城市房地产税；
（8）外商投资企业土地使用费；
（9）印花税；
（10）契税。

6）娱乐业企业应缴纳的税费

（1）增值税；

（2）城市维护建设税；

（3）企业所得税；

（4）房产税；

（5）城镇土地使用税；

（6）车船税；

（7）印花税；

（8）教育费附加；

（9）文化事业建设费；

（10）有偿转让国有土地使用权，地上的建筑物及其附着物，要缴纳土地增值税。

7）物业管理行业应缴纳的税费

（1）增值税；

（2）城市维护建设税；

（3）教育费附加；

（4）企业所得税；

（5）房产税；

（6）城镇土地使用税、土地使用费；

（7）城市房地产税；

（8）车船税、车船使用牌照税；

（9）印花税；

（10）契税。

8）旅游业应缴纳的税费

（1）增值税；

（2）城市维护建设税；

（3）教育费附加；

（4）企业所得税；

（5）房产税；

（6）城镇土地使用税、城市房地产税；

（7）外商投资企业土地使用费；

（8）车船税、车船使用牌照税；

（9）印花税、契税；

（10）个人所得税。

9）广告业应缴纳的税费

（1）增值税；

（2）文化事业建设费；

（3）城市维护建设税；

（4）教育费附加；

（5）企业所得税。

10）文化体育业应缴纳的税费
（1）增值税；
（2）城市维护建设税；
（3）企业所得税；
（4）房产税；
（5）城镇土地使用税；
（6）车船税；
（7）印花税；
（8）教育费附加；
（9）有偿转让国有土地使用权，地上的建筑物及其附着物，要缴纳土地增值税。

11）金融保险企业应缴纳的税费
（1）增值税；
（2）城市维护建设税；
（3）企业所得税；
（4）房产税；
（5）城镇土地使用税；
（6）车船税；
（7）印花税；
（8）教育费附加；
（9）有偿转让国有土地使用权，地上的建筑物及其附着物，要缴纳土地增值税。

12）邮电通信企业应缴纳的税费
（1）增值税；
（2）城市维护建设税；
（3）企业所得税；
（4）房产税；
（5）城镇土地使用税；
（6）车船税；
（7）印花税；
（8）教育费附加；
（9）有偿转让国有土地使用权，地上的建筑物及其附着物，要缴纳土地增值税。

7.1.2 企业税务登记及账证设置

1. 税务登记

税务登记是税务机关依据税法规定对纳税人的生产经营活动进行登记管理的一项基本制度。凡经国家工商行政管理机关批准，从事生产经营活动的纳税义务人，包括国有企业、集体企业、私营企业、外商投资企业和外国企业，以及各种联营、联合、股份制企业、个体工商户，从事生产经营的机关团体、部队、学校和其他事业单位，均应按照税法的规定向当地主管税务机关申报办理纳税登记。

税务登记的基本步骤：先由纳税人申报办理税务登记，然后经主管税务机关审核，最后由税务机关填发税务登记证件。

税务登记的基本类型：开业登记、变更登记、停业复业登记、外出经营报验登记、核查登记及注销登记。

1）开业登记

开业登记是指从事生产经营活动的纳税义务人经工商行政管理机关批准开业并发给营业执照后，在30日内向所在地主管税务机关申报办理税务登记，也称注册登记。办理开业登记的程序如下。

（1）纳税人提出书面申请报告，并提供下列证件、资料：营业执照副本或其他核准执业证件原件及其复印件；注册地址及生产、经营地址证明（产权证、租赁协议）原件及其复印件；公司章程复印件；法定代表人（负责人）居民身份证、护照或其他证明身份的合法证件原件及其复印件；组织机构代码证书副本原件及其复印件；书面申请书；有权机关出具的验资报告或评估报告原件及其复印件；纳税人跨县（市）设立的分支机构办理税务登记时，还须提供总机构的税务登记证（国、地税）副本复印件；改组改制企业还须提供有关改组改制的批文原件及其复印件；税务机关要求提供的其他证件资料。

（2）纳税人领取并填写《税务登记表》，如表7.1所示。

纳税人填写完相关内容后，在相关位置盖上单位公章、法人代表章，然后将《税务登记表》及其他相关材料送交税务登记窗口。

（3）税务机关审核、发证。

纳税人报送的税务登记表和提供的有关证件、资料，经主管国家税务机关审核批准后，应当按照规定的期限到主管国家税务机关领取税务登记证及其副本，并按规定缴付工本管理费。

2）变更登记

变更税务登记是指纳税人原税务登记表上的内容发生变化需要重新办理的税务登记变更手续，如纳税人名称、法定代表人（负责人）或个体业主姓名及其居民身份证、护照或其他合法证明的号码、注册地址、生产经营地址、生产经营范围、经营方式、登记注册类型、隶属关系、行业、注册资本、投资总额、开户银行及账号、生产经营期限、从业人数、营业执照及号码、财务负责人、办税人员、会计报表种类、低值易耗品摊销方式、折旧方式等。

（1）办理变更登记的程序。

第一步，提出书面申请，并提供资料。

纳税人税务登记内容发生变化时，应在发生变更后30日内，持营业执照或其他核准执业的证件向原税务登记机关提出书面变更申请，同时依照以下不同情形提交附送资料（查验原件，提供复印件）：

因工商登记发生变更而需变更税务登记内容的，需要提供以下资料：① 营业执照、工商变更登记表及复印件；② 纳税人变更登记内容的决议及有关证明文件；③《税务登记证》（正、副本）原件。

非工商登记变更因素而变更税务登记内容的，需要提供纳税人变更登记内容的决议及有关证明文件。

第二步，填写《税务变更登记表》。

纳税人领取并填写《税务登记变更表》，如表7.2所示。

表 7.1　税务登记表

纳税编码：　　　　　　　　　　　　　　　　纳税人识别号：

纳税人名称				
登记类别	单位纳税人□　个体纳税人□　临时税务登记□　扣缴税款登记□			
	姓名	身份证号码	固定电话	移动电话
法定代表人（负责人、业主）				
财务负责人		/		
办税员		/		
国有控股情况	国有绝对控股□　　国有相对控股□　　其他□			
建账情况	自行建账□　委托建账□ 不建账□		核算方式	独立核算□ 非独立核算□
实际经营地址	与注册地址不一致的纳税人填写			
实际经营范围	工商营业执照、执业证件、批准设立文件等列明的经营范围不具体的纳税人填写		备注	请纳税人如实填写实际从业人数 从业人数____其中外籍人数_____
纳税人声明：本表所填内容正确无误，所提交的证件、资料及复印件真实有效，如有虚假愿承担法律责任。 　　法定代表人（负责人或业主）签名：　　　　法定代表人（负责人或业主）签名： 　　　　经办人签章：经办人（填表人）签章　　　　　　（纳税人公章） 　　　　　　　　　　　　　　　　　　　　　　　　　年　　月　　日				
受理人签章： 由税务机关填写并盖章 （税务机关盖章） 　年　　月　　日		录入人员签章： 由税务机关填写 　年　　月　　日	审核人员签章： 由税务机关填写 　年　　月　　日	

税务代理人：　　　　　　　　　　　　　　代理人组织机构代码：

　　纳税人填写完相关内容后，在相关位置盖上单位公章、法人代表章、经办人章以及税务登记专用章，然后将税务登记变更表交至税务登记窗口。如果涉及税种变更时，同时领取并填写《纳税人税种登记表》，纳税人根据填表要求填写表格，经负责人签章并加盖公章后将表格交税务登记窗口。

表7.2 税务登记变更表

税务登记号				
纳税人名称				
变更登记事项				
序号	变更项目	变更前内容	变更后内容	变更时间
送交证件：				
法定代表人（负责人）：		经办人：　　　年　　月　　日		纳税人（盖章）
变更税务登记证号情况				
原税务登记证号码：				
现税务登记证号码：				
经办人： 变更日期：　　年　　月　　日		（税务登记专用章）		

第三步，税务机关审核、发证。

主管税务机关登记窗口对纳税人填写的申请表格，审核是否符合要求，所提交的附列资料是否齐全，符合要求的给予受理，开具《税务文书领取通知单》给纳税人。

纳税人按照《税务文书领取通知单》注明的日期到主管税务机关的税务登记窗口领取变更结果，涉及登记证内容变更的，登记窗口要收缴原《税务登记证》（正、副本），纳税人缴纳变更登记工本费后，领取新的《税务登记证》（正、副本）和《税务登记变更表》。

（2）注意事项：

① 纳税人改变单位名称的必须先缴销发票；

② 如果纳税人未在规定期限内办理变更税务登记的，税务机关按照规定进行违章处罚；

③ 纳税人经营地址发生跨征收区域变更（指迁出原主管税务机关）的，必须按照迁移税务登记程序办理跨区迁移。

3）注销登记

纳税人发生解散、破产、撤销以及依法终止纳税义务情形的，应当在向工商行政管理机关或者其他机关办理注销登记前，持有关证件向原税务登记机关申报办理注销税务登记。

按照规定不需要在工商行政管理机关或者其他机关办理注销登记的，应当在有关部门批准或宣告注销之日起15天内，持有关证件向原税务登记机关申报办理注销税务登记。

纳税人被工商行政管理机关吊销营业执照或者被其他机关予以撤销登记的，应当自营业执照被吊销或者被撤销登记之日起15日内，持有关证件向原税务登记机关申报办理注销税务登记。

（1）办理注销登记的程序。

第一步，提出书面申请，并提供资料。

纳税人在办理工商登记注销前和营业执照被吊销或终止日起15日内或迁出日前，向原税务登记机关申报办理注销税务登记，同时向税务登记窗口提供如下资料：① 主管部门或董事会（职代会）的决议以及其他有关证明文件；② 营业执照被吊销的应提交工商行政管理部门发放的吊销决定；③ 税务机关发放的原税务登记证件（《税务登记证》正、副本及《税务登记表》等）；④ 分支机构的注销税务登记通知书（涉外企业提供）；⑤ 发票、发票购领证；⑥ 税务机关要求提供的其他有关证件和资料。

如属增值税一般纳税人，还需提供以下资料及设施：增值税一般纳税人资格证书；企业用金税卡、IC卡（指已纳入防伪税控的纳税人）。

第二步，填写《注销税务登记申请审批表》。

纳税人领取并填写《注销税务登记申请审批表》，如表7.3所示。

纳税人填写完相关内容后，在相关位置盖上单位公章、法人代表章、经办人章，然后将《注销税务登记申请审批表》上报税务登记窗口。

第三步，税务机关核准。

纳税人正常注销的，必须经过主管税务机关收缴证件、清缴发票、结清税款、有关资格注销等步骤，由主管税务机关核准后领取《注销税务登记通知书》。

（2）注意事项：

① 纳税人未在规定期限内办理注销税务登记的，税务机关按照规定进行违章处罚；

② 纳税人有在查案件的，必须办理结案后才能办理注销登记；

③ 纳税人注销手续办结前尚需向主管税务机关进行纳税申报。

4）停业、复业登记

（1）办理停业、复业登记的程序。

第一步，申请并提供相关资料。

纳税人在营业执照核准经营期限内停业15天以上时（或停业后复业），应向主管税务机关的税务登记窗口提出停业（或复业）登记申请报告，连同以下资料交税务登记窗口：工商行政管理部门要求停业的，提交工商行政管理部门的停业文件；主管税务机关原发放的《税务登记证》正、副本；《发票购领证》及未使用的发票。

第二步，纳税人领取并填写《停业登记表》（或《复业单证领取表》），如表7.4所示。

表 7.3　注销税务登记申请审批表

纳税人识别号：□□□□□□□□□□□□□□□
纳税编码：□□□□□□
纳税人名称：　　　　　　　是否双定户　□　　　是否一般纳税人　□

联系地址			联系电话	
注销原因			经济性质	
批准机关	名　称			
	批准文号及日期			
迁入地税务机关代码			税务机关名称	
迁入地址				
法定代表人（负责人）：　　　办税人员：　　　　　　纳税人（签章）　年　月　日				
以下有税务机关填写				
实际经营期限			已享受税收优惠	
负责人：　　　　　　经办人：　　　　　　　　　　　　年　月　日				
发票管理环节缴纳发票情况	购领发票名称			
	购领发票数量			
	已使用发票数量			
	结存发票数量			
	起止号码			
	发票领购簿名称			
	负责人：　　　经办人：　　　　　年　月　日			
稽查环节清查情况	负责人：　　　经办人：　　　　　年　月　日			
征收环节结算清缴税款情况	负责人：　　　经办人：　　　　　年　月　日			
登记管理环节审批意见	封存税务机关发放证件情况	税务登记证	税务登记证副本	其他有关证件
	负责人：　　　经办人：　　　　　年　月　日			
	分支机构名称	税务登记注销情况		主管税务机关
税证环节资格取消情况	负责人：　　　经办人：　　　　　年　月　日			
批准意见	主管税务机关： 局长签字：			

表 7.4　停业登记表

纳税人识别号码：☐☐☐☐☐☐☐☐☐☐☐☐☐☐☐

纳税人名称：

停业原因：				
批准机关	名　称			
	批准文号及日期			
申请停业期限	年　　月　　日至　　年　　月　　日			
法定代表人（负责人）：	办税人员：		纳税人（签章） 年　月　日	
以下由税务机关填写				
发票管理环节封存发票情况	序号		证件名称	
	数量		证件号码	证件顺序号
	发票名称			
	结存发票数量			
	起止编号			
	发票领购簿名称			
	负责人：	经办人：		年　月　日
稽查环节清查情况	负责人：	经办人：		年　月　日
征收环节结算清缴税款情况	负责人：	经办人：		年　月　日
登记管理环节审核意见	序号		证件名称	
	数量	证件名称		证件顺序号
	封存税务机关发放证件情况	税务登记正本	税务登记副本	其他有关证件
	核准停业期限	年　月　至		年　月　日
	负责人：	经办人：		年　月　日
批准意见	主管税务机关： 局长签字：　　　　　　　　　　　　　　（公章） 　　　　　　　　　　　　　　　　　　年　月　日			

纳税人应按税务机关要求如实填写《停业登记表》（或《复业单证领取表》）后，交税务登记窗口。

第三步，税务机关审核、批准。

主管税务机关税务登记窗口确认申请停业的纳税人税款已结清，已清缴发票并收缴税务登记证件等涉税证件后，核准其停业申请，制发《核准停业通知书》和《复业单证领取表》给纳税人。

纳税人按期或提前复业的，应当在停业期满前持《复业单证领取表》到主管税务机关办理复业手续，领回或启用税务登记证件和《发票领购证》等，纳入正常营业纳税人管理。

（2）注意事项：

① 对需延长停业时间的，纳税人应在停业期满5天前提出申请，报税务机关重新核批停业期限；

② 对停业期满未申请延期复业的，税务机关视为已恢复营业，实施正常的税收管理；

③ 纳税人提前复业的，按提前复业的日期作为复业日期。

5）税务登记验证、换证

《税务登记证》实行定期验证和换证制度，一般每年验证一次，三年更换一次。纳税人应当在规定的期限内，持《税务登记证》（正、副本）到主管税务机关办理验证或换证手续。

（1）税务登记验证、换证的程序。

第一步，申请并提供资料。

纳税人按照税务机关发布的验证、换证或与有关部门联合年检公告要求的时间、地点到主管税务机关税务登记窗口，申请办理验证、换证或联合年检手续，需换证的纳税人还应领取并填写相应类型的《税务登记表》。

纳税人办理税务登记验证、换证或联合年检时，应提交以下资料：《税务登记证》正、副本；营业执照副本及复印件；全部银行账号证明及复印件；组织机构统一代码证书及复印件。

第二步，领取并填写《税务登记验证（换证）登记表》。

纳税人领取《税务登记验证（换证）登记表》，并按规定填写齐全后，盖章确认，交税务机关税务登记窗口。

第三步，税务机关审核。

主管税务机关税务登记窗口受理、审阅纳税人填报的表格是否符合要求，所提交的资料是否齐全。符合条件的给予受理，按规定收缴工本费。

纳税人按照税务机关通知的时间领回有关证件及资料。不需重新发证的，在纳税人的税务登记证件上贴上验证贴花标识；换证的，重新制发税务登记证件。

（2）注意事项：

① 纳税人未按期验换证的，视作未按期办理税务登记，税务机关按规定进行违章处罚；

② 纳税人有变更事项而未办理变更登记的，必须先按程序办理变更手续；

③ 验证和换证必须提供原登记证件，换证的收缴证件，如有遗失的应先在新闻媒体公开声明作废后申请补发。

6）外出经营活动税收管理

从事生产、经营的纳税人到外县（市）进行生产经营的，应向主管税务机关申请开具《外出经营活动税收管理证明》。

（1）办理外出经营活动税收管理证明程序。

第一步，申请。

纳税人持《税务登记证》（副本）及书面证明到主管税务机关领取并填写《外出经营活

动税收管理证明申请审批表》。

第二步，税务机关审核、发证。

纳税人向主管税务机关登记窗口提交《外出经营活动税收管理证明申请审批表》及相关资料，税务机关审核后，符合要求的制发《外出经营活动税收管理证明》，加盖公章后交给纳税人。

纳税人到外埠销售货物的，《外出经营活动税收管理证明》有效期一般为30日；到外埠从事建筑安装工程的，有效期一般为一年，因工程需要延长的，应当向核发税务机关重新申请。

第三步，核销。

外出经营纳税人在其经营活动结束后，纳税人应向经营地税务机关填报《外出经营活动情况申报表》，按规定结清税款、缴销未使用完的发票。

《外出经营活动税收管理证明》有效期届满10日内，纳税人应回到主管税务机关办理核销手续，需延长经营期限的，必须先到主管税务机关核销后重新申请。

（2）注意事项：

① 纳税人到外县（市）进行生产经营的，必须向主管税务机关申请开具《外出经营活动税收管理证明》，未持有该证明的，经营地税务机关一律按6%的征收率征收税款，并处以10 000元以下的罚款。

② 纳税人应当向经营地税务机关结清税款、清缴未使用的发票，在证明上加盖经营地税务机关印章。

2. 账证设置

1）涉税账簿的设置

从事生产、经营的纳税人应当自领取营业执照之日起15日内设置账簿，一般企业要设置的涉税账簿有总分类账、明细账（按具体税种设置）及有关辅助性账簿。"应缴税费——应缴增值税"明细账使用特殊的多栏式账页，其他明细账使用三栏式明细账页，总分类账使用总分类账页。扣缴义务人应当自税法规定的扣缴义务发生之日起10日内，按照所代扣、代收的税种设置代扣代缴、代收代缴税款账簿。同时从事生产、经营的纳税人应当自领取税务登记证件之日起15日内，将其企业的财务制度、会计处理办法及会计核算软件报送税务机关备案。

生产经营规模小又确无建账能力的纳税人，可以聘请注册会计师或者经税务机关认可的财会人员代为建账和办理账务；聘请上述机构或者人员有实际困难的，报经县以上税务机关批准，可以按照税务机关的规定，建立收支凭证粘贴簿、进货销货登记簿或者使用税控装置。

附：什么是税控装置？推广税控装置有何现实意义？

税控装置是指能正确反映纳税人的收入情况，保证计税依据和有关数据的正确生成、安全传递、可靠存储，并能实现税收的控制、管理的器具和支持该器具的管理系统。其应用对象主要是以流转额为课税对象的纳税人。税控装置从技术装置入手，是为降低税收成本、加大税收征管力度、打击偷逃税行为而采取的有效措施，世界上许多国家已普遍采用，近年来我国在加油站、出租车行业推广税控装置已收到较好效果。税务机关应根据征管需要积极推广使用税控装置，纳税人应按规定安装、使用税控装置，不得损毁或擅自改动税控装置。

2）发票的领购

纳税人领取税务登记证后，应携带有关证件向税务机关提出领购发票的申请，然后凭税务机关发给的发票领购簿中核准的发票种类、数量以及购票方式，向税务机关领购发票。

发票是指在购销商品、提供或者接受劳务和其他经营活动中，开具、收取的收付款凭证。发票是确定经济收支行为发生的证明文件，是财务收支的法定凭证和会计核算的原始凭证，也是税务稽查的重要依据。《征管法》规定：税务机关是发票主管机关，负责发票印制、领购、开具、取得、保管、缴销的管理和监督。发票一般分为普通发票和增值税专用发票。

（1）普通发票领购簿的申请、核发。

纳税人凭《税务登记证》副本到主管税务机关领取并填写《普通发票领购簿申请审批表》，如表 7.5 所示，同时提交如下材料：经办人身份证明（居民身份证或护照）、财务专用章或发票专用章印模及主管税务机关要求报送的其他材料。

表 7.5　普通发票领购簿申请审批表

纳税人识别号：□□□□□□□□□□□□□□□

企业编码：□□□□□□□

纳税人名称：

发票名称	联次	金额版	文字版	数量	每月用量

申请理由： 申请人签章： 办税人员签章：　　年　月　日	申请人财务专用章或发票专印模用章	

以下税务机关填写

发票名称	规格	联次	金额版	文字版	数量	每次限购数量

购票方式		保管方式	

主管税务机关发票管理环节审批意见：

（公章）

负责人：　　　　　　经办人：　　　　　　　　　年　月　日

注：① 本表系纳税人初次购票前及因经营范围变化等原因，需增减发票种类数量时填写；

② 经审批同意后，有关发票内容填写在《普通发票领购簿》中。

③ 此表不作为日常领购发票的凭据；

④ 此表一式二份，一份纳税人留存，一份税务机关留存。

主管税务机关发票管理环节对上述资料审核无误后，将核批的发票名称、种类、购票数量、购票方式（包括批量供应、验旧供新、交旧供新）等填发在发票领购簿上，同时对发票领购簿号码进行登记。

（2）普通发票的领购。

领购普通发票时，纳税人须报送《税务登记证》副本、发票领购簿及经办人身份证明，一般纳税人购增值税普通发票还需提供税控IC卡，供主管税务机关发票管理环节在审批发售普通发票时查验，对验旧供新和交旧供新方式售票的，还需提供前次领购的发票存根联。

审验合格后，纳税人按规定支付工本费，领购发票，并审核领购发票的种类、版别和数量。

（3）增值税专用发票领购簿的申请、核发。

已经认定的增值税一般纳税人，凭增值税一般纳税人申请认定表，到主管税务机关发票管理环节领取并填写《增值税专用发票领购簿申请书》，然后提交下列资料：①《增值税专用发票领购簿申请书》，如表7.6所示；② 盖有增值税一般纳税人确认专用章的《税务登记证》副本；③ 办税员的身份证明；④ 财务专用章或发票专用章印模；⑤ 领取《最高开票限额申请表》，如表7.7所示。

表7.6　增值税专用发票领购簿申请书

_____国家税务局：_____ 企业编码：□□□□□□

我单位已于_____年___月___日被认定为增值税一般纳税人。纳税人识别号：□□□□□□□□□□□□□□□现申请购买增值税专用发票。

发票名称	发票代码	联次	每次领购最大数量
			本/份
			本/份
			本/份

为做好专用发票的领购工作，我单位特指定_____（身份证号：_____）和_____（身份证号：_____）位同志为购票员。
我单位将建立健全专用发票管理制度。严格遵守有关专用发票领购、使用、保管的法律和法规。
法定代表人（负责人）（签章）。

申请单位（签章）
年　月　日

主管税务机关审核意见：

（公章）
年　月　日

注：本表一式三份，一份纳税人留存，各级税务机关留存一份。

表7.7 最高开票限额申请表

申请事项 （由企业填写）	企业名称			税务登记代码	
	地址			联系电话	
	申请最高 开票限额	□一亿元 □十万元	□一千万元 □一万元	□一百万元 □一千元	
	经办人（签字）； 　　年　月　日			企业（印章）； 　　年　月　日	
区县级税务 机关意见	批准最高开票限额： 经办人（签字）　　　　批准人（签字）；　　　　税务机关（印章） 　　年　月　日　　　　　　年　月　日　　　　　　　年　月　日				
地市级税务 机关意见	批准最高开票限额： 经办人（签字）　　　　批准人（签字）；　　　　税务机关（印章） 　　年　月　日　　　　　　年　月　日　　　　　　　年　月　日				
省级税务 机关意见	批准最高开票限额： 经办人（签字）　　　　批准人（签字）；　　　　税务机关（印章） 　　年　月　日　　　　　　年　月　日　　　　　　　年　月　日				

注：本申请表一式两联；第一联，申请企业留存；第二联，区县级税务机关留存。

主管税务机关发票管理环节对上述资料审核无误后，填发《增值税专用发票领购簿》，签署准购发票名称、种类、数量、面额、购票方式、保管方式等审核意见。

（4）增值税专用发票的初始发行。

一般纳税人领购专用设备后，凭《最高开票限额申请表》《发票领购簿》到主管税务机关办理初始发行，即主管税务机关将一般纳税人的下列信息载入空白金税卡和IC卡：① 企业名称；② 税务登记代码；③ 开票限额；④ 购票限量；⑤ 购票人员姓名、密码；⑥ 开票机数量；⑦ 国家税务总局规定的其他信息。

一般纳税人发生上述信息变化，应向主管税务机关申请变更发行；发生第②项信息变化，应向主管税务机关申请注销发行。

（5）增值税专用发票的领购。

增值税专用发票一般由县级主管税务机关发票管理环节发售，发售增值税专用发票实行验旧供新制度。

审批后日常领购增值税专用发票，需提供以下资料：《发票领购簿》；IC卡；经办人身份证明；上一次发票的使用清单；税务部门规定的其他材料。

对资料齐备、手续齐全、符合条件而又无违反增值税专用发票管理规定行为的，主管税务机关发票管理环节予以发售增值税专用发票，并按规定价格收取发票工本费，同时开具收据交纳税人。

3）发票的开具

纳税义务人在对外销售商品、提供服务以及发生其他经营活动收取款项时，必须向付款方开具发票。在特殊情况下由付款方向收款方开具发票（收款单位和扣缴义务人支付给个人款项时开具的发票），未发生经营业务一律不准开具发票。

（1）普通发票的开具要求：① 发票开具应该按规定的时限，顺序、逐栏、全联、全部栏次一次性如实开具，并加盖单位财务印章或发票专用章；② 发票限于领购单位在本省、自治区、直辖市内开具；未经批准不得跨越规定的使用区域携带、邮寄或者运输空白发票；③ 任何单位和个人都不得转借、转让、代开发票；未经税务机关批准，不得拆本使用发票；不得自行扩大专用发票使用范围；④ 开具发票后，如果发生销货退回需要开红字发票，必须收回原发票并注明"作废"字样，或者取得对方有效证明；发生折让的，在收回原发票并注明"作废"字样后重新开具发票。

（2）开具增值税专用发票，除要按照普通发票的要求外，还要遵守以下规定：① 项目齐全，与实际交易相符；② 字迹清楚，不得压线、错格；③ 发票联和抵扣联加盖财务专用章或者发票专用章；④ 按照增值税纳税义务的发生时间开具。

4）账证的保管

单位和个人领购使用发票，应建立发票使用登记制度，设置发票登记簿，定期向主管税务机关报告发票的使用情况。增值税专用发票要专人保管，在启用前要检查有无缺号、串号、缺联以及有无防伪标志等情况，如发现问题应整本退回税务机关，并设立发票分类登记簿以记录增值税专用发票的购、领、存情况，每月进行检查统计并向税务机关汇报。

对已开具的发票存根和发票登记簿要妥善保管，保存期为5年，保存期满需要经税务机关查验后销毁。

纳税人、扣缴义务人必须按有关规定保管会计档案，对会计凭证、账簿、会计报表，以及完税凭证和其他有关纳税资料，应当保管10年，不得伪造、变造或者擅自销毁。

任务7.2　财务报表分析

7.2.1　知识准备

1. 财务报表概述

1）财务报表及其目标

从程序上讲，财务会计报告是公司每个会计期间内财务会计工作的最后一道工序。财务会计报告包括财务报表以及其他应当在财务报告中披露的相关信息和资料。在我国，严格意义上的财务会计报告应当包括财务报表、审计报告和自己披露的信息。其中，财务报表应符合财政部会计准则的规定，是对企业财务状况、经营成果和现金流量的结构性表述；是反映企业某一特定日期财务状况和某一会计期间经营成果、现金流量的书面文件。审计报告指由具有证券相关从业资格的注册会计师遵守审计准则所出具的报告；自己披露的信息指应经注册会计师审问并发表的意见。

我国国务院于 2000 年 6 月 21 日颁布的《企业财务会计报告条例》是我国第一个专门针对企业财务会计报告的法规，该条例构建了企业财务会计报告的基本框架。2006 年新颁布的《企业会计准则——财务报表》《企业会计准则——中期财务报告》《企业会计准则——现金流量表》等企业会计准则对上市公司财务报告列报等问题做出了规范。

企业编制财务报表的目标是向投资者、债权人、政府及其有关部门和社会公众等财务报表使用者提供与企业财务状况、经营成果和现金流量等有关的会计信息，反映企业管理层受托责任履行情况，有助于财务会计报告使用者做出经济决策。

2）财务报表的组成和分类

按照《企业会计准则——财务报表列报》的规定，我国财务报表至少应当包括资产负债表、利润表、现金流量表、所有者权益（或股东权益，下同）变动表以及附注。财务报表格式和附注分为一般企业、商业银行、保险公司、证券公司等类型予以规定。企业应当根据其经营活动的性质，确定本企业适用的财务报表格式和附注。本书主要阐述一般企业财务报表的编制。

财务报表可以根据需要，按照不同的标准进行分类。

（1）按反映内容分类。

按财务报表反映内容，可分为动态报表和静态报表。动态报表是指反映企业在一定时期内资金耗费和资金收回的报表，如利润表是反映企业在一定时期内经营成果的报表；静态报表是指综合反映一定时点企业资产、负债和所有者权益的报表，如资产负债表是反映资产负债表日企业资产总额和权益总额的报表，从企业资产总量方面反映企业的财务状况，从而反映企业资产的变现能力和偿债能力。

（2）按编报时间分类。

按财务报表编报时间的不同，可分为中期财务报表和年度财务报表。中期财务报表是以短于一个完整会计年度的报告期间为基础编制的财务报表，包括月报、季报和半年报等。企业至少应当按年编制财务报表。年度财务报表涵盖的期间短于一年的，应当披露年度财务报表的涵盖期间，以及短于一年的原因。中期财务报表至少应包括资产负债表、利润表、现金流量表和附注。其中，中期资产负债表、利润表和现金流量应当是完整报表，其格式和内容应当与年度财务报表相一致。与年度财务报表相比，中期财务报表中的附注披露可适当简略。

（3）按编制的基础分类。

按财务报表编制的基础不同，可分为个别财务报表、汇总财务报表和合并财务报表。个别财务报表是由企业在自身会计核算基础上对账簿记录进行加工而编制的财务报表，主要用以反映企业自身的财务状况、经营成果和现金流动情况；汇总财务报表是由企业主管部门或上级机关，根据所属单位报送的个别财务报表，连同本单位财务报表汇总编制的综合性财务报表；合并财务报表是由母公司编制的，在母公司和子公司个别财务报表的基础上，对企业集团的内部交易进行相互抵消后编制的财务报表，以反映企业集团综合的财务状况和经营成果。

根据我国现行《企业会计准则》和《公司法》的规定，企业应定期编报的报表种类如表 7.8 所示。

表 7.8　企业财务报表一览表

编号	财务报表名称	编报期
会企 01 表	资产负债表	中期报告、年度报告
会企 02 表	利润表	中期报告、年度报告
会企 03 表	现金流量表	（至少）年度报告
会企 04 表	所有者权益（或股东权益）增减变动表	年度报告

3）财务报表的作用

（1）财务报表反映企业管理当局的受托经营管理责任。股份有限公司的"两权分离"使股东和企业管理当局之间出现委托与受托关系。股东把资金投入公司，委托管理人员进行经营管理。他们为了确保自己的切身利益，保证其投入资本的完整与增值，需要经常了解管理当局对受托经济资源的经营管理情况。通过公认会计原则和其他一些法律规章的制约，财务会计报告能够较全面、系统、连续和综合地跟踪反映企业投入资源的渠道、性质、分布状态以及资源的运用效果，从而有助于评估企业的财务状况、经营绩效，以及管理当局对受托资源的经营管理责任履行情况。

（2）财务报表是与企业有利害关系的外部单位和个人了解企业财务状况和经营成果，并据以做出决策的重要依据。企业的投资者（包括潜在的投资者）和债权人（包括潜在的债权人）根据财务报告提供的信息，了解企业目前的经营能力、偿债能力、获利能力及资本实力，再做出是否向企业投资、以什么方式投资、投资或贷款的方法等决策；政府部门（包括财政、税务、银行、证券交易监管机构和工商行政管理部门等）根据财务报告提供的信息，了解和监督企业在完成社会义务和责任方面的情况，以加强对企业的财政税务监督、财经纪律监督、信贷监督和证券交易法规监督，同时为政府部门进一步完善、制定法规提供决策依据。

（3）财务报表是国家经济管理部门进行宏观调控和管理的信息源。由于财务报表能综合反映企业的财务状况和经营成果，经过逐级汇总上报的财务报表能相应地反映出某一行业、某一地区、某一部门乃至全国企业的经济活动情况信息。这种信息是国家经济管理部门了解全国各地区、各部门、各行业的经济情况，正确制定国家宏观政策，调整和控制国民经济运行，优化资源配置的主要决策依据。

（4）财务报表提供的经济信息是企业内部加强和改善经营管理的重要依据。企业经营管理人员通过财务报表可以随时掌握企业的财务状况和经营成果，并通过与计划比较，检查企业预算或财务计划的执行情况，及时发现问题，评价业绩，进而采取有效措施，加强和改善企业经营管理。同时，利用财务信息可以预测企业的发展前景，进行经济决策，确定企业的近期经营计划和远期规划。

必须指出，财务报表主要是总结过去所发生的经济业务及其结果，而且所提供的仅仅是企业财务会计方面的信息。虽然这些信息是大多数使用者的主要信息来源，能满足使用者的基本需要，但并不能满足使用者进行经济决策的全部需要，有关人力资源、企业文化等非财务会计信息也将对财务报告使用者的经济决策产生重大影响。

4）财务报表的编制要求

（1）真实可靠。企业财务报表必须如实地反映企业的财务状况、经营成果和现金流动情况，使财务报表的各项数据建立在真实可靠的基础之上。因此，财务报表必须根据核实无误的账簿资料编制，不得以任何方式弄虚作假。否则将会导致财务报表使用者对企业的财务状况、经营成果和现金流动情况做出错误的评价与判断，致使报表使用者做出错误的决策。

（2）相关可比。企业财务报表所提供的财务会计信息必须与报表使用者进行决策所需要的信息相关，并且便于报表使用者在不同企业之间及同一企业前后各期之间进行比较。只有提供相关且可比的信息，才能使报表使用者分析企业在整个社会特别是同行业中的地位，了解、判断企业过去、现在的情况，预测企业未来的发展趋势，进而为报表使用者的决策服务。

（3）全面完整。企业财务报表应当全面地披露企业的财务状况、经营成果和现金流动情况，完整地反映企业财务活动的过程和结果，以满足各有关方面对财务会计信息资料的需要。为了保证财务报表的全面完整，企业对外提供的财务报表应当依次编定页数，加具封面，装订成册，加盖公章。封面上应当注明企业名称、企业统一代码、组织形式、地址、报告所属年度或者月份、报出日期，并由企业负责人和主管会计工作的负责人、会计机构负责人（会计主管人员）签名并盖章。设置总会计师的企业，还应由总会计师签名并盖章。在编制会计报表时应当按照有关准则、制度规定的格式和内容填写，特别是对于企业某些重要的事项，应当按照要求在会计报表附注中说明，不得漏编漏报。

（4）编报及时。企业财务报表所提供的资料具有很强的时效性，只有及时编制和报送财务报表，才能为使用者提供决策所需的信息资料。企业应当依照法律、行政法规和企业会计准则有关财务报表提供期限的规定，及时对外提供财务报表。月度中期财务报表应当于月度终了后 6 天内（节假日顺延，下同）对外提供；季度中期财务报表应当于季度终了后 15 天内对外提供；半年度中期财务报表应当于年度中期结束后 60 天内（相当于两个连续的月份）对外提供；年度财务报表应当于年度终了后 4 个月内对外提供。随着市场经济和信息技术的迅速发展，财务报表的及时性要求将变得日益重要。

（5）便于理解。可理解性是指财务报表提供的信息可以为使用者所理解。企业对外提供的财务报表是为广大报告使用者提供企业过去、现在和未来的有关资料，为企业目前或潜在的投资者和债权人提供决策所需的财务信息，因此，编制的财务报表应清晰明了。当然，财务报表的这一要求是建立在报表使用者具有一定的财务会计报告阅读能力的基础上。

2. 资产负债表概述

1）资产负债表的作用

资产负债表是反映企业某一特定日期财务状况的报表，它反映企业在某一特定日期所拥有或控制的经济资源、所承担的现时义务和所有者对净资产的要求权。它是根据资产、负债和所有者权益（或股东权益，下同）之间的相互关系，按照一定的分类标准和一定的顺序，把企业一定日期的资产、负债和所有者权益各项目予以适当排列，并对日常工作中形成的大量数据进行高度浓缩整理后编制而成的。例如，公历每年 12 月 31 日的财务状况，由于它反映的是某一时点的情况，因此，它是一张静态会计报表。

资产负债表所提供的信息，对于企业管理部门、上级主管部门、投资者、债权人、银行及其他金融机构、税务部门来讲，都具有重要的作用。资产负债表可以提供某一日期资产的总额及其结构，表明企业拥有或控制的资源及其分布情况；可以提供某一日期的负债总额及其结构，表明企业未来需要用多少资产或劳务清偿债务以及清偿时间；可以反映所有者所拥有的权益，据以判断资本保值、增值的情况以及对负债的保障程度。资产负债表还可以提供进行财务分析的基本资料，如将流动资产与流动负债进行比较，计算出流动比率；将速动资产与流动负债进行比较，计算出速动比率等。这些资料可以表明企业的变现能力、偿债能力和资金周转能力，从而有助于财务报表使用者做出经济决策。

2）资产负债表的结构

资产负债表一般有表首、正表两部分。其中，表首概括地说明报表名称、编制单位、编制日期、报表编号、货币名称及计量单位等。正表是资产负债表的主体。资产负债表是根据"资产=负债+所有者权益"会计等式的原理设计的，格式主要有报告式和账户式两种。报告式是上下平衡，账户式是左右平衡。我国企业资产负债表采用账户式，根据资产、负债、所有者权益（或股东权益，下同）之间的勾稽关系，按照一定的分类标准和顺序，把企业一定日期的资产、负债和所有者权益各项目予以适当排列。资产按其流动性大小排列，流动性大的资产如"货币资金""交易性金融资产"等排在前面，流动性小的如"长期股权投资""固定资产"等排在后面。负债按偿还期长短和先后顺序进行列示，具体分为流动负债和非流动负债等，"短期借款""应付票据""应付账款"等需要在一年以内或者长于一年的一个正常营业周期内偿还的流动负债排在前面，"长期借款"等在一年以上才需偿还的非流动负债排在中间；在企业清算之前不需要偿还的所有者权益项目排在后面，所有者权益则按其永久性递减的顺序进行列示，具体按实收资本、资本公积、盈余公积、未分配利润等项目分项列示。这种排列方式反映了企业资产、负债、所有者权益的总体规模和结构，直观地反映出企业财务状况的优劣、负债水平和偿债能力的强弱。

我国一般企业资产负债表格式如表 7.9 所示。

3．利润表概述

1）利润表的作用

利润表是反映企业在一定会计期间经营成果的报表。例如，反映 1 月 1 日至 12 月 31 日经营成果的利润表，由于它反映的是某一期间的情况，所以又称为动态报表。有时，利润表也称为损益表、收益表。

表 7.9 资产负债表

会企 01 表

编制单位：　　　　　　　　　　　年　月　日　　　　　　　　　　单位：元

资产	期末余额	年初余额	负债和所有者权益（或股东权益）	期末余额	年初余额
流动资产：			流动负债：		
货币资金			短期借款		
交易性金融资产			交易性金融负债		
应收票据			应付票据		
应收账款			应付账款		
预付款项			预收款项		

续表

资产	期末余额	年初余额	负债和所有者权益（或股东权益）	期末余额	年初余额
应收利息			应付职工薪酬		
应收股利			应缴税费		
其他应收款			应付利息		
存货			应付股利		
一年内到期的非流动资产			其他应付款		
其他流动资产			一年内到期的非流动负债		
流动资产合计			其他流动负债		
非流动资产：			流动负债合计		
可供出售金融资产			非流动负债：		
持有至到期投资			长期借款		
长期应收款			应付债券		
长期股权投资			长期应付款		
投资性房地产			专项应付款		
固定资产			预计负债		
在建工程			递延所得税负债		
工程物资			其他非流动负债		
固定资产清理			非流动负债合计		
生产性生物资产			负债合计		
油气资产			所有者权益（或股东权益）：		
无形资产			实收资本（或股本）		
开发支出			资本公积		
商誉			减：库存股		
长期待摊费用			盈余公积		
递延所得税资产			未分配利润		
其他非流动资产			所有者权益（或股东权益）合计		
非流动资产合计					
资产总计			负债和所有者权益（或股东权益）总计		

利润表主要提供有关企业经营成果方面的信息。通过利润表，可以反映企业一定会计期间的收入实现情况；可以反映一定会计期间的费用耗费情况；可以反映企业生产经营活动的

成果,即净利润的实现情况,据以判断资本保值、增值情况。将利润表中的信息与资产负债表中的信息相结合,还可以提供进行财务分析的基本资料,如将赊销收入净额与应收账款平均余额进行比较,计算出存货周转率;将销货成本与存货平均余额进行比较,计算出存货周转率;将净利润与资产总额进行比较,计算出资产收益率等。利润表可以表现企业资金周转情况以及企业的盈利能力和水平,便于会计报表使用者判断企业未来的发展趋势,做出经济决策。

2)利润表的结构

利润表一般有表首、正表两部分。其中,表首说明报表名称、编制单位、编制日期、报表编号、货币名称、计量单位等;正表是利润表的主体,反映形成经营成果的各个项目和计算过程。所以,曾经将利润表称为损益计算书。

利润表是根据"利润 = 收入 – 费用"的会计等式设计。这里所讲的收入、费用均指广义的收入、费用概念,即列入利润表中的收入和费用。利润表正表的格式一般有两种:单步式利润表和多步式利润表。单步式利润表是将当期所有的收入列在一起,然后将所有的费用列在一起,两者相减得出当期净损益。多步式利润表是通过对当期的收入、费用、支出项目按性质加以归类,按利润形成的主要环节列示一些中间性利润指标,如营业利润、利润总额及净利润,分步计算当期净损益。利润表的这种阶梯式的结构,直观地反映了企业的三大动态要素状况及企业的获利能力。

我国企业利润表格式如表 7.10 所示。

表 7.10 利润表

会企 02 表

编制单位: 年度 单位:元

项目	本期金额	上期金额(略)
一、营业收入		
减:营业成本		
营业税金及附加		
销售费用		
管理费用		
财务费用		
资产减值损失		
加:公允价值变动收益(损失以"–"号填列)		
投资收益(损失以"–"号填列)		
其中:对联营企业和合营企业的投资收益		
二、营业利润(亏损以"–"号填列)		
加:营业外收入		
减:营业外支出		
其中:非流动资产处置损失		

续表

项目	本期金额	上期金额（略）
三、利润总额（亏损总额以"-"号填列）		
减：所得税费用		
四、净利润（净亏损以"-"号填列）		
五、每股收益：		
（一）基本每股收益		
（二）稀释每股收益		

4. 现金流量表

1）现金流量表概述

（1）现金流量表含义。

现金流量表是反映企业在一定会计期间现金和现金等价物流入和流出的财务报表。它是一张动态报表，它与资产负债表、利润表和所有者权益变动表共同构成了企业对外编制的主要报表。

为便于理解现金流量表，有必要结合资产负债表和利润表来谈。资产负债表是反映企业在某一特定日期财务状况的报表，但却没有说明企业的资产、负债和所有者权益为什么发生了变化，从期初的总量和结构到期末的总量和结构，即财务状况为什么发生了变化。利润表是反映企业在一定会计期间经营成果的报表，但却没有提供经营活动引起的现金流入和现金流出的信息，没有反映投资和筹资本身的情况，即对外投资的规模和投向，以及筹集资金的规模和具体来源。因此，资产负债表和利润表只能提供某一方面的信息，编制现金流量表有助于回答上述问题，弥补资产负债表和利润表的不足。它以收付实现制为基础，详细说明了两个资产负债表编表日期间现金流入和流出的构成情况，揭示资产、负债和所有者权益变化的原因，提供企业在一个会计期间内进行经营活动、投资活动、筹资活动等所产生的现金的流入和流出，因而，该报表是反映企业现金流量变化的动态报表。

（2）现金流量表的编制基础。

现金流量表是以现金为基础编制的，这里的现金与会计核算中的现金概念是不同的。根据《企业会计准则——现金流量表》的规定，这里的现金包括现金及等价物。

① 现金。

现金，是指企业库存现金以及可以随时用于支付的存款。不能随时用于支付的存款不属于现金。其构成如下：

库存现金。库存现金是指企业持有可随时用于支付的现金限额，即与会计核算中"库存现金"科目所包括的内容一致。

银行存款。银行存款是指企业存入金融企业、随时可以用于支付的存款，即与会计核算中"银行存款"科目所包括的内容基本一致。

其他货币资金。其他货币资金是指企业存在金融企业有特定用途的资金，如外埠存款、银行汇票存款、银行本票存款、信用证保证金存款、信用卡存款等。

应注意的是，银行存款和其他货币资金中有些不能随时用于支付的存款，如不能随时支取的定期存款等，不应作为现金，而应列作投资；提前通知金融企业便可支取的定期存款，则应包括在现金范围内。

② 现金等价物。

现金等价物，是指企业持有的期限短、流动性强、易于转换为已知金额现金、价值变动风险很小的投资。其中，期限短是指从购买日起3个月内到期。流动性强是指能够在市场上进行交易。易于转换为已知金额现金主要是指准备持有至到期的债权性投资（不包括股权性投资）。价值变动风险很小是指债券等（股票价值风险变动较大）。

涉及现金和现金等价物而不需要在现金流量表上反映，包括现金与现金之间的经济活动，例如企业将现金存入银行、企业开出银行本票和银行汇票；现金与现金等价物之间的经济活动，例如企业用银行存款购买3个月到期的短期债权性投资；还有一类是等价物之间的经济活动。

（3）现金流量的分类。

现金流量，是指现金和现金等价物的流入和流出，可以分为3类，即经营活动产生的现金流量、投资活动产生的现金流量和筹资活动产生的现金流量。

① 经营活动产生的现金流量。

经营活动，是指企业投资活动和筹资活动以外的所有交易和事项，包括销售商品或提供劳务、购买商品或接受劳务、收到的税费返还、支付职工薪酬、支付的各项税费、支付广告费用等。

② 投资活动产生的现金流量。

投资活动，是指企业长期资产的购建和不包括在现金等价物范围内的投资及其处置活动，包括取得和收回投资、购建和处置固定资产、购买和处置无形资产等。

③ 筹资活动产生的现金流量。

筹资活动，是指导致企业资本及债务规模和构成发生变化的活动，包括发行股票或接受投入资本、分派现金股利、取得和偿还银行借款、发行和偿还公司债券等。

（4）现金流量表的作用。

现金流量表主要提供有关企业现金流量方面的信息，编制现金流量表的主要目的是为会计报表使用者提供企业一定会计期间内现金和现金等价物流入和流出的信息，以便于财务报表使用者了解和评价企业获取现金和现金等价物的能力，并据以预测企业未来的现金流量。所以，现金流量表在评价企业经营业绩、衡量企业财务资源和财务风险以及预测企业未来前景方面，有着十分重要的作用。具体来说，现金流量表的作用主要体现在以下4个方面：

① 帮助投资人、债权人及其他信息使用者评估公司创造未来现金净流量的能力。公司的投资人、债权人的投资和信贷动机，最终都会落在对获取现金流量的追求上。为了做出正确的投资决策和信贷决策，他们必须依据财务报告提供的信息评估公司现金收入的来源、时间和不确定性，包括股利或利息的获得、证券变卖所得、贷款本金的清偿等。

② 帮助投资人、债权人评估公司偿还债务的能力、支付股利的能力以及对外融资的需求。公司清偿债务时，需动用现金资源；向股东支付股利也需付出现金。公司净现金流量越多，对外融资的需求度越低。

③ 帮助报表使用者分析净收益与相关的现金收支产生差异的原因。财务报告中对损益的确认是遵循权责发生制的原则而非收付实现制的原则，这就不可避免地导致净收益与现金

收支之间差异。这就需要利用现金流量表分析差异产生的原因，以利于正确决策。

④ 帮助报表使用者评估当期的现金和非现金投资与理财活动对公司财务状况的影响。现金流量表不仅要披露与现金收支有关的经营活动、投资活动和筹资活动，还要披露非现金的投资活动和理财活动，即通过现金流量表，可以揭示公司全部财务状况的变动。

2）现金流量表的结构

我国企业现金流量表采用报告式结构，分类反映经营活动产生的现金流量、投资活动产生的现金流量、筹资活动产生的现金流量，最后汇总反映企业某一期间现金及现金等价物的净增加额。

我国一般企业现金流量表的格式如表 7.11 所示。

表 7.11 现金流量表

会企 03 表

编制单位： 　　　　　　　　　　　年　　月　　　　　　　　　　　单位：元

项目	本期金额	上期金额
一、经营活动产生的现金流量：		
销售商品、提供劳务收到的现金		
收到的税费返还		
收到其他与经营活动有关的现金		
经营活动现金流入小计		
购买商品、接受劳务支付的现金		
支付给职工以及为职工支付的现金		
支付的各项税费		
支付其他与经营活动有关的现金		
经营活动现金流出小计		
经营活动产生的现金流量净额		
二、投资活动产生的现金流量：		
收回投资收到的现金		
取得投资收益收到的现金		
处置固定资产、无形资产和其他长期资产收回的现金净额		
处置子公司及其他营业单位收到的现金净额		
收到其他与投资活动有关的现金		
投资活动现金流入小计		
购建固定资产、无形资产和其他长期资产支付的现金		
投资支付的现金		
取得子公司及其他营业单位支付的现金净额		
支付其他与投资活动有关的现金		

续表

项目	本期金额	上期金额
投资活动现金流出小计		
投资活动产生的现金流量净额		
三、筹资活动产生的现金流量：		
吸收投资收到的现金		
取得借款收到的现金		
收到其他与筹资活动有关的现金		
筹资活动现金流入小计		
偿还债务支付的现金		
分配股利、利润或偿付利息支付的现金		
支付其他与筹资活动有关的现金		
筹资活动现金流出小计		
筹资活动产生的现金流量净额		
四、汇率变动对现金及现金等价物的影响		
五、现金及现金等价物净增加额		
加：期初现金及现金等价物余额		
六、期末现金及现金等价物余额		

5. 所有者权益变动表

1）所有者权益变动表的定义和作用

所有者权益变动表，是指反映构成所有者权益各组成部分当期增减变动情况的会计报表。所有者权益变动表应当全面反映一定时期所有者权益变动的情况，不仅包括所有者权益总量的增减变动，还包括所有者权益增减变动的重要结构性信息，特别是要反映直接计入所有者权益的利得和损失，让报表使用者准确理解所有者权益增减变动的根源。

所有者权益变动表在一定程度上体现了企业综合收益。综合收益，是指企业在某一期间与所有者之外的其他方面进行交易或发生其他事项所引起的净资产变动。综合收益的构成包括两部分：净利润以及直接计入所有者权益的利得和损失。其中，前者是企业已实现并已确认的收益，后者是企业未实现但根据会计准则已确认的收益。用公式表示如下：

综合收益 = 收入 − 费用 + 直接计入当期损益的利得和损失

在所有者权益变动表中，净利润以及直接计入所有者权益的利得和损失均单列项目反映，体现了企业综合收益的构成。

所有者权益变动表为公允价值的广泛运用创造了条件；所有者权益变动表可以从综合收益角度为企业的股东和投资者提供更加全面的财务信息；所有者权益变动表既能反映企业以历史成本计价已确认实现的收入、费用、利得和损失，又能反映以多种计量属性计价的已确认但未实现的利得和损失，有利于全面反映企业的经营业绩，进而满足报表使用者对企业会计信息披露多样化的需求。

2）企业所有者权益变动表的结构

为了清楚地表明构成所有者权益的各组成部分当期的增减变动情况，所有者权益变动表以矩阵的形式列示：一方面，列示导致所有者权益变动的交易或事项，改变了以往仅仅按照所有者的各组成部分反映所有者变动情况，而是按所有者权益变动的来源对一定时期所有者权益变动情况进行全面反映；另一方面，按照所有者权益各组成部分（包括实收资本、资本公积、盈余公积、未分配利润和库存股）及其总额列示交易或事项对所有者权益的影响。此外，企业还需要提供比较所有者权益变动表，因此，所有者权益变动表还就各项目再分为"本年金额"和"上年金额"两栏分别填列。其具体格式如表 7.12 所示。

表 7.12 所有者权益变动表

会企 04 表

编制单位： 年度 金额单位：元

项目	本期数					
	股本	资本公积	减：库存股	盈余公积	未分配利润	股东权益合计
一、上年年末余额						
加：会计政策变更						
前期差错更正						
二、本年年初余额						
三、本期增减变动金额						
（一）净利润						
（二）直接计入股东权益的利得和损失						
1. 可供出售金融资产公允价值变动净额						
2. 权益法下被投资单位其他股东权益变动的影响						
3. 与计入股东权益项目相关的所得税影响						
4. 其他						
上述（一）（二）小计						
（三）股东投入和减少股本						
1. 股东投入股本						
2. 股份支付计入股东权益的金额						
3. 其他						

续表

项目	本期数					
	股本	资本公积	减：库存股	盈余公积	未分配利润	股东权益合计
（四）利润分配						
1. 提取盈余公积						
2. 对股东的分配						
3. 其他						
（五）股东权益内部结转						
1. 资本公积转增股本						
2. 盈余公积转增股本						
3. 盈余公积弥补亏损						
4. 其他						
四、本期期末余额						

公司法定代表人： 主管会计工作负责人： 会计机构负责人：

6. 常用财务报表分析指标

财务报表分析可计算的指标是相当多的。由于分析的目的和分析的角度不同，对所计算的指标可作不同的分类。但这种分类并不存在标准化的模式，也不存在标准化的指标体系。因为企业的各项业务是相互关联、相互制约的，所以某项指标的意义可能是多方面的，它也许既与企业的周转能力相关，又与企业的偿债能力或盈利能力相关。财务比率分析有一个显著的特点，那就是它使得各个不同规模的企业的会计数据所传递的经济信息单位化或标准化。当然，单单是计算各种分析指标，其作用非常有限，更重要的是应对计算出来的指标做出比较分析，以帮助企业的经营者、投资者以及其他有关人员正确评估企业的经营成果和财务状况，及时调整投资结构和经营决策，并对未来做出科学的规划。下面根据其考核的范围和分析的重点不同，介绍企业常用财务报表分析指标。

1）偿债能力分析

偿债能力是指企业对各种到期债务的偿付能力，其本质就是支付能力，偿债能力不足即表示财务状况不佳。

（1）短期偿债能力分析。对企业的财务分析首先从偿债能力分析开始，短期偿债能力分析的主要指标有：

① 流动比率，是流动资产与流动负债的比率，用于评价企业流动资产在短期债务到期前，可以变为现金用于偿还流动负债的能力。计算公式为

$$流动比率 = 流动资产 \div 流动负债$$

一般情况下，流动比率越高，说明企业短期偿债能力越强。但流动比率过高，表明企业流动资产占用较多，会影响资金的使用效率和企业的筹资成本，进而影响获利能力。通常认为流动比率以 2:1 为好。

② 速动比率，是速动资产与流动负债的比率，用于衡量企业流动资产中可以立即用于

偿付流动负债的能力。计算公式为

$$速动比率 = 速动资产 \div 流动负债$$

式中，速动资产=流动资产-存货。通常情况下，1:1被认为是较为正常的速动比率，表示企业有良好的短期偿债能力。比率过高，资金往往滞留在应收账款上；而比率过低，则又表示支付能力不足。

③ 现金流动负债比率，是企业一定时期的经营现金净流量与流动负债的比率，它可以从现金流量的角度反映企业偿付短期负债的能力。计算公式为

$$现金流动负债比率 = 经营现金净流量 \div 流动负债$$

该比率本身并不能说明什么问题，通常只是作为前两个比率的补充。这项比率越高，表明偿债风险越小，但持有现金是有成本的，所以该比率也不能过高，只要现金额度满足企业正常经营需要即可，无须专门为偿还到期债务储备一定量的现金。当企业应收账款和存货都抵押出去或变现存在问题的情况下，折算该比率更为有效。对于该比率，难以确定一个普遍的合理值，各企业可根据自己的实际情况来判定。

（2）长期偿债能力分析。长期偿债能力是指企业偿还长期债务的能力，它反映了企业资金结构是否合理和稳定，同时也反映了企业的长期获利能力。其主要指标有：

① 资产负债率，又称为举债经营比率，反映债权人所提供的资本占全部资本的比例，既反映在总资产中有多大比例是通过借债来筹资的，也可以衡量企业在清算时保护债权人利益的程度。计算公式为

$$资产负债率 = 负债总额 \div 资产总额$$

该指标有以下几方面的含义：

一是从债权人的立场看，他们最关心的是贷给企业的款项的安全程度，也就是能否按期收回本金和利息。他们希望债务比例越低越好，企业偿债有保证，贷款不会有太大的风险。

二是从股东的角度看，由于企业通过举债筹措的资金与股东提供的资金在经营中发挥同样的作用，所以，股东所关心的是全部资本利润率是否超过借入款项的利率，即借入资本的代价。从股东的立场看，在全部资本利润率高于借款利息率时，负债比例越大越好，否则反之。

三是从经营者的立场看，如果举债很大，超出债权人心理承受程度，则认为是不保险，企业就借不到钱。如果企业不举债，或负债比例很小，说明企业畏缩不前，对前途信心不足，利用债权人资本进行经营活动的能力很差。借款比率越大（当然不是盲目的借款），越是显得企业活力充沛。从财务管理的角度来看，企业应当审时度势，全面考虑，在利用资产负债率制定借入资本决策时，必须充分估计预期的利润和增加的风险，在二者之间权衡利害得失，做出正确决策。

② 产权比率，又称负债权益比率，是企业负债总额与所有者权益之比，它反映了企业财务结构和所有者权益为负债提供的保障。计算公式为

$$产权比率 = 负债总额 \div 所有者权益（股东权益）$$

该比率反映由债权人提供的资本与股东提供资本的相对关系，反映企业基本财务结构是否稳定。一般来说，股东资本大于借入资本较好，但也不能一概而论。从股东来看，在通货膨胀加剧时期，企业多借债可以把损失和风险转嫁给债权人；在经济繁荣时期，多借债可以获得额外的利润；在经济萎缩时期，少借债可以减少利息负担和财务风险。产权比率高，是

高风险、高报酬的财务结构；产权比率低，是低风险、低报酬的财务结构。该指标同时也表明债权人投入的资本受到股东权益保障的程度，或者说是企业清算时对债权人利益的保障程度。国家规定债权人的索偿权在股东前面。

资产负债率侧重于分析债务偿付安全性的物质保障程度，产权比率则侧重于揭示财务结构的稳健程度以及自有资金对偿债风险的承受能力。

③ 已获利息倍数。债权人进行投资，除了关心其本金的回收，还需考察企业营业利润对其利息的保障程度。计算公式为

$$已获利息倍数 = 税息前利润总额 \div 利息支出$$

通过计算该比率，可以进一步分析债权人的投资风险。该比率反映企业经营收益为所需支付的债务利息的多少倍。只要已获利息倍数足够大，企业就有充足的能力偿付利息，否则相反。但如何合理确定企业的已获利息倍数，需要将该企业的这一指标与其他企业，特别是本行业平均水平进行比较，来分析决定本企业的指标水平。同时从稳健性的角度出发，最好比较本企业连续几年的该项指标，并选择最低指标年度的数据作为标准。

2）营运能力分析

营运能力是指企业经营效率的高低，即资金周转的快慢及有效性。其主要指标有存货周转率和应收账款周转率等。

（1）存货周转率。由于存货在流动资产中占很大比重，所以进一步分析存货周转率非常重要。计算公式为

$$存货周转率（次数）= 营业成本 \div 平均存货余额$$

该比率表明，企业所拥有的存货在一定时期内周转了几次。一般而言，存货周转率越高，表明企业的存货管理效率越高，存货资金得以有效利用。然而过高的存货周转率则可能是存货水平低或库存经常中断的结果，企业也许因此而丧失某些生产销售机会。如存货周转率过低则说明采购过量或产品积压，要及时分析处理。当然，存货周转率在不同行业之间可能有较大的差别，财务分析时要将本企业与同行业的平均数进行对比，以衡量其存货管理的效率，同时在实际工作中也可以利用存货周转天数进行补充分析。

（2）应收账款周转率。应收账款是企业流动资产除存货外的另一重要项目。应收账款周转率是反映企业销售货款回笼速度和管理效率的指标。其计算公式为

$$应收账款周转率 = 营业收入 \div 平均应收账款余额$$

该指标表明企业的应收账款在一定时期内周转了几次。对于应收账款周转次数一般认为越高越好，因为它表明收款速度快，资金占用少，坏账损失可以减少，资金流动性高，企业偿债能力强。进行分析时，要注意与同行业其他企业、本企业以前实际情况进行比较，判断其优劣和发展趋势。

（3）流动资产周转率。流动资产周转率是流动资产在一定时期所完成的周转额与流动资产的平均占用额之间的比率，是反映企业流动资产周转速度的指标。其计算公式为

$$流动资产周转率（次）= 营业收入 \div 平均流动资产总额$$

$$流动资产周转期（天）= 360 \div 流动资产周转率$$

流动资产周转速度快，会相对节约流动资产，相当于扩大资产投入，增强企业盈利能力；而延缓周转速度，会降低企业盈利能力。生产经营任何一个环节上的工作改善，都会反映到流动资产周转速度上来。

（4）固定资产周转率。固定资产周转率是指企业营业收入与固定资产净值的比率。它是反映企业固定资产周转情况，衡量企业固定资产利用效率的一项指标。其计算公式为

$$固定资产周转率（周转次数）= 营业收入 \div 平均固定资产净值$$

一般情况下，固定资产周转率越高，表明企业固定资产利用越充分，固定资产投资得当，固定资产结构合理，能够充分发挥效率。

（5）总资产周转率。总资产周转率是企业主营业务收入净额与资产平均占用额的比率，它可用来反映企业全部资产的利用效率。其计算公式为

$$总资产周转率 = 营业收入 \div 平均资产总额$$

总资产周转率高，表明企业全部资产的使用效率高；如果这个比率较低，说明使用效率较差，最终会影响企业的盈利能力。

3）获利能力分析

对增值的不断追求是企业经营的动力源泉和直接目的。获利能力就是企业资金增值能力。其分析指标主要有：

（1）营业利润率。营业利润率是企业营业利润与营业收入的比率。其计算公式为

$$营业利润率 = （营业利润 \div 营业收入）\times 100\%$$

该比率反映每1元营业收入带来营业利润的多少，表示营业收入的收益水平。该指标越高，表明企业主营业务市场越强，发展潜力越大，获利能力越强。通过分析营业利润率的升降变动，可以促使企业在扩大销售的同时，注意改进经营管理，提高盈利水平。

（2）成本费用率。成本费用率是指利润与成本费用的比率。其计算公式为

$$成本费用率 = （利润总额 \div 成本费用总额）\times 100\%$$

其中，成本费用总额 = 营业成本 + 营业税金及附加 + 销售费用 + 管理费用 + 财务费用。该指标越高，表明企业为取得利润而付出的代价越小，成本费用控制得越好，获得能力越强。

（3）盈余现金保障倍数。盈余现金保障倍数是经营现金净流量与净利润的比率。其计算公式为

$$盈余现金保障倍数 = （经营现金净流量 \div 净利润）\times 100\%。$$

一般来说，当企业当期净利润大于零时，盈余现金保障倍数应当大于1。该指标越大，表明企业经营活动产生的净利润对现金的贡献越大。

（4）总资产报酬率。总资产报酬率是企业一定时期内获得的报酬总额与平均资产总额的比率。它是反映企业综合资产利用效果的指标，也是衡量企业利用债权人和所有者权益总额所取得盈利的重要指标。其计算公式为

$$总资产报酬率 = （息税前利润总额 \div 平均资产总额）\times 100\%。$$

该指标越高，表明企业的资产利用效益越好，整个企业获利能力越强。

（5）净资产收益率。净资产收益率是指企业一定时期内的净利润同平均净资产的比率。它可以反映投资者投入企业的自有资金获取净收益的能力，是评价企业资本经营效益的核心指标。其计算公式为

$$净资产收益率 = （净利润 \div 平均净资产）\times 100\%$$

一般认为，净资产收益率越高，企业自用资金获取收益的能力越强，运营效益越好，对企业投资人、债权人的保证程度越高。

（6）资本收益率。资本收益率是指企业一定时期内的净利润与平均资本的比率。其计算

公式为

$$资本收益率 = (净利润 \div 平均资本) \times 100\%$$

其中，资本即指实收资本和资本公积（仅指资本溢价和股本溢价）。资本收益率是企业一定时期净利润与平均资本的比率，反映企业实际获得投资额的回报水平。

（7）每股收益。每股收益是综合反映企业获利能力的重要指标，它是企业某一时期净利润与股份数的比率。其计算公式为

$$基本每股收益 = 归属于普通股股东的当期净利润 \div 当期发行在外普通股的加权平均数$$

每股收益越高，说明公司的获利能力越强。而稀释每股收益是在考虑潜在普通股稀释性影响的基础上，对基本每股收益的分子、分母进行调整后再计算的每股收益。稀释性潜在普通股主要包括可转换债券、认股权证和股票期权。

当然，这一比率也并非能完全说明问题，还需要结合其他的比率进行分析。而且在不同企业间进行比较时，需注意不同会计政策导致的差别，以免引起误解。

（8）市盈率。市盈率是某种股票每股市价与每股盈利的比率。其计算公式为

$$市盈率 = 普通股每股市价 \div 普通股每股收益$$

市盈率表明投资者为取得一股收益所需进行的投资。投资者（股民）最为关心的是企业的盈利能力，力图将投入的资金与能获取的回报相比较权衡。

市盈率评判的标准不是越高越好，也不是越低越好，而是以证券市场平均的市盈率为依据。一般而言，一个成熟、健全的金融市场，市盈率为 10～20 倍。从另一个角度理解市盈率，可将其看作投资收回的年限，即在这样的每股净收益下需要多少年才能收回所有的投资。这样似乎市盈率越低越好，因为市盈率低表明股票的市价低而每股净收益却较高，投资收回的年限较短、风险较小。但应该注意到股票价格的上升往往伴随着盈利的增加，较高的市盈率也许正是由于较高的盈利能力带来的，而较低的市盈率可能是盈利能力较弱的结果。由于市盈率本身的这一特点，使得投资者在利用它评价企业的盈利能力时，不能绝对化，关键是看其变动的趋势，揭示这种变动的原因，更好地为投资决策服务。

4）发展能力分析

发展能力是企业在生存的基础上，扩大规模、壮大实力的潜在能力。在运用会计报表数据分析企业发展能力时，其分析指标主要有：

（1）营业收入增长率。营业收入增长率是指企业本年营业收入增长额同上年营业收入总额的比率，它是评价企业成长状况和发展能力的重要指标。其计算公式为

$$营业收入增长率 = (本年营业收入增长额 \div 上年营业收入增长总额) \times 100\%$$

该指标是衡量企业经营状况、市场占有能力以及预测企业经营业务拓展趋势的重要标志，也是预测企业扩张增量和存量资本的重要前提。营业收入增长率若大于零，表示企业本年主营业务收入有所增长，指标值越高表明增长速度越快，企业市场前景越好。

（2）资本保值增值率。资本保值增值率是指企业经营期内扣除客观增减因素后的期末所有者权益总额与期初所有者权益总额的比率。它表示企业当年资本的积累能力，是评价企业发展潜力的重要指标。其计算公式为

$$资本保值增值率 = (扣除客观因素后的年末所有者权益总额 \div 年初所有者权益总额) \times 100\%$$

一般认为，资本保值增值率越高，表明企业的资本保全状况越好，所有者权益增长越快，债权人的债务越有保障。该指标通常应大于100%。

（3）资本积累率。资本积累率是指企业本年所有者权益增长额与年初所有者权益的比率，它表示企业当年资本的积累能力，是评价企业发展潜力的重要指标。其计算公式为

$$资本积累率 = （本年所有者权益增长额 \div 年初所有者权益）\times 100\%。$$

该比率是企业当年所有者权益的增长率，反映了企业所有者权益在当年的变动水平，体现了企业资本的积累情况，反映了投资者投入企业资本的保全性和增长性。该指标越高，表明企业的资本积累越多，企业资本保全性越强，应付风险、持续发展的能力越大。如为负值，表明企业资本受到侵蚀，所有者利益受到损害，应予充分重视。

（4）总资产增长率。总资产增长率是指企业本年总资产增长额与年初资产总额的比率，它可以衡量企业本期资产规模的增长情况，评价企业经营规模总量上的扩张程度。其计算公式为

$$总资产增长率 = （本年总资产增长额 \div 年初资产总额）\times 100\%$$

该指标是从企业资产总量扩张方面衡量企业的发展能力，表明企业规模增长水平对企业发展后劲的影响。该指标越高，表明企业一定时期内资产经营规模扩张的速度越快，但在分析时需要注意资产规模扩张的质和量的关系，以及企业的后续发展能力，避免盲目扩张。

7.2.2 财务报表分析

××有限公司的财务报表资料如表7.13～表7.15所示。

表7.13 资产负债表

编制单位：××有限公司　　　　　　　　　　　　　　　　　　　　　　单位：万元

资产	年初数	年末数	负债及股东权益	年初数	年末数
流动资产			流动负债		
货币资金	905	850	短期借款	10 750	14 050
交易性金融资产	102	50	应付票据	1 500	1 700
应收票据	2 200	2 180	应付账款	2 200	4 156
应收账款	4 400	5 470	预收款项	100	200
预付账款	150	200	应付职工薪酬	580	650
其他应收款	280	200	应缴税费	500	800
存货	20 800	23 800	应付股利	1 100	1 300
流动资产合计	28 837	32 750	其他应付款	150	200
			流动负债合计	16 880	23 056
非流动资产			非流动负债		
长期股权投资	500	1 400	长期借款	4 700	2 700
固定资产	22 902	24 402	应付债券	700	606
在建工程	3 000	3 300	非流动负债合计	5 400	3 306

续表

资产	年初数	年末数	负债及股东权益	年初数	年末数
无形资产	1 300	1 150	负债合计	22 280	26 362
递延所得税资产	200	150	股东权益		
非流动资产合计	27 902	30 402	股本	14 000	14 000
			资本公积	16 100	16 100
			盈余公积	3 420	4 738
			未分配利润	939	1 952
			股东权益合计	34 459	36 790
资产总计	56 739	63 152	负债及股东权益总计	56 739	63 152

表7.14 利润表

编制单位：××有限公司　　　　　　　　　　　　　　　　　　　　　　　　单位：万元

	本年	上年
一、营业收入	112 100	120 000
减：营业成本	87 900	94 000
营业税金及附加	9 880	10 000
销售费用	3 120	4 200
管理费用	2 700	2 600
财务费用	1 300	1 100
资产减值损失		
加：公允价值变动收益		
投资收益	200	100
二、营业利润		
加：营业外收入	250	250
减：营业外支出	150	450
三、利润总额	7 500	8 000
减：所得税费用	2 250	2 400
四、净利润	5 250	5 600
五、每股收益		
（一）基本每股收益（1.4亿股）	0.375	0.4
（二）稀释每股收益（1.4亿股）	0.375	0.4

表 7.15　现金流量表

编制单位：××有限公司　　　　　　　　　　　　　　　　　　　　　　单位：万元

项　　目	本年金额	上年金额
一、经营活动产生的现金流量		
销售商品、提供劳务收到的现金	111 050	118 800
收到的税费返还		
收到的其他与经营活动有关的现金	4 030	800
经营活动现金流入小计	115 080	119 600
购买商品接受劳务支付的现金	88 744	91 210
支付给职工以及为职工支付的现金	9 100	9 910
支付的各项税费	11 830	12 600
支付的其他与经营活动有关的现金		
经营活动现金流出小计	109 674	113 720
经营活动产生的现金流量净额	5 406	5 880
二、投资活动产生的现金流量		
取得投资收益所收到的现金	200	100
处置固定资产、无形资产和其他长期资产收回的现金净额	500	500
收到的其他与投资活动有关的现金		
投资活动现金流入小计	700	600
购建固定资产、无形资产和其他长期资产支付的现金	3 800	0
投资支付的现金	900	300
投资活动现金流出小计	4 700	300
投资活动产生的现金流量净额	−4 000	300
三、筹资活动产生的现金流量		
取得借款收到的现金	3 300	1 050
筹资活动现金流入小计	3 300	1 050
偿还债务支付的现金	2 094	2 950
分配股利、利润或偿付利息支付的现金	2 719	3 300
支付的其他与筹资活动有关的现金		
筹资活动现金流出小计	4 813	6 250
筹资活动产生的现金流量净额	−1 513	−5 200

项　目	本年金额	上年金额
四、汇率变动对现金的影响		
五、现金及现金等价物净增加额	-107	980
加：期初现金及现金等价物余额	1 007	27
六、期末现金及现金等价物余额	900	1 007

案例思考题：根据以上××有限公司财务报表资料，对该企业的财务状况质量进行综合分析。

讨论与分析：

1. 财务状况变化分析

1）资产变化情况分析

根据表7.13所示××有限公司资产负债表，编制××有限公司比较和共同比资产负债表，如表表7.16所示。

表7.16　××有限公司比较和共同比资产负债表　　　单位：万元

资产	年初数		年末数		增减额	
	绝对数	比重/%	绝对数	比重/%	绝对数	比重/%
货币资金	905	1.60	850	1.35	-55	-0.25
交易性金融资产	102	0.18	50	0.08	-52	-0.10
应收票据	2 200	3.88	2 180	3.45	-20	-0.43
应收账款	4 400	7.75	5 470	8.66	1 070	0.91
预付账款	150	0.26	200	0.32	50	0.05
其他应收款	280	0.49	200	0.32	-80	-0.18
存货	20 800	36.66	23 800	37.69	3 000	1.03
流动资产合计	28 837	50.82	32 750	51.86	3 913	1.04
长期股权投资	500	0.88	1 400	2.22	900	1.34
固定资产	22 902	40.36	24 402	38.64	1 500	-1.72
在建工程	3 000	5.29	3 300	5.23	300	-0.06
无形资产	1 300	2.29	1 150	1.82	-150	-0.47
递延所得税资产	200	0.35	150	0.24	-50	-0.11
非流动资产合计	27 902	49.18	30 402	48.14	2 500	-1.04
资产总计	56 739	100.00	63 152	100.00	6 413	0.00
短期借款	10 750	18.95	14 050	22.25	3 300	3.30
应付票据	1 500	2.64	1 700	2.69	200	0.05
应付账款	2 200	3.88	4 156	6.58	1 956	2.70

续表

资产	年初数		年末数		增减额	
	绝对数	比重 /%	绝对数	比重 /%	绝对数	比重 /%
预收款项	100	0.18	200	0.32	100	0.14
应付职工薪酬	580	1.02	650	1.03	70	0.01
应缴税费	500	0.88	800	1.27	300	0.39
应付股利	1 100	1.94	1 300	2.06	200	0.12
其他应付款	150	0.26	200	0.32	50	0.05
流动负债合计	16 880	29.75	23 056	36.51	6 176	6.76
长期借款	4 700	8.28	2 700	4.28	-2 000	-4.01
应付债券	700	1.23	606	0.96	-94	-0.27
非流动负债合计	5 400	9.52	3 306	5.23	-2 094	-4.28
负债合计	22 280	39.27	26 362	41.74	4 082	2.48
股本	14 000	24.67	14 000	22.17	0	-2.51
资本公积	16 100	28.38	16 100	25.49	0	-2.88
盈余公积	3 420	6.03	4 738	7.50	1 318	1.47
未分配利润	939	1.65	1 952	3.09	1013	1.44
股东权益合计	34 459	60.73	36 790	58.26	2 331	-2.48
负债及股东权益总计	56739	100.00	63 152	100.00	6 413	0.00

从总资产总额来看，××有限公司年末比年初增加了6 413万元，比年初增长了11.3%，表明企业占有的经济资源有所增加，经营规模有所扩大。从总资产构成来看，流动资产增加了3 913万元，占总资产的比重由年初的50.82%上升为年末的51.86%，上升了1.04个百分点；长期投资增加了900万元，占总资产的比重由年初的0.88%上升为年末的2.21%，上升了1.33个百分点；固定资产金额虽然增加了1 800万元，但占总资产的比重由年初的45.66%下降为43.87%，下降了1.79个百分点。无形资产因摊销而逐年下降属正常情况，且占总资产的比重不大，在分析中可以省略。从总资产构成来看，企业流动性资产比重上升，固定资产比重下降，表明企业资产流动性增强、风险降低。再结合固定资产绝对值增加这一点来分析，可发现企业资产风险降低并不会导致经营规模缩小、盈利减少。因此，可以对企业总资产结构变化予以好评。

从各大类资产金额和构成的变化来看，固定资产等非流动资产的变化应属正常。而流动资产的变化则存在一定的问题，主要表现在应收账款和存货两个项目上。应收账款年末比年初增加1 070万元，上升了24.32%；存货年末比年初增加了3 000万元，上升了14.42%。两个项目合计年末比年初增加了4 070万元，占总资产的比重上升了1.93个百分点，占流动资产增加额的104%。

应收账款的增加，结合本公司利润表中的营业收入减少这一事实，可以认定公司的信用政策发生了变化，通过放松信用来增加营业收入。

存货总额的增减变化受其构成的影响,进一步观察该公司存货的构成(表7.17)可发现,材料存货年末比年初减少1 800万元,减少18%;在产品存货年末比年初增加了550万元,上升了8.87%;产成品存货年末比年初增加了4 250万元,上升了92.39%。可见,存货增加的主要原因是产成品存货激增。产成品库存增加一般是产品销路不畅的原因所致。就××有限公司而言,从应收账款与产成品存货同时增加和营业收入减少这一点看,几乎可以断定该公司产成品存在积压现象。从该公司各组成项目的变化中可以看出,公司已经采取了一定的措施减少生产物资的储备,大幅削减材料存货可视为企业压缩产量的先兆。而生产量下降的结果将使企业生产能力不能得到充分的运用,单位产品成本因固定成本分摊率的提高而上升,使企业盈利能力下降。另外,积压产品还表明它的变现能力低、风险大。通过上述分析,可知××有限公司存货,特别是产成品存货激增,对公司生产经营活动极为不利,它使公司存货资产的质量下降,对未来的盈利能力和风险水平带来了不利的影响。

表7.17　××有限公司存货构成变动分析表　　　　单位:万元

存货项目	年初数		年末数		差异额	
	金额	百分比	金额	百分比	金额	百分比
原材料	10 000	48.08	8 200	34.45	-1 800	-13.62
在制品	6 200	29.81	6 750	28.36	550	-1.45
产成品	4 600	22.12	8 850	37.18	4 250	15.07
存货合计	20 800	100.00	23 800	100.00	3 000	0.00

总的来说,虽然××有限公司资产总额有所增加,经营能力也有所提高;但由于应收账款和产成品存货等资产质量下降,因此,该公司经营能力的提高并不如账面表示的那样快。

2)负债变化情况分析

从负债总额看来,年末比年初增加了4 082万元,增长率为19.32%,占资金来源的比重从39.27%上升为41.74%,上升了2.47个百分点,表明企业财务风险年末较年初高。

从负债总额的构成来看,流动负债年末比年初增加了6 176万元,增长率为36.59%,占资金来源的比重从29.75%上升为36.51%,上升了6.76个百分点;非流动负债年末比年初减少了2 094万元,降低率为38.78%,占资金来源的比重从9.52%下降为5.23%,下降了4.29个百分点。从理论上看,流动负债风险大于非流动负债。流动负债比重上升就意味着企业的财务风险增大。所以,××有限公司年末财务风险较年初有所增加。

从流动负债内部结构来看,对流动负债变化影响最大的两项是短期借款和应付账款,年末与年初相比,短期借款增加了3 300万元,增长率为30.7%,占总资金来源的比重上升了3.29个百分点;应付账款1956万元,增长率为88.91%,占总资金来源的比重上升了2.7个百分点;两个项目合计增加了5 256万元,占流动负债增加总额的85.1%。可见,控制流动负债的主要项目应是短期借款和应付账款。

从短期借款的性质来看,该借款是根据借款合同取得的,企业如不能按期还本付息,其风险较大。从应付账款的性质来看,它是随采购发生的,一般采购量越大,应付账款的量也就越大。如果出现采购量减少与应付账款量同时增大的情况,则可能是企业拖欠应付而未付的货款所致，表明企业信誉级别下降。从××有限公司来看，材料存货的年末余额低于年初余额18%。一般而言，其本年采购量也应低于上年采购量，特别与应付账款相关的本年最后几个月的采购量应有所减少。如果该公司付款策略不变，那么应付账款余额年末数也应低于年初数。但是，实际上应付账款余额年末数却大大高于了年初数，表明企业付款策略发生了变化，信用程度有所降低。至于由信用程度降低所引起的风险水平是否超过可承受程度，则需要结合更多的资料进行深入分析才能回答。

从非流动负债的内部结构来看，导致非流动负债降低的主要因素是长期借款减少，本年度偿还借款2 000万元，使长期借款年末比年初数下降42.55%，占资金来源的比重下降了4.01个百分点。到期还款虽属正常，却导致了流动负债的增加，使财务风险增大。至于这种风险增大是否可取，则需要进行更深入的分析才能回答。

总体而言，××有限公司本年度财务风险有所增加，而且这种增加不仅是流动负债增加和非流动负债减少的原因引起的，更重要的是流动负债内部结构的变化不均匀所引起的，因此，实际财务风险可能被放大，从而超过账面上所表示出来的风险。

3）所有者权益变化情况分析

从所有者权益总额来看，年末数比年初数增加了2 331万元，增长率为6.76%。且由于本年度并未发行新股，故6.76%的增长均来自经营方面的贡献，表明经营有成绩。

从所有者权益占总资金来源的比重看，年末比年初下降了2.47个百分点。这表明所有者权益增加数，不仅不能满足资产增加的金额需要，也不能按原比例满足资产增加的需要。所有者权益占总资金来源比重的下降，意味着该公司的财务风险年末大于年初，究其原因主要是企业在外部环境发生变化时，资金使用欠合理和资金筹集欠科学所致。

4）财务状况变化的总括分析和评价

根据前述分项分析，可以得出如下分析结论：① ××有限公司经营能力增加。这不仅可从企业总资产增加中推出，而且也可以从净资产增加中推出。② 企业整体财务风险增大。它既可以从负债比重上升和所有者权益比重下降中推出，又可以从流动负债比重上升和非流动负债比重下降中推出。③ 无效资产增加，资产质量降低。这可以从产成品存货和应收账款同时增长以及营业收入反而减少的现象中推出。④ 企业绝对经营能力的增长速度低于风险水平的增长速度，这可以从以上三点中推出。

导致财务风险水平上升的原因，可从企业资金筹集和资金使用两个方面来考察。从资金筹集来看，随着非流动负债到期偿还，企业非流动负债减少，但生产经营资金需求却在不断扩大，企业必须再筹措新资金才能满足需要。这些新的资金来源中，除小部分靠经营利润留存弥补之外，大部分依赖于流动负债，从而导致流动负债激增，财务风险增大。从资金使用上看，资金使用不太合理，突出表现在企业在偿还非流动负债中，大量购建固定资产3 300万元和从事长期投资900万元，两者合计高达4 200万元，远远超过了所有者权益增加数的2 331万元，占总资产增加额的65.49%，偿还非流动负债和增加其他资产只能依靠追加流动负债来解决，从而导致财务风险增大。

非流动负债虽是客观原因，但企业可以通过主观努力来控制财务风险水平的上升。比如，企业可以通过再筹措非流动负债资金减少流动负债的筹资量，通过改变企业负债结构来控制财务风险，也可以暂缓对外长期投资和购建固定资产，通过减少资金需用量来减少流动负债，控制财务风险。

当然,企业财务风险扩大未必就不是一件好事,因为财务风险扩大,可以给企业带来更大的财务杠杆利益。对财务风险扩大后的得失判断,必须进行深入的细致分析。

2. 盈利能力变化分析

根据表7.14××有限公司利润表编制比较和共同比利润表,如表7.18所示。

表7.18　××有限公司利润表编制比较和共同比利润表　　　　　单位:万元

项目	上年		本年		增减额	
	金额	百分比	金额	百分比	金额	百分比
一、营业收入	120 000	100.00	112 100	100.00	−7 900	0.00
减:营业成本	94 000	78.33	87 900	78.41	−6 100	0.08
营业税金及附加	10 000	8.33	9 880	8.81	−120	0.48
销售费用	4 200	3.50	3 120	2.78	−1 080	−0.72
管理费用	2 600	2.17	2 700	2.41	100	0.24
财务费用	1 100	0.92	1 300	1.16	200	0.24
资产减值损失		0.00		0.00	0	0.00
加:公允价值变动收益		0.00		0.00	0	0.00
投资收益	100	0.08	200	0.18	100	0.10
二、营业利润		0.00		0.00	0	0.00
加:营业外收入	250	0.21	250	0.22	0	0.01
减:营业外支出	450	0.38	150	0.13	−300	−0.24
三、利润总额	8 000	6.67	7 500	6.69	−500	0.02
减:所得税费用	2 400	2.00	2 250	2.01	−150	0.01
四、净利润	5 600	4.67	5 250	4.68	−350	0.02
五、每股收益						
(一)基本每股收益(12亿股)	0.40		0.375		−0.03	
(二)稀释每股收益(12亿股)	0.40		0.375		−0.03	

从表7.18中可看出,企业营业收入本年度比上年度下降6.58%,营业利润下降了11.11%,利润总额和净利润则下降了6.25%。从表格数据中可以发现,虽然企业利润总额和净利润的下降幅度基本上与营业收入的下降幅度相当,但营业利润的下降幅度则高于营业收入的下降幅度,这表明利润表中的各个项目并不都是与营业收入同比例下降。

期间费用本年比上年减少了1 280万元,降低率为14.71%。期间费用减少,部分地抵减了利润的下降,若从期间费用整体考察,期间费用减少导致利润增加(抵减利润下降)可以给予好评;但是,如从期间费用的性质考察,对这类费用减少的利弊,还需进行深入分析才能回答。从期间费用的各构成项目来看,管理费用和财务费用均有所上升,只有销售费用大幅下降,下降幅度高达31.6%。一般而言,采取积极的攻式营销策略,营业费用会因广告费的增加而增加;反之,采取保守的营销策略,销售费用则会减少。该公司营业费用大幅减少的主要原因,可能是营销策略的变化所致。

投资收益增长了100%,结合资产负债表可以看出,这是企业长期投资增加的结果。

公司营业收入下降,但营业成本占营业收入的比重基本上没有上升,从表面上看,该公司在产品成本控制上有一定的成绩。因为产品成本是由变动成本和固定成本所构成的。一般情况下,随着产销量的下降,单位产品所分担的固定成本会增加,从而导致产品的单位成本上升,占营业收入的比重上升。从公司的比较资产负债表中可以看出,本年度产大于销(产成品期末数大于期初数),说明该公司产品营业成本占营业收入的比重基本上没有上升这一现象并非成本控制的业绩。另外,营业成本占营业收入比重的变化,还受产品销售价格的影响,该比重与销售价格成反比,在产品销售成本不变时,产品销售价格越高,该比重越低。

3. 现金流量变化分析

根据表7.15××有限公司现金流量表编制比较和共同比现金流量表,如表7.19所示。

表7.19 ××有限公司现金流量表编制比较和共同比现金流量表　　单位:万元

项目	本年		上年		差异	
	金额	百分比	金额	百分比	金额	百分比
一、现金流入量						
1. 经营活动产生的现金流入量	115 080	96.64	119 600	98.64	-4 520	-2.00
其中:销售商品、提供劳务收到的现金	111 050	93.26	118 800	97.98	-7 750	-4.72
收到的其他与经营活动有关的现金	4 030	3.38	800	0.66	3 230	2.72
2. 投资活动产生的现金流入量	700	0.59	600	0.49	100	0.09
其中:取得投资收益所收到的现金	200	0.17	100	0.08	100	0.09
处置固定资产、无形资产和其他长期资产收回的现金净额	500	0.42	500	0.41	0	0.01
3. 筹资活动产生的现金流入量	3 300	2.77	1 050	0.87	2250	1.91
其中:取得借款收到的现金	3 300	2.77	1 050	0.87	2250	1.91
现金流入量合计	119 080	100.00	121 250	100.00	-2170	0.00
二、现金流出量						
1. 经营活动产生的现金流出量	109 674	92.02	113 720	94.55	-4 046	-2.54

续表

项目	本年		上年		差异	
	金额	百分比	金额	百分比	金额	百分比
其中：购买商品、接受劳务支付的现金	88 744	74.46	91 210	75.84	−2 466	−1.38
支付的各项税费	11 830	9.93	12 600	10.48	−770	−0.55
支付给职工以及为职工支付的现金	9 100	7.64	9 910	8.24	−810	−0.60
2. 投资活动产生的现金流出量	4 700	3.94	300	0.25	4 400	3.69
其中：购建固定资产、无形资产和其他长期资产支付的现金	3 800	3.19	0	0.00	3 800	3.19
投资支付的现金	900	0.76	300	0.25	600	0.51
3. 筹资活动产生的现金流出量	4 813	4.04	6 250	5.20	−1437	−1.16
其中：偿还债务支付的现金	2 094	1.76	2 950	2.45	−856	−0.70
分配股利、利润或偿付利息支付的现金	2 719	2.28	3 300	2.74	−581	−0.46
现金流出量合计	119 187	100.00	120 270	100.00	−1 083	0.00

  经营活动产生的现金流入量占总现金流入量的比重本年度比上年度下降了2个百分点，其中销售产品收到的现金下降幅度更大，达4.72个百分点，这说明该公司现金流入量的质量有所下降。因为经营活动产生的现金流入量，特别是销售产品收到的现金，其稳定性要大于其他渠道来源的现金流入量。不过，本年度虽然经营产生的现金流入量占总现金流入量的比重有所下降，但是其比重仍高达96.64%，质量还是相当高的。投资活动产生的现金流入量占总现金流入量比重极低，可不作为分析重点。筹资活动产生的现金流入量来自借款，占现金流入量比重本年度虽有增加，但仅为2.77%，对总现金流入量的影响不大。该企业现金流入量这些特征说明，该企业是一个主营业务突出、投机性小、主要依靠自身创造的现金流入量生存和发展的企业。

  从现金流出量看，经营活动产生的现金流出量占现金总流出量的比重很大，上年为93.79%，本年为92.10%。这表明，该企业在生产经营领域之外，可以动用的现金流出量的比例较小，上年为6.21%，本年为7.90%，企业靠经营积累来扩张企业规模的能力较弱。若这种能力过弱，不但会制约企业的发展，而且会降低其偿债能力，最终危及企业的生存。企业投资活动产生的现金流出也大幅攀升，本年度比上年度上升3.7个百分点，但占总现金流出量的比重并不算高，仅为3.95%，因此，尚在企业的承受能力之内，可算正常。筹资活动产生的现金流出量占总现金流出量的比重，从上年度的5.15%下降为本年度的4.04%，下降了1.11个百分点。对于筹资活动产生的现金流出量应分为法定流出量和自由流出量两个方面来考察,其中自由流出量是指股利分配所引起的现金流出量,企业在现金紧张时,可以不支付股利。因此,这部分现金流出量不作为分析的重点。法定流出量是指由借债合同规定的还本付息金额,如果企业不按期还本付息,可能会面临破产的风险。结合取得借款收到的现金可以看出,该公司本年度借款数大于还款数1 206万元,未来将存在一定的还款压力。

综上分析,对××有限公司现金流变化可作如下结论:

① 公司现金流入量稳健,经营中投机性小,但本年度现金流入量的质量低于上年度。

② 公司可动用的现金流入量比例低,积累能力不强,但该问题在本年度已有一定的改善。

③ 综合前述两点,该公司应属生存尚可、发展潜力不足、转向速度较慢、应变能力不强的正处于成熟期的公司。

××有限公司是一个已步入成熟期的企业,盈利能力和风险能力处于相对稳定状态,但已经开始出现盈利能力下滑和财务风险上升的势头。在此形势下,公司采取了收缩发展速度的方针政策,无论对外减少营销宣传,还是对内缩减分利,都暴露出企业试图集聚资金以应付不测之需的动机。公司为了防止企业步入衰退期,除仍在从事固定资产投资外,还注意增加对外股权投资,调整资产结构,转变经营方略,进取心犹存。但公司自身创造的现金流入量少,不足以满足调整之需,导致负债增加,特别是流动负债增加。总之,该公司属于较典型的成熟期企业,即风险水平有所上升但仍在可控范围内,盈利能力有所下降但仍不算低,有进取意识但内部资源的支持力不够,内部控制能力较强但经营创新意识不强。对该企业投资可以获得风险较小的稳定回报。

拓展阅读

中华人民共和国电子商务法

2018年8月31日第十三届全国人民代表大会常务委员会第五次会议通过

第一章 总 则

第一条

为了保障电子商务各方主体的合法权益,规范电子商务行为,维护市场秩序,促进电子商务持续健康发展,制定本法。

第二条

中华人民共和国境内的电子商务活动,适用本法。

本法所称电子商务,是指通过互联网等信息网络销售商品或者提供服务的经营活动。

法律、行政法规对销售商品或者提供服务有规定的,适用其规定。金融类产品和服务,利用信息网络提供新闻信息、音视频节目、出版以及文化产品等内容方面的服务,不适用本法。

第三条

国家鼓励发展电子商务新业态,创新商业模式,促进电子商务技术研发和推广应用,推进电子商务诚信体系建设,营造有利于电子商务创新发展的市场环境,充分发挥电子商务在推动高质量发展、满足人民日益增长的美好生活需要、构建开放型经济方面的重要作用。

第四条

国家平等对待线上线下商务活动,促进线上线下融合发展,各级人民政府和有关部门不得采取歧视性的政策措施,不得滥用行政权力排除、限制市场竞争。

第五条

电子商务经营者从事经营活动,应当遵循自愿、平等、公平、诚信的原则,遵守法律和商业道德,公平参与市场竞争,履行消费者权益保护、环境保护、知识产权保护、网络安全与个人信息保护等方面的义务,承担产品和服务质量责任,接受政府和社会的监督。

第六条

国务院有关部门按照职责分工负责电子商务发展促进、监督管理等工作。县级以上地方各级人民政府可以根据本行政区域的实际情况,确定本行政区域内电子商务的部门职责划分。

第七条

国家建立符合电子商务特点的协同管理体系,推动形成有关部门、电子商务行业组织、电子商务经营者、消费者等共同参与的电子商务市场治理体系。

第八条

电子商务行业组织按照本组织章程开展行业自律,建立健全行业规范,推动行业诚信建设,监督、引导本行业经营者公平参与市场竞争。

第二章 电子商务经营者

第九条

本法所称电子商务经营者,是指通过互联网等信息网络从事销售商品或者提供服务的经营活动的自然人、法人和非法人组织,包括电子商务平台经营者、平台内经营者以及通过自建网站、其他网络服务销售商品或者提供服务的电子商务经营者。

本法所称电子商务平台经营者,是指在电子商务中为交易双方或者多方提供网络经营场所、交易撮合、信息发布等服务,供交易双方或者多方独立开展交易活动的法人或者非法人组织。

本法所称平台内经营者,是指通过电子商务平台销售商品或者提供服务的电子商务经营者。

第十条

电子商务经营者应当依法办理市场主体登记。但是,个人销售自产农副产品、家庭手工业产品,个人利用自己的技能从事依法无须取得许可的便民劳务活动和零星小额交易活动,以及依照法律、行政法规不需要进行登记的除外。

第十一条

电子商务经营者应当依法履行纳税义务,并依法享受税收优惠。

依照前条规定不需要办理市场主体登记的电子商务经营者在首次纳税义务发生后,应当依照税收征收管理法律、行政法规的规定申请办理税务登记,并如实申报纳税。

第十二条

电子商务经营者从事经营活动,依法需要取得相关行政许可的,应当依法取得行政许可。

第十三条

电子商务经营者销售的商品或者提供的服务应当符合保障人身、财产安全的要求和环境保护要求,不得销售或者提供法律、行政法规禁止交易的商品或者服务。

第十四条

电子商务经营者销售商品或者提供服务应当依法出具纸质发票或者电子发票等购货凭证或者服务单据。电子发票与纸质发票具有同等法律效力。

第十五条

电子商务经营者应当在其首页显著位置,持续公示营业执照信息、与其经营业务有关的行政许可信息、属于依照本法第十条规定的不需要办理市场主体登记情形等信息,或者上述信息的链接标识。

前款规定的信息发生变更的，电子商务经营者应当及时更新公示信息。

第十六条

电子商务经营者自行终止从事电子商务的，应当提前三十日在首页显著位置持续公示有关信息。

第十七条

电子商务经营者应当全面、真实、准确、及时地披露商品或者服务信息，保障消费者的知情权和选择权。电子商务经营者不得以虚构交易、编造用户评价等方式进行虚假或者引人误解的商业宣传，欺骗、误导消费者。

第十八条

电子商务经营者根据消费者的兴趣爱好、消费习惯等特征向其提供商品或者服务的搜索结果的，应当同时向该消费者提供不针对其个人特征的选项，尊重和平等保护消费者合法权益。电子商务经营者向消费者发送广告的，应当遵守《中华人民共和国广告法》的有关规定。

第十九条

电子商务经营者搭售商品或者服务，应当以显著方式提请消费者注意，不得将搭售商品或者服务作为默认同意的选项。

第二十条

电子商务经营者应当按照承诺或者与消费者约定的方式、时限向消费者交付商品或者服务，并承担商品运输中的风险和责任。但是，消费者另行选择快递物流服务提供者的除外。

第二十一条

电子商务经营者按照约定向消费者收取押金的，应当明示押金退还的方式、程序，不得对押金退还设置不合理条件。消费者申请退还押金，符合押金退还条件的，电子商务经营者应当及时退还。

第二十二条

电子商务经营者因其技术优势、用户数量、对相关行业的控制能力以及其他经营者对该电子商务经营者在交易上的依赖程度等因素而具有市场支配地位的，不得滥用市场支配地位，排除、限制竞争。

第二十三条

电子商务经营者收集、使用其用户的个人信息，应当遵守法律、行政法规有关个人信息保护的规定。

第二十四条

电子商务经营者应当明示用户信息查询、更正、删除以及用户注销的方式、程序，不得对用户信息查询、更正、删除以及用户注销设置不合理条件。

电子商务经营者收到用户信息查询或者更正、删除的申请的，应当在核实身份后及时提供查询或者更正、删除用户信息。用户注销的，电子商务经营者应当立即删除该用户的信息；依照法律、行政法规的规定或者双方约定保存的，依照其规定。

第二十五条

有关主管部门依照法律、行政法规的规定要求电子商务经营者提供有关电子商务数据信息的，电子商务经营者应当提供。有关主管部门应当采取必要措施保护电子商务经营者提供的数据信息的安全，并对其中的个人信息、隐私和商业秘密严格保密，不得泄露、出售或者非法向他人提供。

第二十六条

电子商务经营者从事跨境电子商务，应当遵守进出口监督管理的法律、行政法规和国家有关规定。

第二十七条

电子商务平台经营者应当要求申请进入平台销售商品或者提供服务的经营者提交其身份、地址、联系方式、行政许可等真实信息，进行核验、登记，建立登记档案，并定期核验更新。

电子商务平台经营者为进入平台销售商品或者提供服务的非经营用户提供服务，应当遵守本节有关规定。

第二十八条

电子商务平台经营者应当按照规定向市场监督管理部门报送平台内经营者的身份信息，提示未办理市场主体登记的经营者依法办理登记，并配合市场监督管理部门，针对电子商务的特点，为应当办理市场主体登记的经营者办理登记提供便利。

电子商务平台经营者应当依照税收征收管理法律、行政法规的规定，向税务部门报送平台内经营者的身份信息和与纳税有关的信息，并应当提示依照本法第十条规定不需要办理市场主体登记的电子商务经营者依照本法第十一条的规定办理税务登记。

第二十九条

电子商务平台经营者发现平台内的商品或者服务信息存在违反本法第十二条、第十三条规定情形的，应当依法采取必要的处置措施，并向有关主管部门报告。

第三十条

电子商务平台经营者应当采取技术措施和其他必要措施保证其网络安全、稳定运行，防范网络违法犯罪活动，有效应对网络安全事件，保障电子商务交易安全。

电子商务平台经营者应当制定网络安全事件应急预案，发生网络安全事件时，应当立即启动应急预案，采取相应的补救措施，并向有关主管部门报告。

第三十一条

电子商务平台经营者应当记录、保存平台上发布的商品和服务信息、交易信息，并确保信息的完整性、保密性、可用性。商品和服务信息、交易信息保存时间自交易完成之日起不少于三年；法律、行政法规另有规定的，依照其规定。

第三十二条

电子商务平台经营者应当遵循公开、公平、公正的原则，制定平台服务协议和交易规则，明确进入和退出平台、商品和服务质量保障、消费者权益保护、个人信息保护等方面的权利和义务。

第三十三条

电子商务平台经营者应当在其首页显著位置持续公示平台服务协议和交易规则信息或者上述信息的链接标识，并保证经营者和消费者能够便利、完整地阅览和下载。

第三十四条

电子商务平台经营者修改平台服务协议和交易规则，应当在其首页显著位置公开征求意见，采取合理措施确保有关各方能够及时充分表达意见。修改内容应当至少在实施前七日予以公示。平台内经营者不接受修改内容，要求退出平台的，电子商务平台经营者不得阻止，并按照修改前的服务协议和交易规则承担相关责任。

第三十五条

电子商务平台经营者不得利用服务协议、交易规则以及技术等手段,对平台内经营者在平台内的交易、交易价格以及与其他经营者的交易等进行不合理限制或者附加不合理条件,或者向平台内经营者收取不合理费用。

第三十六条

电子商务平台经营者依据平台服务协议和交易规则对平台内经营者违反法律、法规的行为实施警示、暂停或者终止服务等措施的,应当及时公示。

第三十七条

电子商务平台经营者在其平台上开展自营业务的,应当以显著方式区分标记自营业务和平台内经营者开展的业务,不得误导消费者。

电子商务平台经营者对其标记为自营的业务依法承担商品销售者或者服务提供者的民事责任。

第三十八条

电子商务平台经营者知道或者应当知道平台内经营者销售的商品或者提供的服务不符合保障人身、财产安全的要求,或者有其他侵害消费者合法权益行为,未采取必要措施的,依法与该平台内经营者承担连带责任。

对关系消费者生命健康的商品或者服务,电子商务平台经营者对平台内经营者的资质资格未尽到审核义务,或者对消费者未尽到安全保障义务,造成消费者损害的,依法承担相应的责任。

第三十九条

电子商务平台经营者应当建立健全信用评价制度,公示信用评价规则,为消费者提供对平台内销售的商品或者提供的服务进行评价的途径。

电子商务平台经营者不得删除消费者对其平台内销售的商品或者提供的服务的评价。

第四十条

电子商务平台经营者应当根据商品或者服务的价格、销量、信用等以多种方式向消费者显示商品或者服务的搜索结果;对于竞价排名的商品或者服务,应当显著标明"广告"。

第四十一条

电子商务平台经营者应当建立知识产权保护规则,与知识产权权利人加强合作,依法保护知识产权。

第四十二条

知识产权权利人认为其知识产权受到侵害的,有权通知电子商务平台经营者采取删除、屏蔽、断开链接、终止交易和服务等必要措施。通知应当包括构成侵权的初步证据。

电子商务平台经营者接到通知后,应当及时采取必要措施,并将该通知转送平台内经营者;未及时采取必要措施的,对损害的扩大部分与平台内经营者承担连带责任。

因通知错误造成平台内经营者损害的,依法承担民事责任。恶意发出错误通知,造成平台内经营者损失的,加倍承担赔偿责任。

第四十三条

平台内经营者接到转送的通知后,可以向电子商务平台经营者提交不存在侵权行为的声明。声明应当包括不存在侵权行为的初步证据。

电子商务平台经营者接到声明后,应当将该声明转送发出通知的知识产权权利人,并告知其可以向有关主管部门投诉或者向人民法院起诉。电子商务平台经营者在转送声明到达知识产权权利人后十五日内，未收到权利人已经投诉或者起诉通知的，应当及时终止所采取的措施。

第四十四条

电子商务平台经营者应当及时公示收到的本法第四十二条、第四十三条规定的通知、声明及处理结果。

第四十五条

电子商务平台经营者知道或者应当知道平台内经营者侵犯知识产权的，应当采取删除、屏蔽、断开链接、终止交易和服务等必要措施；未采取必要措施的，与侵权人承担连带责任。

第四十六条

除本法第九条规定的服务外，电子商务平台经营者可以按照平台服务协议和交易规则，为经营者之间的电子商务提供仓储、物流、支付结算、交收等服务。电子商务平台经营者为经营者之间的电子商务提供服务，应当遵守法律、行政法规和国家有关规定，不得采取集中竞价、做市商等集中交易方式进行交易，不得进行标准化合约交易。

第三章 电子商务合同的订立与履行

第四十七条

电子商务当事人订立和履行合同，适用本章和《中华人民共和国民法总则》《中华人民共和国合同法》《中华人民共和国电子签名法》等法律的规定。

第四十八条

电子商务当事人使用自动信息系统订立或者履行合同的行为对使用该系统的当事人具有法律效力。

在电子商务中推定当事人具有相应的民事行为能力。但是，有相反证据足以推翻的除外。

第四十九条

电子商务经营者发布的商品或者服务信息符合要约条件的，用户选择该商品或者服务并提交订单成功，合同成立。当事人另有约定的，从其约定。

电子商务经营者不得以格式条款等方式约定消费者支付价款后合同不成立；格式条款等含有该内容的，其内容无效。

第五十条

电子商务经营者应当清晰、全面、明确地告知用户订立合同的步骤、注意事项、下载方法等事项，并保证用户能够便利、完整地阅览和下载。

电子商务经营者应当保证用户在提交订单前可以更正输入错误。

第五十一条

合同标的为交付商品并采用快递物流方式交付的，收货人签收时间为交付时间。合同标的为提供服务的，生成的电子凭证或者实物凭证中载明的时间为交付时间；前述凭证没有载明时间或者载明时间与实际提供服务时间不一致的，实际提供服务的时间为交付时间。

合同标的为采用在线传输方式交付的，合同标的进入对方当事人指定的特定系统并且能够检索识别的时间为交付时间。

合同当事人对交付方式、交付时间另有约定的，从其约定。

第五十二条

电子商务当事人可以约定采用快递物流方式交付商品。

快递物流服务提供者为电子商务提供快递物流服务，应当遵守法律、行政法规，并应当符合承诺的服务规范和时限。快递物流服务提供者在交付商品时，应当提示收货人当面查验；交由他人代收的，应当经收货人同意。

快递物流服务提供者应当按照规定使用环保包装材料，实现包装材料的减量化和再利用。

快递物流服务提供者在提供快递物流服务的同时，可以接受电子商务经营者的委托提供代收货款服务。

第五十三条

电子商务当事人可以约定采用电子支付方式支付价款。

电子支付服务提供者为电子商务提供电子支付服务，应当遵守国家规定，告知用户电子支付服务的功能、使用方法、注意事项、相关风险和收费标准等事项，不得附加不合理交易条件。电子支付服务提供者应当确保电子支付指令的完整性、一致性、可跟踪稽核和不可篡改。

电子支付服务提供者应当向用户免费提供对账服务以及最近三年的交易记录。

第五十四条

电子支付服务提供者提供电子支付服务不符合国家有关支付安全管理要求，造成用户损失的，应当承担赔偿责任。

第五十五条

用户在发出支付指令前，应当核对支付指令所包含的金额、收款人等完整信息。

支付指令发生错误的，电子支付服务提供者应当及时查找原因，并采取相关措施予以纠正。造成用户损失的，电子支付服务提供者应当承担赔偿责任，但能够证明支付错误非自身原因造成的除外。

第五十六条

电子支付服务提供者完成电子支付后，应当及时准确地向用户提供符合约定方式的确认支付的信息。

第五十七条

用户应当妥善保管交易密码、电子签名数据等安全工具。用户发现安全工具遗失、被盗用或者未经授权的支付的，应当及时通知电子支付服务提供者。

未经授权的支付造成的损失，由电子支付服务提供者承担；电子支付服务提供者能够证明未经授权的支付是因用户的过错造成的，不承担责任。

电子支付服务提供者发现支付指令未经授权，或者收到用户支付指令未经授权的通知时，应当立即采取措施防止损失扩大。电子支付服务提供者未及时采取措施导致损失扩大的，对损失扩大部分承担责任。

第四章　电子商务争议解决

第五十八条

国家鼓励电子商务平台经营者建立有利于电子商务发展和消费者权益保护的商品、服务质量担保机制。

电子商务平台经营者与平台内经营者协议设立消费者权益保证金的，双方应当就消费者权益保证金的提取数额、管理、使用和退还办法等作出明确约定。

消费者要求电子商务平台经营者承担先行赔偿责任以及电子商务平台经营者赔偿后向平台内经营者的追偿，适用《中华人民共和国消费者权益保护法》的有关规定。

第五十九条

电子商务经营者应当建立便捷、有效的投诉、举报机制，公开投诉、举报方式等信息，及时受理并处理投诉、举报。

第六十条

电子商务争议可以通过协商和解，请求消费者组织、行业协会或者其他依法成立的调解组织调解，向有关部门投诉，提请仲裁，或者提起诉讼等方式解决。

第六十一条

消费者在电子商务平台购买商品或者接受服务，与平台内经营者发生争议时，电子商务平台经营者应当积极协助消费者维护合法权益。

第六十二条

在电子商务争议处理中，电子商务经营者应当提供原始合同和交易记录。因电子商务经营者丢失、伪造、篡改、销毁、隐匿或者拒绝提供前述资料，致使人民法院、仲裁机构或者有关机关无法查明事实的，电子商务经营者应当承担相应的法律责任。

第六十三条

电子商务平台经营者可以建立争议在线解决机制，制定并公示争议解决规则，根据自愿原则，公平、公正地解决当事人的争议。

第五章　电子商务促进

第六十四条

国务院和省、自治区、直辖市人民政府应当将电子商务发展纳入国民经济和社会发展规划，制定科学合理的产业政策，促进电子商务创新发展。

第六十五条

国务院和县级以上地方人民政府及其有关部门应当采取措施，支持、推动绿色包装、仓储、运输，促进电子商务绿色发展。

第六十六条

国家推动电子商务基础设施和物流网络建设，完善电子商务统计制度，加强电子商务标准体系建设。

第六十七条

国家推动电子商务在国民经济各个领域的应用，支持电子商务与各产业融合发展。

第六十八条

国家促进农业生产、加工、流通等环节的互联网技术应用，鼓励各类社会资源加强合作，促进农村电子商务发展，发挥电子商务在精准扶贫中的作用。

第六十九条

国家维护电子商务交易安全，保护电子商务用户信息，鼓励电子商务数据开发应用，保障电子商务数据依法有序自由流动。

国家采取措施推动建立公共数据共享机制，促进电子商务经营者依法利用公共数据。

第七十条

国家支持依法设立的信用评价机构开展电子商务信用评价，向社会提供电子商务信用评价服务。

第七十一条

国家促进跨境电子商务发展，建立健全适应跨境电子商务特点的海关、税收、进出境检验检疫、支付结算等管理制度，提高跨境电子商务各环节便利化水平，支持跨境电子商务平台经营者等为跨境电子商务提供仓储物流、报关、报检等服务。

国家支持小型微型企业从事跨境电子商务。

第七十二条

国家进出口管理部门应当推进跨境电子商务海关申报、纳税、检验检疫等环节的综合服务和监管体系建设，优化监管流程，推动实现信息共享、监管互认、执法互助，提高跨境电子商务服务和监管效率。跨境电子商务经营者可以凭电子单证向国家进出口管理部门办理有关手续。

第七十三条

国家推动建立与不同国家、地区之间跨境电子商务的交流合作，参与电子商务国际规则的制定，促进电子签名、电子身份等国际互认。

国家推动建立与不同国家、地区之间的跨境电子商务争议解决机制。

第六章　法律责任

第七十四条

电子商务经营者销售商品或者提供服务，不履行合同义务或者履行合同义务不符合约定，或者造成他人损害的，依法承担民事责任。

第七十五条

电子商务经营者违反本法第十二条、第十三条规定，未取得相关行政许可从事经营活动，或者销售、提供法律、行政法规禁止交易的商品、服务，或者不履行本法第二十五条规定的信息提供义务，电子商务平台经营者违反本法第四十六条规定，采取集中交易方式进行交易，或者进行标准化合约交易的，依照有关法律、行政法规的规定处罚。

第七十六条

电子商务经营者违反本法规定，有下列行为之一的，由市场监督管理部门责令限期改正，可以处一万元以下的罚款，对其中的电子商务平台经营者，依照本法第八十一条的规定处罚：

（一）未在首页显著位置公示营业执照信息、行政许可信息、属于不需要办理市场主体登记情形等信息，或者上述信息的链接标识的；

（二）未在首页显著位置持续公示终止电子商务的有关信息的；

（三）未明示用户信息查询、更正、删除以及用户注销的方式、程序，或者对用户信息查询、更正、删除以及用户注销设置不合理条件的。

电子商务平台经营者对违反前款规定的平台内经营者未采取必要措施的，由市场监督管理部门责令限期改正，可以处二万元以上十万元以下的罚款。

第七十七条

电子商务经营者违反本法第十八条规定提供搜索结果，或者违反本法第十九条规定搭售商品、服务的，由市场监督管理部门责令限期改正，没收违法所得，可以并处五万元以上二十万元以下的罚款；情节严重的，并处二十万元以上五十万元以下的罚款。

第七十八条

电子商务经营者违反本法第二十一条规定，未向消费者明示押金退还的方式、程序，对押金退还设置不合理条件，或者不及时退还押金的，由有关主管部门责令限期改正，可以处五万元以上二十万元以下的罚款；情节严重的，处二十万元以上五十万元以下的罚款。

第七十九条

电子商务经营者违反法律、行政法规有关个人信息保护的规定，或者不履行本法第三十条和有关法律、行政法规规定的网络安全保障义务的，依照《中华人民共和国网络安全法》等法律、行政法规的规定处罚。

第八十条

电子商务平台经营者有下列行为之一的，由有关主管部门责令限期改正；逾期不改正的，处二万元以上十万元以下的罚款；情节严重的，责令停业整顿，并处十万元以上五十万元以下的罚款：

（一）不履行本法第二十七条规定的核验、登记义务的；

（二）不按照本法第二十八条规定向市场监督管理部门、税务部门报送有关信息的；

（三）不按照本法第二十九条规定对违法情形采取必要的处置措施，或者未向有关主管部门报告的；

（四）不履行本法第三十一条规定的商品和服务信息、交易信息保存义务的。

法律、行政法规对前款规定的违法行为的处罚另有规定的，依照其规定。

第八十一条

电子商务平台经营者违反本法规定，有下列行为之一的，由市场监督管理部门责令限期改正，可以处二万元以上十万元以下的罚款；情节严重的，处十万元以上五十万元以下的罚款：

（一）未在首页显著位置持续公示平台服务协议、交易规则信息或者上述信息的链接标识的；

（二）修改交易规则未在首页显著位置公开征求意见，未按照规定的时间提前公示修改内容，或者阻止平台内经营者退出的；

（三）未以显著方式区分标记自营业务和平台内经营者开展的业务的；

（四）未为消费者提供对平台内销售的商品或者提供的服务进行评价的途径，或者擅自删除消费者的评价的。

电子商务平台经营者违反本法第四十条规定，对竞价排名的商品或者服务未显著标明"广告"的，依照《中华人民共和国广告法》的规定处罚。

第八十二条

电子商务平台经营者违反本法第三十五条规定，对平台内经营者在平台内的交易、交易价格或者与其他经营者的交易等进行不合理限制或者附加不合理条件，或者向平台内经营者收取不合理费用的，由市场监督管理部门责令限期改正，可以处五万元以上五十万元以下的罚款；情节严重的，处五十万元以上二百万元以下的罚款。

第八十三条

电子商务平台经营者违反本法第三十八条规定，对平台内经营者侵害消费者合法权益行为未采取必要措施，或者对平台内经营者未尽到资质资格审核义务，或者对消费者未尽到安全保障义务的，由市场监督管理部门责令限期改正，可以处五万元以上五十万元以下的罚款；情节严重的，责令停业整顿，并处五十万元以上二百万元以下的罚款。

第八十四条

电子商务平台经营者违反本法第四十二条、第四十五条规定，对平台内经营者实施侵犯知识产权行为未依法采取必要措施的，由有关知识产权行政部门责令限期改正；逾期不改正的，处五万元以上五十万元以下的罚款；情节严重的，处五十万元以上二百万元以下的罚款。

第八十五条

电子商务经营者违反本法规定，销售的商品或者提供的服务不符合保障人身、财产安全

项目七　财务管理

的要求，实施虚假或者引人误解的商业宣传等不正当竞争行为，滥用市场支配地位，或者实施侵犯知识产权、侵害消费者权益等行为的，依照有关法律的规定处罚。

第八十六条

电子商务经营者有本法规定的违法行为的，依照有关法律、行政法规的规定记入信用档案，并予以公示。

第八十七条

依法负有电子商务监督管理职责的部门的工作人员，玩忽职守、滥用职权、徇私舞弊，或者泄露、出售或者非法向他人提供在履行职责中所知悉的个人信息、隐私和商业秘密的，依法追究法律责任。

第八十八条

违反本法规定，构成违反治安管理行为的，依法给予治安管理处罚；构成犯罪的，依法追究刑事责任。

第七章　附　则

第八十九条

本法自 2019 年 1 月 1 日起施行。

课程思政案例导读

网络主播薇娅偷逃税款被重罚 13.41 亿元

2021 年 12 月，浙江省杭州市税务部门经税收大数据分析发现网络主播黄薇（网名：薇娅）涉嫌偷逃税款，在相关税务机关协作配合下，依法对其开展了全面深入的税务检查。

经查，黄薇在 2019 年至 2020 年期间，通过隐匿个人收入、虚构业务转换收入性质虚假申报等方式偷逃税款 6.43 亿元，其他少缴税款 0.6 亿元。

在税务调查过程中，黄薇能够配合并主动补缴税款 5 亿元，同时主动报告税务机关尚未掌握的涉税违法行为。综合考虑上述情况，国家税务总局杭州市税务局稽查局依据《中华人民共和国个人所得税法》《中华人民共和国税收征收管理法》《中华人民共和国行政处罚法》等相关法律法规规定，按照《浙江省税务行政处罚裁量基准》，对黄薇追缴税款、加收滞纳金并处罚款，共计 13.41 亿元。其中，对隐匿收入偷税但主动补缴的 5 亿元和主动报告的少缴税款 0.31 亿元，处 0.6 倍罚款计 3.19 亿元；对隐匿收入偷税但未主动补缴的 0.27 亿元，处 4 倍罚款计 1.09 亿元；对虚构业务转换收入性质偷税少缴的 1.16 亿元，处 1 倍罚款计 1.16 亿元。日前，杭州市税务局稽查局已依法向黄薇送达税务行政处理处罚决定书。

杭州市税务局有关负责人表示，税务部门将持续加强对网络直播行业从业人员的税收监管，并对协助偷逃税款的相关经纪公司及经纪人、网络平台企业、中介机构等进行联动检查，依法严肃查处涉税违法行为，切实提高税法遵从度，营造法治公平的税收环境。

国家税务总局坚决支持杭州市税务部门依法严肃处理黄薇偷逃税案件。同时，要求各级税务机关对各种偷逃税行为，坚持依法严查严处，坚决维护国家税法权威，促进社会公平正义；要求认真落实好各项税费优惠政策，持续优化税费服务，促进新经济新业态在发展中规范，在规范中发展。

思考： 加强网络主播税收监管将对平台经济发展产生什么影响？

课后练习

项目八

撰写网络创业计划书

学习目标

通过本项目的学习与实训，正确认识网络创业计划书的作用与意义。掌握网络创业计划书撰写的基本程序，掌握计划书的基本组成部分及基本格式，能撰写完整的网络创业计划书。

教学重点：网络创业计划的规划，网络创业计划的编写，网络创业计划书的评价。

教学难点：创业计划书的框架结构制定，网络创业计划的编写。

项目引例：第四届中国"互联网+"大学生创新创业大赛

商业计划书

为期3天的第四届中国"互联网+"大学生创新创业大赛总决赛 2018 年 10 月 13 日在厦门大学开赛。经过一天的激烈角逐，北京理工大学的"中云智车——未来商用无人车行业定义者"等项目进入主赛道 50 强；天津商业大学的"野生黑枸杞全产业链综合扶贫"等项目进入"青年红色筑梦之旅"赛道 15 强。此外，大赛还决出了国际赛道 15 强和港澳台地区 5 强。

本届大赛以"勇立时代潮头敢闯会创，扎根中国大地书写人生华章"为主题，旨在激发高校学生创新创业热情，展示高校创新创业教育成果，搭建大学生创新创业项目与社会投资对接平台。教育部高教司副司长范海林介绍，作为全国覆盖面最广、影响力最大的大学生创新创业盛会，自 2018 年 3 月启动以来，本届大赛累计有近 265 万大学生、64 万个团队参赛，超过以往三届的总和，实现了区域、学校、学生类型全覆盖，涌现出一大批科技含量高、市场潜力大、社会效益好的高质量项目。经激烈角逐，共有 400 多支队伍参加总决赛。港澳台项目方面，共有近百个项目参赛，从中产生 20 支队伍参加总决赛；国际赛道方面，来自全球 50 个国家的 600 多支队伍参赛，最终 60 支队伍参加总决赛。

除主体赛事外，本届大赛还将同期举办包括"青年红色筑梦之旅"成果展、大赛优秀项目对接巡展、改革开放 40 年优秀企业家对话大学生创业者、"大学生创客秀"和"21 世纪海上丝绸之路"5 项同期活动，15 日将举行大赛闭幕式及颁奖典礼。

"互联网+"创新创业大赛

此外，为推进产学研用紧密结合、双创成果转化机制持续优化，本届大赛还搭建了项目路演、投融资全天候对接的线上平台，依托"首届数字中国建设峰会"等平台组织了大赛优秀项目线下巡展对接活动，推动 800 多位投资人和企业家为大学生提供投融资服务和创新创业指导等，将高校的智力、技术、文化资源与企业和投资机构的金融、市场、社会资源精准对接。

任务布置：请通过网络渠道了解中国"互联网+"大学生创新创业大赛优秀获奖作品。

任务 8.1 网络创业计划书规划

8.1.1 知识准备

1. 创业计划书的概念与作用

在创业者完成创意形成、机会评估等基础工作后，应积极投入制定完整的创业计划工作。通过创业计划书的规划与撰写向现实的和潜在的合作伙伴、投资者、员工、客户及供应商等全面阐述公司的创业机会，阐述创立公司、把握创业机会的措施及实施过程，说明所需的资源，揭示风险和预期回报。另外，一份综合的创业计划也是创业者对创业项目在发展方向问题上的综合意见和反思的结果，它是决定企业基本运作的主要工具，也是管理企业的主要文件。

创业计划书，也称为创业计划书，是详述筹建企业的书面文件，是对与创业项目有关的所有事项进行总体安排的文件。创业计划覆盖了创业企业的各个方面，如项目、市场、研发、制造、管理、关键风险、融资、阶段或时间表等。所有这些方面的描述展现了这样一幅清晰的画面：本企业是什么；企业的发展方向是什么；企业家怎样达到他的目标。总之，商业计划书是企业家成功创建企业的路线图。

由于存在行业、经验、资源等经验缺乏的客观情况，因此，创业计划书的规划与撰写对于大学生而言就显得尤为重要，对深入分析创业项目、理清创业思路、指导创业行为都具有重大的实践意义，很大程度上关系到创业项目的成败与否。

大学生创业初期，虽然头脑酝酿一个创业项目，但不是很成熟，可以通过编制创业计划书，减少盲目性和冲动。应该说，编制一份翔实、可行的创业计划书对一个大学生创业项目而言有着关系成败的关键意义。

（1）对创业者而言，一个创业项目在头脑中酝酿时，往往比较有把握，但从不同角度仔细推敲时，可能有不同的结果。通过编制创业计划书，创业者对创业活动可以有更清晰的认识，深入探讨项目的可行性。可以说，创业计划首先是把计划中的项目推销给创业者自己，使创业活动能有条不紊地进行。

（2）创业计划书是筹措资金的重要工具。投资者不是慈善家，投资者投资的目的在于获取投资带来的收益。投资者对于投资项目的选择也是十分谨慎而苛刻的。由于投资者的时间精力都有限，对于任何潜在投资项目他们不可能身体力行地去考察。因此，作足表面文章就是十分必要的了。具体来说，对于投资者而言，大学生创业者在面对一份理想的商业时明确企业经营的构想和策略、产品市场需求规模与成长潜力、财务计划、投资回收年限以及风险等要素的阐述与评估，成为创业者向投资者传递信息的关键媒体。

（3）创业计划书可以为企业的发展提供指导作用。创业计划的内容涉及创业的方方面面，可以使创业者对产品开发、市场开拓、投资回收等一些重大的战略决策进行全面的思考，并在此基础上制定翔实清楚的营运计划，周密安排创业活动，发挥指导作用，降低创业风险。就像盖房子之前要画一个蓝图，才知道第一步要做什么，第二步要做什么，或是同步要做些什么，别人也才知道想要做什么。而且大环境和创业的条件都会变动，事业经营也不只两三年，有这份计划书在手上，当环境条件变动时，就可以逐项修改，不断地更新。

（4）创业计划书帮助创业者把创办的企业推销给潜在的合伙人、银行家、供应商、销售商以及行业专家、政府行业管理部门、新闻媒体。从这种意义上说，创业计划书还担负潜在资源积聚与整合的功能。对于大学生创业而言，创业计划书还是争取各类政府优惠与扶持政策待遇必不可少的通行证。

2. 创业计划书的特征

作为创业的纲领性文件，创业计划书具有如下基本特征。

1）开拓性

创业计划书最鲜明的特点是具有创新性，这种创新性是通过其开拓性表现和反映出来的，而开拓性最本质的体现在于对新项目、新内容、新的营销思路和运作思路的整合上，这也是创业计划书不同于一般的项目建议书的根本之处。

2）客观性

创业计划书的客观性是创业计划书又一个十分重要的特点，这种客观性突出表现在创业者提出的创业设想和创业商业模式，是建立在大量的、充分的市场调研和客观分析的基础之上的，是项目具有实战性和可操作性的基础。

3）整体性

创业计划书的整体性要求创业者把严密的逻辑思维融汇在客观事实中体现和表达出来。通过项目的市场调研、市场分析、市场开发及生产安排、组织、运作，以及全程的接口管理、过程管理和严密的组织，把提出和设计好的商业模式付诸实施，把预想的效益变成切实的商业利润。因此，创业计划书的每一个部分都是为着这个整体目标服务的，每一个部分又是这个整体目标的一种论据、一种支撑。

4）实战性

创业计划书的实战性是指创业计划书具有可操作性。写在计划书上的商业模式不仅是用以运作的，而且是必须运作进行实战的。这种实战性尽管没有设计出每一个运作细节，但项目运作的整体思路和战略设想应该是清晰的。实战的过程中尽管可能做出若干调整，但项目鲜明的商业特点和可操作性是不能也不会变化的。

5）增值性

创业计划书是一种与国际接轨的商业文件，有着十分鲜明的商业增值特点，主要体现在：创业计划书的创新性以及创收点、创业计划书鲜明的证据支持以及包括投资分析、创收分析、盈利与回报分析在内清晰的商业价值观。

3. 创业计划书的框架结构

一份详细的创业计划书的框架通常由 9 部分构成，下面提供了一份标准计划书的大纲，在实际撰写过程中，可以根据具体情况与撰写风格进行适当、灵活的调整，本书附录以国赛获奖作品的形式详细阐述了创业计划书的具体组成内容及编写方法。

创业计划书大纲

1. 执行摘要
2. 企业描述
    A. 企业的一般描述
    B. 企业理念
    C. 企业的发展阶段（针对已创办企业）
3. 产品与服务
    A. 产品/服务的一般描述
    B. 产品/服务的竞争优势
    C. 产品/服务的品牌和专利
    D. 产品/服务的研究和开发情况
    E. 开发新产品/服务的计划和成本分析
4. 市场分析与营销策略
    A. 市场调研分析
    B. 营销计划策略
5. 产品实现
    A. 产品生产制造方式
    B. 生产设备情况
    C. 质量控制
6. 管理团队
    A. 管理机构
    B. 关键管理人员
    C. 激励和约束条件
7. 财务计划
    A. 企业过去 3 年的财务情况（针对已创办企业）
    B. 未来 3 年的财务预测
    C. 融资计划

8. 关键风险、问题和假设
9. 附录

8.1.2 计划书规划

创业计划书一旦准备就绪，接下来的主要挑战就是如何将计划书介绍、推广、投送给相关者。在大部分情况下，口头介绍是推荐给潜在投资者最普遍也是最关键的一步。事实上，大学生创业者应该清晰地认识到：口头表达能力不仅对推介创业计划书与筹集资金至关重要，实际上，它还是创业者在注入新产品开发、买卖交易、巩固合作关系、招聘员工等一系列活动达成协议的基本工具。

创业计划书的推介主要包括前期准备、演示创业计划以及访谈3个基本环节。

1. 前期准备

口头表达与书面表达存在巨大的差异，其要点是快速地切入主题，恰当地解释创业项目，语言内容需要仔细斟酌，同时不乏风趣灵活，结构上需要体现较强的系统性与逻辑性，同时在表达过程中可以自由添加或改变某些点作为介绍的拓展，一份背下来的介绍是无法激发投资者激情与兴趣的。

创业者在做创业计划推介准备时，首先要训练自己言简意赅的表达能力，训练自己用一分钟来表达、阐述创业企业的性质与职能。正如《创业的艺术》作者盖伊·川崎说：如果一位企业家来找我，一开始就知道谈论他想如何筹集资金；如果一个非营利机构的负责人来找我开口就要赞助，那么我根本就没有耐心从头到尾听完他们的谈话，我希望他们能够利用头15分钟时间，向我简述他们的人生故事；如果你不这么做，你的听众不可避免地会产生这样的疑问：他的公司是做什么的呢？现实推介过程中，创业者往往会用自传式篇幅与方式，想当然地认为只要自己说这么一通开场白，听众自然会明白新创公司从事的行业与提供的产品或服务。大学生创业者可以利用定时器，训练自己在一分钟内阐述公司性质与目前状况，并请听众写出一句表达你公司性质与职能的话，把他们的答案收集起来，与自己说的内容进行比较，通过对比结果修正自我表达方式与内容。

在前期准备中，创业者还应积极了解与分析推介对象。大学生创业者往往认为出色发言的基础在于激起听众热情的能力。实际上，出色发言的基础源于推介前对推介对象所进行的调研。首先，创业者应了解究竟什么对推介对象来说比较重要。可以通过事先向"主办者"或"中介方"提出诸如：最想了解公司的三件重要事情是什么？什么促使对方对创业项目产生兴趣？可能会问什么特殊、尖刻的问题？会议参与人员年龄多大、背景与特长如何等。创业者还可以通过网络搜索、资料收集、业内打听等方式清晰地了解公司背景、管理者背景等方面信息；并通过换位思考、团队讨论的方式，群策群力、集思广益地梳理各种可能性，为推介工作做好前期调研工作。

创业者还应该依照"10/20/30"原则做好推介内容、长度和文字表现的准备工作。"10/20/30"原则指通过10张幻灯片、20分钟时间、30磅的文字字体来指导推介演讲。

演讲过程中，推荐使用较少的幻灯片，大约10张。表面上看起来少了一些，但是你挑选出来的10张幻灯片具有真正的实质内容。你可以再稍微增加几张，但一次演讲的幻灯片绝不能超过20张。你需要的幻灯片越少，你讲述的内容就越引人注目。创业者可以用标题、解决方案、商业模式、项目优势与独特性、市场营销、竞争、管理团队、财务计划及主要指标以及目标实现时间与资金的使用作为幻灯片的核心标题，进行内容的组织。

一般推介会时间多为一个小时，因此，创业者应该在 20 分钟内完成陈述与演讲。这样，一方面可以加强创业者对推介会的时间控制；另一方面，也可以让与会人员有更充足的时间进行交流与讨论。创业者应在推介前，通过内容提炼、积极准备与反复预演，训练自己在介绍活动中将陈述内容集中在 10 张幻灯片和 20 分钟时间以内。

幻灯片文字内容不能用较小的字体，因为，这一方面说明你将过多的细节内容写在了幻灯片上；另一方面，也将给风险投资商带来阅读上的麻烦，特别是一些上了年纪的投资商（由于行业的关系，这些人占很大的比例）。因此，创业者应该认识到使用幻灯片的目的是吸引听众，而不是为了让听众阅读更多的信息。创业者应该通过口头表达的方式对内容做进一步的阐释及补充。由于人们阅读的速度比讲话的速度快，所以大篇幅的内容与细节在创业者讲完之前已经被阅读完毕，自然无法激起风险投资商的倾听兴趣了。

在演示创业计划之前，创业者还应该完成会场布置与设备准备。创业者必须事前检查、确认相应设备如手提电脑、投影仪等是否到位，并检查它们的兼容性与使用可靠性。创业者备份演讲文稿并检查演讲文稿是否能在手提电脑、投影仪等设备中正常运行，同时还应准备打印机，以备万一设备出现问题，将需讲述的内容打印出来。这些工作需要创业者在演示前就准备就绪，并于演示当天提前检查。创业者必须认识到倘若会议一开始就陷入乱糟糟的地步，再想把它好好地恢复起来几乎是不可能的事情。

2. 演示创业计划

演示创业计划是创业者展示自己能力的大好机会，同时也是创业投资者考察创业者的关键阶段。尽管项目好坏才是创业投资者考虑的主要方面，但是大多数情况下，创业投资者不会将资本交给一个连自己创意都表达不清楚的人。

在做好包括推测对方可能提出的问题、如何应付展示期间可能出现的意外以及确定展示重点等信息调查与前期准备工作后，创业计划书就进入实质演示阶段。

演示开始后，可以通过诸如"我能够占用各位多长时间？""各位最需要我回答的 3 个问题是什么？""我可以先完成我的演示内容，然后再回答大家的问题吗？如果各位认为确实需要提出问题，也可以随时打断我"等开场白，表达对推介对象的尊重与双向交流的意愿，加上事先布置的讲台，可以营造良好的开端并带动投资者参与的积极性。另外，在演示过程中，应该保持条理清晰的风格，要有针对性，突出市场前景以吸引投资者的注意力。如果没有特殊要求，演示者不要过分强调技术因素或故意使技术环节复杂化。

此外，创业者还需要注意掌握以下几个细节：在演示前不要发放有关管理经营费用的材料，在演示中用热情洋溢的语言表达；积极与投资者实现互动，但不要与投资者发生争执；演示即将结束时，插入一些表格资料向与会者说明公司的财务状况；在演示休息时间，在投资者离场后，简短总结演示的效果以及需要改进之处；演示期间积极记录，演示后重新整理会议记录与讲演内容等。

创业演示过程中还应该注意的一个问题是不要喧宾夺主。大学生创业者心中往往抱有这样的念头：投资者、客户与合作伙伴想让更多的人参与进来，而众人的参与体现出了所谓的团队精神。在这种推理下，创业团队相信来自他们公司的四五个人应该参加推介会议，而且他们每个人在会议上都应当扮演一个角色，只有这样才能表明团队精神得到了贯彻。这种逻辑下的推介会往往会呈现"轮流坐庄""救驾不断"的局面。实际上，这是一种糟糕的举动，恰恰给推介对象一种创业团队缺乏凝聚力的印象。在演示会中，创业领袖（核心）或公司 CEO 应占全部讲话的 80% 以上，其他高层人员（不应该超过 2 位）可以在 20% 的会议时间讲述一两张幻灯片内容或回答提问，这些内容与问题都应该是他们各自专业领域的内容。如果创业领袖或 CEO 不能在会上利用大部分时间亲自发言，那么他就应当提前进行演练，直至自己能够轻松地在会议上唱主角。否则，公司就应该另换一个创业领袖或 CEO 了。

3. 访谈

访谈也是创业计划推介的重要环节。对于通过初步审查的创业项目，下一步就是与创业者直接交流。由于创业者的素质是决定创业能否成功的关键，所以必须要对创业者进行访谈，以达到以下 3 个目的：① 面对面地考察创业者的综合素质；② 根据审查创业计划的情况，核实创业项目的主要事项；③ 了解创业者愿意接受何种投资方式和退出途径、投资者能以何种程度参与企业决策与监控。

为了取得良好的访谈与计划推介效果，首先，创业者要制定谈判计划，包括明确谈判的最低目标、中间目标以及最高目标；拟定谈判的进程；选择合适的谈判时间和地点；确定参与谈判人员及分工。其次，做好谈判的心理准备，包括准备应对大量提问、应对投资者对管理的查验、准备放弃部分业务以及准备做出妥协。最后，掌握一定的谈判技巧，如展示自己实力时采取暗示的办法，为了增强谈判的吸引力要给对方心理上更多的满足感，谈判中多听、多问、少说等。创业者可以在日常生活中积累这些技巧，必要时也可以进行相关知识的培训。

任务 8.2　网络创业计划书编写

8.2.1　知识准备

1. 创业计划书编写要素

当选定了创业目标与确定创业的动机之后，并且在资金、人脉、市场等各方面条件都已准备妥当或已经累积了相当实力，这时候，就必须提出一份完整的创业计划书。创业计划书是整个创业过程的灵魂，主要详细记载了一切创业的内容，包括创业的种类、市场分析、营销规划、产品实现、融资与财务分析、风险评估、内部管理规划。具体如何系统地、规范地撰写创业计划书以及如何向潜在利益方推介已完成的创业计划书，这些都是创业者接下来必须面临的紧迫任务与重大挑战。

如何编写创业计划书？成功创业计划书的关键内容又是什么？回答这个问题，一定要站在潜在投资者的角度，采取换位思考的方式予以确定。应该说，投资者对项目最关心的问题集中在项目是否能够成功、能否保障自己资金的回报与安全两个方面。那些既不能给投资者以充分的信息也不能使投资者激动起来的创业计划书，其最终结果只能是被扔进垃圾箱里。

我国传统文化将成功归因于天时、地利、人和三大要素，而且"天时不如地利，地利不如人和"。同理，成功的创业计划也可以积极围绕产品、市场与竞争、团队三个关键要素展开,即是否具备产品优势的天时、是否具备市场环境与竞争优势的地利以及是否具备成功实现创业活动人力资源的人和。另外,出色的创业计划书还应该考虑撰写结构、文字组织等方面对潜在投资者的影响。

1)产品与服务

在创业计划书中,应提供所有与企业的产品或服务有关的细节,包括企业所实施的所有调查。这些问题包括:产品正处于什么样的发展阶段?它的独特性怎样?企业分销产品的方法是什么?谁会使用企业的产品,为什么?产品的生产成本是多,售价是多少?企业发展新的现代化产品的计划是什么?等等。制定创业计划书的目的不仅是要让出资者相信企业的产品会在世界上产生革命性的影响,同时也要使他们相信企业有证明它的论据。创业计划书应通过言简意赅的语言对产品进行阐述,要让出资者有相逢恨晚的感觉与冲动。

2)市场与竞争

创业计划书要给投资者提供企业对目标市场的深入分析和理解。要细致分析经济、地理、职业以及心理等因素对消费者选择购买本企业产品这一行为的影响,以及各个因素所起的作用。创业计划书中还应包括一个主要的营销计划,计划中应列出本企业打算开展广告、促销以及公共关系活动的地区,明确每一项行动的预算和收益。

在市场营销环节中,创业者将不可避免面临竞争对手的挑战。因此,在创业计划书中,创业者应细致分析、阐述竞争对手的情况。竞争对手都是谁?他们的产品是如何工作的?竞争对手的产品与本企业的产品相比,有哪些相同点和不同点,竞争优势在哪里?竞争对手所采用的营销策略是什么?等等。创业计划书要使它的读者相信,本企业不仅是行业中的有力竞争者,而且将来还会是确定行业标准的领先者。在创业计划书中,企业家还必须给本企业带来的风险以及本企业所采取的对策。

3)管理团队

把一个思想转化为一个成功的风险企业,其关键的因素就是要有一支强有力的管理队伍。这支队伍的成员必须有较高的专业技术知识、管理才能和多年工作经验。在创业计划书中,应首先描述一下整个管理队伍及其职责,然后再分别介绍每位管理人员的特殊才能、特点和造诣,细致描述每个管理者将对公司所做的贡献。创业计划书中还应明确管理目标以及组织结构。对于大学生创业团队而言,人力资源往往是创业要素中的短板,因此,大学生创业团队一方面应积极展示学生创业团队的创业热情、专业背景以及团队成员的互补与实践经验;另一方面,也应积极开拓人力资源途、资源途径,吸引优秀人才的加盟。

2. 创业计划书的格式规范

在撰写创业计划书过程中,一方面要积极关注创业计划书的核心要素;另一方面,由于创业计划书面对的读者往往是具有专业背景的投资专家,因此,创业者也需关注创业计划书的书写格式与规范。

1)要简洁明了

商业计划应当简洁明了。人们在阅读一份自己特别感兴趣的商业计划书时,应能立即找出问题及其解决办法,因此对于那些可能会引起读者兴趣的主题都应该全面而简洁地予以阐述。一般来说,商业计划书最佳长度为 25~35 页。

2）写作风格要掌握适中

好的商业计划书既不要太平淡无奇，勾不起读者的胃口，又不要太花里胡哨，过于煽动性。计划书要有冲击力，能够抓住投资者的心，但这不等于煽情。一定要记住，创业计划书既不是动员报告，也不是文艺作品，它是一篇实实在在的说明书。

3）尽量客观

商业计划书应当客观，应当用事实说话。凡是涉及数字的地方一定要定量表示，提供必要的定量分析。一切数字要尽量客观、实际，切勿凭主观意愿的估计。有些人在讲述他们的创意时往往会得意忘形。的确，有些事情需要以一种充满激情的方式讲述，但你应该尽量使自己的语气比较客观，使投资者有机会仔细地权衡你的论据是否有说服力。在创业计划书中，创业者应尽量陈列出客观、可供参考的数据与文献资料。像广告一样的商业计划书并不能起到很好的吸引投资者的作用，反而会引起别人的逆反心理乃至引起投资者的怀疑、猜测，而使他们无法接受。

4）让外行也能看懂

商业计划书应当做到让外行也能看懂。一些风险企业家认为他们可以用大量的技术细节、精细的设计方案、完整的分析报告打动读者，但这样做的效果并不好。因为往往只有少数的技术专家参与商业计划的评估，许多读者都是全然不懂技术的门外汉，他们更欣赏一种简单的解说，也许用一个草图或图片做进一步的说明效果会更好。如果非要加入一些技术细节，可以把它放到附录里面去。

5）保持写作风格一致

商业计划书的写作风格应一致。一份商业计划书通常由几个人一起完成，但最后的版本应由一个人统一完成，以避免写作风格和分析深度不一致。商业计划书是企业的敲门砖，不仅要以一种风格完成，而且应该看起来很统一、很专业。例如，标题的大小和类型都应该与相应的内容和结构相协调，另外也要注意可以恰当地使用图片，并且图文并茂。

3. 网络创业计划书的编写步骤

成功创业计划书的撰写不是一蹴而就的事情，创业者需做好大量的前期准备工作，并在写作过程中遵循一定的写作步骤与写作原则。

1）前期准备阶段

第一，成功的创业计划应有周详的前期准备与启动计划。由于创业计划书涉及的内容较多，编制之前必须充分准备关于创业企业所在行业的发展趋势、同类企业组织结构状况、行业内同类企业报表等方面的资料；第二，确定计划的目的和宗旨；第三，组成专门的工作小组，制定创业计划的编写计划，确定创业计划的种类与总体框架，制定创业计划编写的日程安排与人员分工。

2）创业计划初步草拟阶段

前期准备完成后，接下来是创业计划初步草拟阶段。主要是全面编写创业计划的各部分，包括对创业项目、创业企业、市场竞争、营销计划、组织与管理、技术与工艺、财务计划、融资方案以及创业风险等内容进行分析，初步形成较为完整的创业计划方案。

3）完善阶段

在完成创业计划书的草拟后，创业者应广泛征询各方面的意见，进一步补充、修改和完善草拟的创业计划。编制创业计划的目的之一是向合作伙伴、创业投资者等各方人士展示有关创业项目的良好机遇和前景，为创业融资、宣传提供依据。所以，在这一阶段要检查创业计划是否完整、务实、可操作，是否突出了创业项目的独特优势及竞争力，包括创业项目的市场容量和盈利能力，创业项目在技术、管理、生产、研究开发和营销等方面的独特性，创业者及其管理团队成功实施创业项目的能力和信心等，力求引起投资者的兴趣，并使之领会创业计划的内容，支持创业项目。

4）定稿阶段

创业计划书撰写的最后阶段为定稿阶段，创业者在这一阶段定稿并印制成创业计划书的正式文本。

由于创业计划书的专业性因素影响，撰写优秀的创业计划书对于相当部分的大学生创业团队而言存在一定的难度。因此，大学生创业团队经常会考虑聘用外部专业人士来准备商业计划书，以便可以专心从事融资和企业创建工作。但聘请外部专业人士并不是好主意，大学生创业者或创业团队应该亲自书写整个计划。一方面，在制定并撰写商业计划书的过程中，可以检验不同的战略和战术所产生的后果以及创建企业对人员和财务的要求，否则意外一旦发生，就悔之晚矣。另一方面，商业计划一个很重要的结果是使创业团队处于同一个发展阶段，统一创业思路与行动纲领。由于创业计划书涉及的内容很多，大学生创业者应积极按照创业计划书撰写的基本步骤，做好计划工作，使写作过程有条不紊地进行，团队内部成员各负其责，最后由组长统一协调定稿，以免零散、不连贯、文风相异。

5）自我评估阶段

创业者精心构思的创业计划书，很可能将面临投资专家的所谓"5分钟阅读法"，第一步，投资专家通过阅读计划摘要判断企业性质和行业；第二步，通过对负债额、投资需求、资产净值等信息的阅读判断计划的资本结构；第三步，通过阅读资产负债表判断创业企业的资本流动性、净值以及负债与权益比例；第四步，通过对创业团队成员背景资料的阅读判断创业团队的才能，这往往是最重要的部分；第五步，确定创业企业的独特特色，找出项目与众不同之处；第六步，从头到尾快速阅读一遍，翻阅整个计划的图、表、例证以及计划的其他部分。

"知己知彼，百战不殆"，在了解投资者的评价、行为模式的基础上，大学生创业者应采取积极的应对措施。因此，在创业计划书写完之后，创业者应对计划书自我评估、检查一遍，评估计划书是否能准确回答投资者的疑问，争取投资者对创业项目的信心。对计划书的评估、检查从以下几个方面展开：

（1）创业计划书是否显示出你具有管理公司的经验。如果你缺乏能力去管理公司，那么要明确地说明，你已经雇佣一位合适的经营人才来管理企业。

（2）创业计划书是否显示了你有能力偿还借款。要保证给预期的投资者提供一份完整的回报率分析。

（3）创业计划书是否显示出你已进行过完整的市场分析。要让投资者坚信你在计划书中阐明的产品需求量是确实的。

（4）创业计划书是否容易被投资者所领会。创业计划书应该备有索引和目录，以便投资者可以较容易地查阅各个章节。此外，还应保证目录中的信息是有逻辑的和现实的。

（5）创业计划书中是否有计划摘要并放在了最前面。计划摘要相当于创业计划书的封面，投资者首先会看它。为了保持投资者的兴趣，计划摘要应写得引人入胜。

（6）创业计划书是否在文法上全部正确。如果你不能保证，那么最好请人帮你检查一下。计划书的拼写错误和排印错误很快就能使企业的机会丧失。

（7）创业计划书能否打消投资者对产品/服务的疑虑。如果需要，你可以准备一件产品或模型。创业计划书中的各个方面都会对筹资的成功与否有重大影响。因此，如果你对你的创业计划书缺乏成功的信心，最好去查阅一下计划书编写指南或向专门的顾问请教。

8.2.2 计划书编写

由于每一份商业计划需要强调和突出的重点有所不同，因此商业计划书并没有硬性规定的格式。人们经过不断的实践总结，在商业计划的制定过程中也逐步形成了约定俗成的基本格式。一般来说，一份完整而周密的创业计划书的编写大致包括以下几个主要的部分：

1. 撰写计划摘要

计划摘要列在创业计划书的最前面，它浓缩了创业计划书的精华。计划摘要涵盖计划的要点，以求一目了然，以便读者能在最短的时间内评审计划并做出判断。

计划摘要一般要包括以下内容：公司介绍；主要产品和业务范围；市场概貌；营销策略；销售计划；生产计划；管理者及其组织；财务计划；资金需求状况等。

在介绍企业时，首先要说明创办新企业的思路、新思想的形成过程以及企业的目标和发展战略。其次，要交代企业现状、过去的背景和企业的经营范围。在这一部分中，要对企业以往的情况做客观的评述，不回避失误。中肯的分析往往更能赢得信任，从而使人容易认同企业的创业计划书。最后，还要介绍一下自主创业者自己的背景、经历、经验和特长等。企业家的素质对企业的成绩往往起关键性的作用。在这里，企业家应尽量突出自己的优点并表现自己强烈的进取精神，以给投资者留下一个好印象。

在计划摘要中，企业还必须回答下列问题：企业所处的行业，企业经营的性质和范围；企业主要产品的内容；企业的市场在哪里，谁是企业的顾客，他们有哪些需求；企业的合伙人、投资人是谁，企业的竞争对手是谁，竞争对手对企业的发展有何影响。

摘要要尽量简明、生动，特别要详细说明自身企业的独特之处以及企业获取成功的市场因素。如果企业家了解他所做的事情，摘要仅需 2 页纸就足够了。如果企业家不了解自己正在做什么，摘要就可能要写 20 页纸以上。

2. 描述企业

企业描述是创业企业或创业者拟创企业总体情况的介绍，其主要内容包括企业定位、企业战略及企业的制胜因素等。

企业定位是指创业企业的行业选择、业务范围以及经营思路的确定，是创业企业的现实状况的必要说明，也是计划书其他部分的基础。

企业战略是公司生产、销售策略的总体概括。创业者应该对如何成功地经营创业企业并使之与众不同有一个指导性的原则。

3. 介绍产品与服务

在进行投资项目评估时，投资人最关心的问题之一就是风险企业的产品、技术或服务，能否以及在多大程度上解决现实生活中的问题，或者风险企业的产品（服务）能否帮助顾客节约开支，增加收入。因此，产品介绍是创业计划书中必不可少的一项内容。通常，产品介绍应包括以下内容：产品的概念、性能及特性；主要产品介绍；产品的市场竞争力；产品的研究和开发过程；发展新产品的计划和成本分析；产品的市场前景预测；产品的品牌和专利。

在产品（服务）介绍部分，企业家要对产品（服务）做出详细的说明，说明既要准确，也要通俗易懂，使非专业的投资者也能明白。产品介绍要附上产品原型、照片或其他介绍。产品介绍必须回答以下问题：顾客希望企业的产品能解决什么问题，顾客能从企业的产品中获得什么好处？企业的产品与竞争对手的产品相比有哪些优缺点？顾客为什么会选择本企业的产品？企业为自己的产品采取了何种保护措施？企业拥有哪些专利、许可证，或与已申请专利的厂家达成了哪些协议？为什么企业的产品定价可以使企业产生足够的利润？为什么用户会大批量地购买本企业的产品？企业采用何种方式去改进产品的质量、性能，企业对发展新产品有哪些计划，等等。

产品（服务）介绍的内容比较具体，因而写起来相对容易。撰写过程中应注意以下几个问题：① 写作应站在客户的角度来评价产品和服务；② 集中于最重要的产品，突出重点，避免本末倒置；③ 避免过多的技术细节，投资者往往不是技术方面的专家，因此，计划书没有必要进行详细的技术论证，如果必须加入相关技术论证，也要采取通俗易懂的术语，避免过于专业隐晦；④ 还应避免过度的夸大与承诺。企业家和投资家所建立的是一种长期合作的伙伴关系。如果企业不能兑现承诺，不能偿还债务，企业的信誉必然要受到极大的损害，给创业活动造成严重影响。

4. 分析市场情况

当企业要开发一种新产品或向新的市场扩展时，首先就要进行行业与市场分析。如果分析与预测的结果并不乐观，或者分析与预测的可信度让人怀疑，那么投资者就要承担更大的风险，这对多数风险投资家来说都是不可接受的。

市场分析首先要对需求进行预测。市场是否存在对这种产品的需求？需求程度是否可以给企业带来所期望的利益？新的市场规模有多大？需求发展的未来趋向及其状态如何？影响需求的都有哪些因素？另外，市场预测还要对市场竞争的情况及企业所面对的竞争格局进行分析。市场中主要的竞争者有哪些？是否存在有利于本企业产品的市场空间？本企业预计的市场占有率是多少？本企业进入市场会引起竞争者怎样的反应，这些反应对企业会有什么影响，等等。

在创业计划书中，市场预测应包括以下内容：市场现状综述、竞争厂商概览、目标顾客和目标市场、本企业产品的市场地位、市场特征等。创业企业对市场的预测应建立在严密、科学的市场调查基础上。创业企业所面对的市场，本来就有更加变幻不定、难以捉摸的特点。因此，风险企业应尽量扩大收集信息的范围，重视对环境的预测和采用科学的预测手段。大学生创业者应牢记，市场预测不是凭空想象出来，对市场错误的认识是企业经营失败的最主要原因之一。

5. 陈述公司组织

有了产品、市场预测之后，创业者要做的就是结成一支有战斗力的管理队伍。管理的好坏，直接决定了企业经营风险的大小。而高素质的管理人员和良好的组织结构则是管理好企业的重要保证。

因此，风险投资家会特别注重对管理队伍的评估。企业的管理人员在专业、经验，乃至性格上都应该是互补型的，而且要具有团队精神。一个企业必须要具备负责产品设计与开发、市场营销、生产作业管理、企业理财等方面的专门人才。在创业计划书中，必须要对主要管理人员加以阐明，介绍他们所具有的能力，他们在本企业中的职务和责任，他们过去的详细经历及背景。此外，在这部分创业计划书中，还应对公司结构做一简要介绍，包括：公司的组织结构；各部门的功能与责任；各部门的负责人及主要成员；公司的报酬体系；公司股东名单，包括认股权、比例；公司的董事会成员；各位董事的背景资料。

6. 确定市场营销策略

市场营销是企业经营中最富挑战性的环节，影响营销策略的主要因素有消费者的特点、产品的特性、企业自身的状况、市场环境方面的因素。最终影响营销策略的则是营销成本和营销效益因素。

在创业计划书中，营销策略应包括以下内容：市场机构和营销渠道的选择、营销队伍和管理、促销计划和广告策略、价格决策。

对于新创业企业来说，由于产品和企业的知名度低，很难进入其他企业已经稳定的销售渠道。因此，企业不得不暂时采取高成本低效益的营销战略，如上门推销、商品广告、向批发商和零售商让利，或交给任何愿意经销的企业销售。对发展企业来说，这样一方面可以利用原来的销售渠道，另一方面也可以开发新的销售渠道以适应企业的发展。

7. 制定生产计划

创业计划书中的生产制造计划应包括以下内容：产品制造和技术设备现状；新产品投产计划；技术提升和设备更新的要求；质量控制和质量改进计划。

在寻求资金的过程中，为了增大企业在投资前的评估价值，自主创业者应尽量使生产制造计划更加详细、可靠。一般地，生产制造计划应回答以下问题：企业生产制造所需的厂房、设备情况如何；怎样保证新产品在进入规模生产时的稳定性和可靠性；设备的引进利用安装情况，谁是供应商；生产线的设计与产品组装是怎样的；供货者的前置期和资源的需求量；生产周期标准的制定以及生产作业计划的编制；物料需求计划及其保证措施；质量控制的方法是怎样的以及相关的其他问题。

8. 编制财务计划

财务计划需要花费较多的精力来做具体分析，包括现金流量表、资产负债表以及损益表的制备。流动资金是企业的生命线，因此企业在初创或扩张时，对流动资金需要有预先周详的计划和进行过程中的严格控制；损益表反映的是企业的盈利状况，它是企业在一段时间运作后的经营结果；资产负债表则反映在某一时刻的企业状况，投资者可以用资产负债表中的数据得到的比率指标来衡量企业的经营状况以及可能的投资回报率。

财务计划一般要包括以下内容：创业计划书的条件假设；预计的资产负债表；预计的损益表；现金收支分析；资金的来源和使用。可以这样说，一份创业计划书概括地提出了在投资过程中自主创业者需做的事情，而财务规划则是对创业计划书的支持和说明。因此，一个好的财务规划对评估风险企业所需的资金数量，提高创业企业取得资金的可能性是十分关键的。如果财务规划准备得不好，会给投资者以企业管理人员缺乏经验的印象，降低风险企业的评估价值，同时也会增加企业的经营风险，那么如何制定好财务规划呢？这首先要取决于风险企业的远景规划，是为一个新市场创造一个新产品，还是进入一个财务信息较多的已有市场。

着眼于一项新技术或创新产品的创业企业不可能参考现有市场的数据、价格和营销方式。因此，它要自己预测所进入市场的成长速度和可能获得的纯利，并把它的设想、管理队伍和财务模型推销给投资者。而准备进入一个已有市场的风险企业则可以很容易地说明整个市场的规模和改进方式。风险企业可以在获得目标市场的信息的基础上，对企业头一年的销售规模进行规划。

企业的财务计划应保证和创业计划书的假设相一致。事实上，财务规划和企业的生产计划、人力资源计划、营销计划等都是密不可分的。要完成财务规划，必须要明确下列问题：

（1）产品在每一个期间的发出量有多大？
（2）什么时候开始产品线扩张？
（3）每件产品的生产费用是多少？
（4）每件产品的定价是多少？
（5）使用什么分销渠道，所预期的成本和利润是多少？
（6）需要雇用哪几种类型的人？
（7）雇用何时开始，工资预算是多少？

9. 分析关键风险、问题和假设

创业计划总会包括相关的一些隐含的假设，因此，创业计划必须描述一些有关所在行业、公司、人员、销售预测、客户订单、创立企业的时机和融资的风险及其负面结果的影响。

识别并讨论创业项目中的风险，可以证明创业者作为一名经理人的技能，并能增加创业者和创业项目在风险投资者或私人投资者心目中的可信度。主动分析与讨论风险也有助于创业者对创业项目完成风险评估与对策研究，"未雨绸缪"方能降低创业风险。

创业者应首先客观地讨论创业计划中的假设和隐含风险，如市场假设、竞争假设、销售假设、研发风险以及生产能力风险等；在风险与假设评估的基础上，创业者还应指出哪些假设或风险对企业成功与否最关键，并描述将采取哪些针对措施将不利于企业成长的各种影响降到最小。

案例分析

小谢的创业故事

在宁波高教园区内的某个咖啡吧里，小谢正用复杂的心情与朋友们谈论着他的宏图大计。小谢来自浙江温州，家乡是我国某种著名保健药材A的最重要的种植、生产与销售中心。从小到大，小谢耳濡目染的都是A药材方方面面的信息，而一闲下来也在父亲与叔叔开办的药材加工厂帮帮忙。

进入大学后，小谢对经营A药材的兴趣也越来越大，大二下学期暑期实践，小谢在老师的指导下，拉扯了一帮同学在全省走南闯北地搞了一次对A药材市场的调研与分析，调研最终报告获得了学院的大学生科研成果优胜奖。通过调研与分析，小谢认为从全省乃至全国角度而言，A药材的需求量非常大，市场前景非常好；但另一方面，A药材市场与产业链显得比较混乱与无序，鱼目混珠、以次充好的现象层出不穷，市场与行业存在重大的整合空间与规范要求，这将给A药材行业的部分优质企业带来巨大的发展机遇。

建立在调研分析资料的基础上，小谢与父亲、叔叔进行了大量的沟通。应该说，父亲与叔叔对小谢的结论与思路相当认可，对家里的"首位大学生"表现出相当的欣慰与期望。接下来，小谢面临如何实践思路与想法的问题。家里的企业虽然具有一定经济基础与本地影力，但要做到整合市场、规范行业谈何容易！产品品牌本身并不具备鲜明的差异性与竞争优势，终端市场、渠道的开拓与培育还处于起步阶段，现有经营团队虽然具有深厚的从业经验，但也存在文化水平低、家族性质强、互补性不足等重大的缺陷。如何进行产品的深度研发？如何构建差异化？如何培育市场？如何开拓渠道？如何整合供应商？如何培育品牌？需要什么样的人才？如何吸引人才？当然，还有一个最重要的问题，就是如何说服外界资金方能够投资合作。没有外来资金的介入，可以说什么都是空中楼阁。

小谢一方面仍在积极地与人探讨推广自己的项目；另一方面，他感觉要做的事太多了、太复杂了，自己越来越失去方向与激情了。他决定要根据基本的商业经营逻辑，系统地、全面地审视与规划自己的创业项目……

思考：结合小谢的创业项目，你认为他的创业计划书应该如何撰写？

课程思政案例导读

商帮背后的企业家精神

在七百多年云谲波诡的时代变局和血流漂杵的惨烈竞争中，各路商帮历尽坎坷，无数沉浮，即便倾家荡产，颠沛流离，却从未退出舞台。这绝非历史机遇或地缘优势可解释得通，维系商帮野蛮生长的背后力量是企业家精神。

开放、开拓、诚信、创业、团结合作为核心的宁波帮精神是宁波帮经久不衰、生生不息的根本原因所在，也是当代宁波精神的源头活水，值得今日宁波人加以继承与弘扬。

宁波帮是中国极具有诚信的商帮之一。宁波地处东海之滨，居全国大陆海岸线中段，长三角南翼，扼南北水路之要冲，又有天然良港，自古就是重要的商贸口岸，也是东方"海上丝绸之路"的始发港之一。宁波人凭借得天独厚的地理位置，从事航运与贸易，形成了"以商为业，以商为荣"的社会风尚，宁波商人的足迹遍布天下，以"无宁不成市"闻名遐迩。宁波商帮文化，也可称宁波工商文化，是以近代"宁波帮"开始到现代"宁波帮"工商企业所形成的企业文化。

"宁波帮"原指明清以来旅外从事工商业的宁波商人群体，现泛指在经济社会与科学、教育、文化等领域奋发有为的旅外宁波籍人士。"宁波帮"形成于明清时期，鼎盛于20世纪之初，与粤商、晋商、徽商并称为中国四大商帮。

由于地域和文化的关系，当其他商帮逐渐衰落之际，"宁波帮"却一天比一天兴隆，在众多的商帮中脱颖而出，成为中国近代最大、最有代表性的商帮。这离不开"宁波帮"精神：大气开放、诚信为本、艰苦创业、报效桑梓。一方水土育一方人，宁波地处商品经济较为发达的东南沿海，宁波人世世代代面对大海的挑战，艰险的环境养成了他们开阔的视野，他们善于不断吸纳、应用外来先进科学文化技术来发展壮大自己。在"宁波帮"的创业经历中，始终都贯穿着宁波商人强烈的开放意识和开拓精神。他们的根在宁波，创业在上海、天津、武汉以及香港、台湾等地。武汉是近代宁波商人主要的活动区。

供奉关公像、拜关公是晋商的显著特点，并非因为关公是财神，求财心切，而是想通过仪式和习俗将关公的诚实守信世代传承，在晋商看来，诚信比生命更重要。1823年，晋商开创"票号业"，逐渐掌控大江南北的金融汇兑系统，然而在1900年八国联军入侵北京时，不少王公贵胄怀揣票号存折直奔山西总号兑换银两，可不少票号也在战火中被毁，储户信息无从查对，但是以"日升昌"为首的晋商一律无条件承兑。晋商的诚信和胆识迅速在京城家喻户晓，战乱结束后，山西票号重新开张，百姓大胆储蓄，朝廷寄存官银，生意热火朝天。晋商普遍采用所有权与经营权分离的管理制度，东家彻底放权，日常管理都由大掌柜全权负责，东家没有约束与监督措施，即便贪污纳贿或携款潜逃都无从惩戒。然而，几百年间晋商从无意外发生，这与晋商的人才选拔和培养体系分不开：非山西人不用，亲朋故旧不准担负管理职责；学徒入号需有名望者担保，试用期三年，终生不得跳槽；在条件艰苦的偏远商号，学徒三五年甚至八九年才可出师。无论从时间成本还是信誉名声角度，违规代价都远大于收益，晋商忠诚敬业品质逐渐养成。

在价值取向和精神品质上，徽商与晋商在许多方面不谋而合，比如开拓进取、勤劳俭朴、和舟共济，但又有自身特点，比如"道义"，徽商讲究"见利思义""以义取利"。胡雪岩的阜康钱庄刚开业不久，绿营军军官罗尚德存入一万两银子，他声明既不用存折也不要利息，因为要奔赴沙场，生死未卜。但胡雪岩坚持立存折，并约定以三年定期付本利一万五千两银子。后来，罗尚德不幸殉国，生前他曾托两位同乡取款，却无任何凭证，胡雪岩并未刁难耍赖，全额付款。徽商重义守信，丝毫不比晋商逊色。

徽商重义与其"商而兼士，贾而好儒"的特征渊源颇深。"富而教不可缓"是徽商的信条，即便富甲一方，地位显赫，商贾仍重视教育，鼓励后代借科举入仕途，以求官商一体。据康熙《徽州府志》记载，徽州有书院54所，社学562所，重学风气可见一斑。徽商能否以教育影响官场实现权贵与资本的结合不得而知，但儒家思想深入人心是不争的事实，这也是徽商乐善好施、爱国救民的根源所在，明中期募勇抗倭的感人故事，令人肃然起敬。

在开拓进取方面，粤商与前两者相比有过之而无不及，岭南直至明朝仍被视为"蛮烟瘴疠之地，官宦谪逐之所"，无论是原住民还是迁徙者都有披荆斩棘的开拓精神。从汉朝始，起于广州的"海上丝绸之路"就已贯通东南亚各地及印度洋彼岸。在广东人中流行两类传说，一是洋人盗宝，二是将外国人尊为神、封为侯，这些故事既体现广东人的包容开放，也成为粤商下南洋、闯世界的动力，远渡重洋，与全世界做生意。在开拓创新方面，18世纪中期，东印度公司在贸易中实行汇票制度，同文行的潘启耳闻目睹这种新型财务结算制度的优越性，就大胆引入公司经营管理中。1772年，他在一笔巨额生丝贸易中接受伦敦汇票，在当时引起轰动。

粤商另一大特点是"低调务实，只干不说"。将实用主义摆在第一位，不仅让粤商摆脱"耻言利"的鄙陋之见，而且培养出实干精神，形成"先行动后思考、不浮华求实用、重感觉轻理论"的经商风格。新粤商"看见红灯绕着走，见到绿灯赶快走，没有灯摸着走"的"红绿灯理论"仍为人称道，"闷声发大财"的气质丝毫未变。

当然，无论宁波商帮、晋商、徽商、粤商、还是其他任何商帮，在价值观、信仰等"道"的层面与规则、制度等"术"的领域都有许多交叉共通之处，这些被时代洪流洗刷，经商场炮火洗礼而留存下来的精神瑰宝，历经传承弘扬，成为当世"企业家精神"的核心内容，这既是商帮长盛不衰的密码，也是这个国家经济繁荣的动力源泉。

思考： 你认为企业家精神对企业发展的重要性体现在哪些方面？

课后练习

附 录

"特食城"(Taste)特色食品销售联盟创业计划书

注:该作品系 2010 年第二届全国大学生创新、创意及创业挑战赛特等奖作品,本书主编蔡简建为项目指导教师,陈珊为团队负责人。

前 言

您吃过鸡蛋那么大的枣子吗?您"喝"过稠得搅不烂的酸奶吗?您听说过天然凝固、不添加任何化学剂的"果冻"吗?您或许会问,世上有这么奇特的食品吗?不必惊奇,其实这些都是来自我国各地的特色食品。新疆的和田玉枣就有鸡蛋那么大,西宁当地回族人民自制的酸奶稠得搅不烂,云南丽江的奇特小吃冰粉凉宵是由云贵川一带的冰籽树籽天然凝固而成的,没有添加任何化学成分。

那么,什么是特色食品?经过走访专家学者,我们为特色食品下了一个明确的定义,含义有三:① 由特殊的自然环境造就的具有特殊品质的物产(例如奉化水蜜桃、西湖龙井);② 由特殊材料、工艺制作而成的"特"色产品(例如宁波"三臭"、雪里蕻等);③ 具有独创性的"特"色食品。简言之,特色食品就是体现地方特色的食品,即我们俗称的特产。每个地方都有属于自己的特色食品,例如宁波的汤圆、青岛的啤酒、新疆的哈密瓜、北京的烤鸭等,每一件特色食品都体现了当地的地方特色,是当地文化、民俗的象征。

中国地域广阔,物产丰富。俗语曰"民以食为天",中国数千年积累形成了丰富多彩的饮食文化,表现之一就是全国各地特色食品品种繁多、口味各异、营养药用价值不一等。随着生活水平的不断提高,人们对食品的质量要求也在不断提高,因此,对特色食品的需求也在不断提升。现在,人们对食品已不再是简单地停留在色香味等的基本要求,而是更多地体现在对文化元素的需求。人们想要的满足已不再是吃饱,而是吃好,吃出特色来。特色食品由于其特殊的属性,除了满足生存需求外,某些特色食品由于其特殊自然环境造就的特殊功效和成分,还能够满足特定人群的营养需求、尝新猎奇心理、旅游纪念、送礼应酬等需求,越来越成为休闲食用、佳节送礼良品,在食品和礼品市场上的份额不断上升。

同时,各地先后出台的地方特色食品卫生管理办法(例如《宁波市地方特色食品卫生管理办法》)和地方特色食品开发政策(例如《山西省特色食品行业调整振兴实施方案》)也为特色食品行业的快速发展保驾护航。因此，我们有理由相信，未来几年的特色食品市场将会一片大好。

由此，我公司抓住了这个契机，着眼于现代社会"人们对优质特色食品需求大增"而"特色食品销售停滞"的矛盾现象日益凸显这一问题，以网络购物普及和网络技术日渐成熟为前提，通过市场分析、营销机会分析和营销战略与实施计划剖析等，设计并使用了特色食品销售网站（谐音"礼上网去"）和特色食品联盟网站（www.taste×××.com，谐音"特食就要吃"），并通过实际创业（首次创业和二次创业）不断加以完善，力争成为国内最专业的特色食品门户网站，为促进我国特色食品行业的健康发展贡献自己的力量。

第一章　创业计划构想

1.1　创业背景

由于特色食品在各种市场上具有相当可观的市场前景，因此各种销售特色食品的实体店和网店的数目也犹如雨后春笋般与日俱增。但由于地形、地域的阻隔，大部分特色食品的生产、销售只能局限在很小的辐射半径内；由于宣传手段的落后，宣传效果欠佳，特色食品的知名度有限，打不开大市场，由此引起了特色食品生产、销售业萎缩，从而大大浪费了我国的特色食品资源，削弱了通过特色食品拉动地区经济发展的作用。虽然互联网的高速发展为中国特色食品销售开辟了新的道路，但目前电子商务中专营特色食品的网站少之又少，并且规模都很小，发展缓慢。而淘宝网、8848和当当网三大门户网站的商城由于经营范围过广，产品种类过于繁多，不便于人们搜索，难以促进特色食品销售行业的发展。以上种种原因，阻滞了我国特色食品行业的发展。

但随着生活水平的不断提高以及人们对生活品质的不断追求，食品尤其是特色食品的消费量也呈现出大幅提升，由此出现了"销售者有特色食品但卖不出，消费者需要特色食品却买不到"的怪现象。如何消除特色食品销售与顾客特定需求之间的鸿沟？网上特色食品销售联盟无疑是最好的选择！因此，我公司通过市场分析，做出了前期建立特色食品销售网站和后期建立特色食品联盟网站的决定，力争成为沟通商家和消费者的重要桥梁，最终实现"商家只要点击鼠标就能盈利，顾客无须出门便可吃遍天下特产"的理想供求状态。

1.2　创业构想概述

本创业构想的核心为有效运用电子商务手段打破因特色食品天然地域性产生的销售壁垒，构建特色食品信息集散平台，并利用信息资源整合优势建立特色食品销售联盟，具体将按以下"两步战略"实施。

第一步：创业期（公司成立2年内）

核心：开设实体店，运营特色食品销售网站

在创业期，我们选择本市及周边数个城市开设了多家实体店。实体店的经营，一是减轻了一期创业网站的仓储压力，二是为销售网站的前期筹备和宣传工作提供了资金积累，并且为消费者对销售网站上销售的特色食品的质量和安全提供了有力的保障。例如，附近的消费者在首次购买时，由于对特色食品的特性和价格缺乏了解，担心上当受骗，就可以去其他各类特色食品代理店进行比对；另外，如果消费者有网上购买的需求，但是对网上销售的产品质量和价格不放心，就可以去公司的实体店进行比对；此外，网购的货物如有任何问题，消费者不仅可以在网上提出退货要求，也可去实体店内退换、退款等。经过大半年的实际操作，实体店的成功经营确实为我们初次进入特色食品行业、开拓特色食品销售市场提供了一个较好的保障体系。

同时，我们已创建了一个专注于"多元化网上销售"的专业特色食品销售网站，该网站已投入使用半年有余。网站现已云集了来自全国各地的特色食品，定位于特色食品和高端食品礼盒系列，并以礼盒系列作为我们的主打产品，为消费者和企事业单位提供分类完善的特色食品销售模块和特色食品礼盒DIY服务。其中，礼盒模块主要是面向不同客户群体，为其定制特色食品组合、差旅特色食品礼盒等。同时，为方便消费者搜索，网站针对不同人群的消费特点以及各类特色食品的共性和特性，整合了六大产品模块，消费者可按需选择，大大节约了其搜索时间。

（1）"特色食品"模块：该模块主要是为了满足消费者尝新猎奇的心理而制定的，其中的产品主要是那些消费者不曾听过、吃过的产品，具有强烈的新奇性和稀缺性（例如鸡蛋那么大的新疆和田玉枣）。

（2）"保健滋补"模块：该模块主要是为了满足中老年人进补、食疗的需求而制定的，其中的产品具有良好的保健滋补的功效（例如鹿茸、海参等）。

（3）"美容养生"模块：该模块主要是为了满足女性消费群体美容、养颜、保健的需求而建立的，其中的产品广受女性的青睐（例如蜂蜜、木瓜等）。

（4）"休闲食品"模块：该模块主要是为了满足办公一族、家庭对"零嘴"的需求而建立的，其中的产品包装简易、量大、实惠（主要是经济实惠装）。

（5）"地方特产"模块：该模块主要是为了克服特色食品的地域性缺陷而制定的。由于受地域限制，很多消费者不能或不易买到省外的特色食品，而该模块则为消费者带来了全国各地的特色食品，是对各地特色食品的汇总。

（6）"礼品DIY"模块：该模块主要是为了满足消费者的送礼需求而制定的。其中的礼盒，消费者可以选择已经设计好的礼盒套餐，也可以选择礼盒DIY套餐。不同节日的礼品组合（如端午节、重阳节礼盒等）和高端礼品DIY设计，使顾客免受为挑选礼物而绞尽脑汁的苦恼。

另外，我们还将通过多元化商品推介、连锁推广、商家加盟等多种形式，以及与酒店合作开展商务特色食品礼盒派送服务，定制各种节庆卡，比如商礼卡、亲情卡、员工福利卡、年货派送卡等手段，为公司拓宽盈利渠道，进而让我们的销售网站成为广大企事业单位及个人在送礼时的第一选择。

第二步：二次创业期（公司成立3~5年）

核心：新增特色食品联盟网站，新开发和推出的"特色食品地图"

通过两年来经营实体店和销售网站积累的经验，我们掌握了良好的产品信息、市场信息、行业信息、消费者信息以及供应商信息，基本知道了消费者的喜好、心理价位、产品特性以及最重要的特色食品的来源渠道。两年创业期不失为我们的一个很好的市场调查过程，从而为我们最终建立特色食品网上销售联盟的目标打下了坚实的基础。

在二次创业期，我们的商业模式将采用实体店、B2C与管理网站相结合的模式，即在保留创业期拥有的实实在在的经营场所——实体店和销售网站的经营模式的基础之上新成立一个专业的特色食品网上销售的联盟网站,利用实体店和前期销售网站的平台优势,吸引各地特色食品的经营商家加盟到我们联盟网站,进行网上销售(商家有无网站均可)。对于加盟商,我公司扮演了一个网站管理的角色,即商家通过我公司审核并缴纳一定的加盟费后即可加盟,我公司网站不仅提供专业的网站展示和交易管理服务,还定时对加盟网站进行免费的网站功能优化升级服务,如我们在代替加盟商进行产品交易管理的基础上为加盟商提供某些拓宽盈利渠道的方案等。交易管理主要体现在:订单形成后我们会迅速通知加盟商发货,并经由第三方实现货物的打包与配送,我公司在成交额中提取一部分业务提成,并且还有部分广告收入和网站功能设计收入提取部分业务提成、广告服务费及网站门店设计管理费。联盟网站的成立不仅拓宽了我公司的盈利渠道,同时也丰富了我们的产品线,为我们产品的多样化提供了坚实的物质基础,并且大大拓宽了加盟商的盈利渠道和受众面,即实现了"双赢"。

然而,有人可能会问,加盟商为什么不自己开网店或者加盟商为什么要加盟我们的联盟网站呢?

目前,特色食品商家的网络销售大部分依托淘宝等网站,都是第三方提供平台,由商家自己注册、管理、销售,虽然到目前为止在"淘宝"上注册网店是免费的,可以将网络营销的成本尽可能降低,然而其主要缺陷在于:

(1)经营能力障碍。对于不太具有经营能力或缺乏网络营销经验的商家,这种低成本也并不尽意味着高收益,当然有些有志于开拓网络市场的商家会有意向聘用相关专业人员经营,但人工成本也随之大大增加。

(2)规模缺陷。淘宝网上网店数量巨大,特色食品网站分散、商品重复且特色食品覆盖范围小,很多淘友在网上搜索很长时间都不能找到合意的特色食品。即使找到了,有些产品的质量也是没有保障的,使有购买意愿的消费者望而却步。另外,现在的市场是"酒香也怕巷子深",虽然有些商家的产品物美价廉,但由于宣传不得力,很难被消费者注意到,从而失去了实现价值的机会。因此有必要打破特色食品商家"孤军奋战"的局面,以"团结"汇集知名度,寻得共同发展的机会。

(3)质量保障缺陷。淘宝并不提供质量监控,因而各个网店的特色食品质量参差不齐,消费者会因为担心质量问题而犹豫不决。

由此,我公司开创了一种特色食品网络销售新模式——特色食品联盟,即通过联系全国各地特色食品供应商,网罗绿色健康、有保障的特色食品,突破特色食品销售的地域性限制,这对于各个网站和商户不失为一种"双赢"的策略,主要表现在附图1-1。

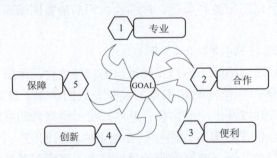

附图1-1 特色食品联盟优势模式图

（1）以专业求"双赢"。联盟网站为商户提供统一、专业化的网络营销管理服务，比如信息发布、销售管理、物流配送等。这为加盟商节约了自己开设网店的人员开销和精力投入，只要支付一定的加盟费用（第一年不须支付）和销售提成作为代管费用即可。

（2）以联盟求知名。通过这种方式，特色食品的地域性、分散性的缺陷可以得到很好地改善。单个商户的知名度有限，但集合诸多特色食品商户以及网站的知名度，可以极大地提高商户或某种特色食品的市场知名度，不仅有利于特色食品的网上销售，对于商户的实体店销售也有极大的益处。

（3）以便利客户为宗旨。我们尽可能搜罗种类繁多、绿色健康的特色食品，消费者没必要花费很多时间到处搜索、"货比三家"，在联盟网站就可以选购到满意的、实惠的产品。

（4）以创新寻发展。我们网站的主要创新之一是礼盒DIY。由于汇集了各种特色食品，应消费者个性化的送礼需要，我们推出了针对不同消费群体的礼盒系列（包括消费者DIY礼盒），同时针对不同的送礼场合，我们制定了不同的礼盒套餐，如清明、端午、中秋等传统佳节礼盒、商务礼盒、亲情礼盒、友情礼盒、爱情礼盒等。

（5）以保障树信誉。这是对淘宝模式缺陷的很好补充。创业期的实体店和销售网站为我公司积累了良好的信誉保证，对于加盟网站我们力求更高的产品保障，努力成为消费者信得过的特色食品销售门户。

目前，联盟网站已经基本设计完毕，但仍处于调试阶段还未正式投入使用，网站的功能也还处在不断的完善之中。值得一提的是，2010年8月网站新开发和推出的"特色食品地图"功能，本创意集Google地图和一期销售网站之长，将旅游线路与特色食品搜索相联系，用户只需在旅行途中选择其经过的城市，网站即在地图上显示各个城市的空间位置，同时迅速生成旅行路线及沿线的特色食品列表。若用户输入自己的目标价格，网站会自动根据特色食品的特色程度高低，为用户打包出最经济实惠的礼盒，使您轻装简行，尽享旅行乐趣。这项功能轻松实现了"您旅游，我服务，旅游特色食品轻松带回家"。

三、成熟期（公司成立5年以后）

步入成熟期后，公司的业务将逐渐向联盟网站的盈利模式倾斜，目标是吸引更多的商户加盟我们的联盟网站。同时，为减少加盟商的顾虑，逐渐淡出对实体店和销售网站的管理。但特色食品礼盒系列（包括礼盒DIY）由于其高额的回报，仍将成为公司利润的主要来源，即礼盒系列还是我公司的主要业务之一。

同时，我们将根据公司在此阶段的实力，逐步改变在二次创业期时配送货物上面临的"尴尬局面"——由第三方代替公司配货，逐渐在全国各个城市开设办事处，实现"点连线、线成片"，扩大我公司的市场份额和利润来源。

第二章 公司概述

2.1 公司简介

➢ 公司全称：特食城商贸有限公司

➢ 经营范围：特色食品销售、网站运营

特食城商贸有限公司是一家以销售全球特色食品为主要经营项目的贸易类公司。公司以"特色食品销售期待突破，特色食品需求等待满足"为契机，向消费者提供特色产品以及方便、快捷、个性化的服务。公司的经营实现了以电子商务为主，实体销售为辅的方式。

2.2 公司组织结构

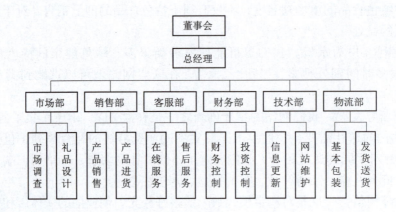

2.3 岗位设置

公司部门＼发展阶段	创业期	壮大期	成熟期
总经理	1人	1人	1人
市场部	2人	3人	5人
销售部	2人	4人	10人
客服部	1人	2人	5人
技术部	1人	2人	3人
财务部	2人	3人	3人
物流部	1人	3人	5人

2.4 机构职能

公司产权清晰，权责分明，在公司高层的带领下，各部门有自己的工作职能，在自己的业务范围内各司其职，各部门职能如下：

一、董事会

（1）决定公司的经营计划和投资方案；

（2）制定公司的年度财务预算方案、决算方案；

（3）制定公司的利润分配方案和弥补亏损方案；

（4）制定公司增加或者减少注册资本以及发行公司债券的方案；

（5）制定公司合并、分立、解散或者变更公司形式的方案；
（6）决定公司内部管理机构的设置；
（7）决定聘任或者解聘公司总经理及其报酬事项，并根据总经理的提名决定聘任或者解聘公司副经理、财务负责人及其报酬事项；
（8）制定公司的基本管理制度；
（9）公司章程规定的其他职权。

二、总经理

（1）主持公司的生产经营管理工作，组织实施董事会决议；
（2）组织实施公司年度经营计划和投资方案；
（3）制定公司的具体规章；
（4）提请聘任或者解聘公司副总经理、财务负责人；
（5）决定聘任或者解聘除应由董事会决定聘任或者解聘以外的负责管理人员；
（6）分管礼品部和市场部；
（7）制定公司的人事考核标准和实施办法，并具体监督执行；
（8）负责公司员工日常考勤和监督违纪情况，执行惩罚措施；
（9）负责布置公司例会事宜，做好会议记录，监督落实会议决议执行情况；
（10）完成董事会授予的其他职权。

三、市场部

（1）积极开展市场调查，负责前景预测工作；
（2）发现有前景的市场，努力拓宽业务渠道；
（3）负责营销推广工作，与加盟商、顾客保持良好的业务关系，确保营运工作的正常进行，不断扩大公司的市场占有率；
（4）监督客服部的售后服务工作；
（5）负责特色食品网上DIY样本设计，礼盒、包装设计，各色食品的搭配设计以及各种节庆卡，比如商礼卡、亲情卡、员工福利卡等的设计。
（6）完成总经理交办的其他工作。

四、销售部

（1）负责公司货源的进货和盘货工作；
（2）负责公司实体店的销售工作；
（3）完成总经理交办的其他工作。

五、客户服务部

（1）负责在线接待客户、与顾客的联系工作；
（2）负责前台工作，接听公司电话并做好记录工作；
（3）及时处理用户投诉事宜，做好售后服务工作；
（4）完成总经理交办的其他工作。

六、网络技术部

（1）负责网站的建设和美化工作，及时收集市场上各类特色食品加盟商户和广告信息；
（2）进行定期的网站信息更新，与商户和顾客互动等；
（3）该部门门下设置障碍追踪中心，及时处理系统出现的故障；

（4）完成总经理交办的其他工作。

七、财务部

（1）建立健全公司财务管理制度，财务总监全面负责财务部的各项工作，向董事会负责；

（2）每日及时登记公司的现金日记账和银行存款日记账；

（3）每月 30 日前，制作上月资产负债表和损益表，同时登记公司内部上月支出记录本；

（4）负责公司各项费用的报销工作和员工工资的发放工作，报销必须凭相关凭证，如报销手续不全不得报销；

（5）完成董事会和总经理交办的其他工作。

八、物流部

（1）负责货物调配工作，主要包括货物的包装、再制作以及发货、送货上门等；

（2）负责与物流公司的联系工作；

（3）负责联系加盟商的发货工作；

（4）完成总经理交办的其他工作。

2.5 企业文化

2.5.1 产品文化

"健康、绿色，体现地方特色，追求个性化，文化寓意深"

特食城商贸有限公司的特色食品不仅价廉物美，而且健康、环保，集各地特色产品之精华，因此"健康、绿色"是我们的产品文化之一。此外，本公司定位于特色食品和高端食品礼盒，为消费者和企业提供高端食品以及各地特色食品礼盒的网上礼品的 DIY 服务，因此"追求个性化"也是我们产品文化的重要组成部分。我们的产品主要是地方特色食品，具有浓郁的地方气息，是当地的文化象征，因此"体现地方特色，文化寓意深"更是本公司产品文化的核心部分。

2.5.2 企业宗旨

客户（包括员工和加盟商）至上

导入 CIS 手册，对内使企业员工达到统一的认识，使其产生归属感和自豪感，进而激发员工的潜能，提高企业的经营效益，加强企业自身的竞争意识和竞争能力；对外有效地将企业的各种经营信息传达给社会公众，促使其认识、识别，令社会公众产生认同感，转而承认和支持企业的存在，改善企业生存的外部环境。

2.5.3 企业愿景和使命

愿景：打造国内最专业的特色食品门户。

特食城商贸有限公司通过向消费者提供特色产品以及方便、快捷的个性化服务，由多元化网上销售模式扩展为网上联盟销售模式。以"特色食品销售期待突破、特色食品需求等待满足、互联网的普及和网络技术日渐成熟为建立特色食品网络销售的电子商务网站提供了条件"为契机，通过市场分析，已经建立了前期特色食品销售网站，并已投入使用，后期还将建立特色食品联盟网站，从而成为中国特色食品网上销售门户的经营者和管理者，让特色食品成为广大企事业单位及个人在送礼时的第一选择，从而打造国内最专业的特色食品门户。

使命：以创新求发展，在为顾客提供健康、绿色的产品和优质的个性化服务的同时，为国内特色食品行业的发展做贡献。

2.5.4 企业标识

一、我们的口号

不出家门，吃遍天下！

美食不打烊，快来特食城！

二、Logo 说明

1. 整体色调

绿色给人健康、活泼、环保、食欲大开的印象，契合我们的品牌形象。

2. 细节展示

一张享受美食后回味无穷的嘴，表现我们的产品美味、受人欢迎的特点。

"Taste"是英语"品尝"的意思。表明我们欢迎每一位光临本网站的朋友品尝特食城"健康""美味""有保障""来自全国各地"的特色食品，不出家门，吃遍天下！

我公司前期销售网站的网站域名（已投入使用，通过 Google 搜索，在搜索栏中输入"特色食品商城"，我们的网站出现在首页首条）。

一条线贯穿一个个"○"，象征"特食城"搜罗全国各个城市知名的特色食品，串联成特色食品的"满汉全席"，奉献给消费者，大大减少了消费者自己搜索的时间浪费，降低买到质量没有保障的特色食品的风险。

3. 整体阐述

Logo 整体看来像商店挂着的写着"OPEN"之类的一个门牌,我们努力探索新道路,打造特色食品网上销售大型销售平台,力求使我们的特色食品城建设成为中国特色食品网上销售的第一品牌。

第三章 市场分析

3.1 行业现状分析

3.1.1 中国网络发展基本信息

1. 网民人数

2009 年 7 月 22 日国务院新闻办在第二届中英互联网圆桌会议上宣布:自 1994 年接入国际互联网以来,经过 15 年的发展,中国网民人数达到 3.38 亿,网民互联网普及率为 25.5%,超过世界平均水平。事实上,截至 2008 年 6 月 30 日,我国网民数量已经达到 2.53 亿(附图 3-1),首次大幅超过美国,网民规模跃居世界第一位。统计表明,中国网站数量持续增长共有 191.9 万个,年增长率为 46.3%;其中 CN 下的网站数为 136.9 万,占网站总数的 71.3%,表明国内绝大多数网站都使用 CN 域名。CN 国家域名在今年初突破千万注册量之后,再次实现跨越,以 1 218.8 万的注册量傲视全球国家顶级域名。

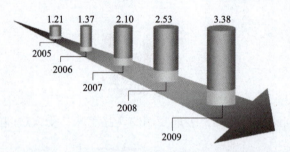

附图 3-1 2005—2009 中国网民人数(单位:亿)

2. 电子商务网站

近年来,中国互联网在经济领域应用快速发展。随着企业信息化水平的提高,基于互联网的电子商务快速发展,一批电子商务网站迅速崛起。2008 年,中国电子商务交易总额同比增长 43%,互联网正逐步深入到国民经济更深层次和更宽领域。

3. 网民城乡比例结构

2008 年年底中国互联网络信息中心(CNNIC)调查数据显示,城乡之间网民数量及普及率差异巨大,我国互联网发展结构性差异明显。乡村网民普及率很低,乡村网民总规模为 1 931.4 万人,仅占相应乡村人口的 2.6%,不到全国平均水平的 1/3。我国城市网民大约有 9 168.6 万人,占城市人口的 16.9%(附图 3-2)。但是,目前新增网民约 70% 在农村地区,城乡之间、地区之间的"数字鸿沟"正在缩小。

4. 网民年龄结构

如附图 3-3 所示,2009 年我国网民年龄分布主要集中于 18~35 岁(占 90%),呈现较明显的"年轻化"。

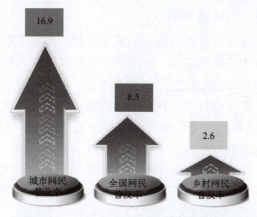

附图 3-2 2008 年年末中国网民城乡比例图

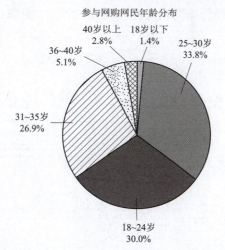

附图 3-3 2009 年中国网民年龄结构图

5. 网民学历结构

互联网显现向下扩散的趋势。目前高中学历的网民比例最大,占到 40.2%(附图 3-4)。我国网民的学历结构正逐渐向总体居民的学历结构趋近,体现出互联网大众化的趋势。

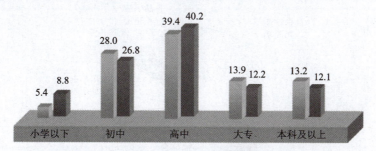

附图 3-4 2008—2009 年中国网民学历结构(%)

6. 网民性别比例结构

从性别比例来看,中国网民中女性比例上升到 46.4%,比 2007 年年底上升了 3.6 个百分点,中国网民逐渐走向性别均衡。

3.1.2 电子商务网站 B2C 发展现状

近年来,随着网络、通信和计算机技术的迅速发展,使用互联网从事商务活动已经成为现实。目前经济全球化与网络化已成为一种潮流,世界各国都在密切关注这一商务发展的大趋势,电子商务的产生和发展应运而生。在发达国家,电子商务的发展非常迅速,全球电子贸易额主要集中在欧洲、美国、日本、新加坡等国家和地区。许多专家学者认为,电子商务将成为 21 世纪经济的新增长点。电子商务以其相对低廉的成本、简化的贸易流程、超越时空限制的经营方式和预期的巨大利润,吸引着世界各国众多厂商。

2009 年 9 月 12 日,中国 B2C 研究中心发布报告称,截至 2009 上半年,中国网购用户已经突破 1 亿人,相当于每 3.38 个网民中就有 1 人网购。网络购物市场规模达到 1 034.6 亿,同比 2008 上半年高速增长 94.8%。

根据电子商务行业公认的"六六定律",即全国数千家行业网站,其中有六成在长江三角洲经济圈内,而该经济圈内的行业网站又有近六成在浙江(附图 3-5)。

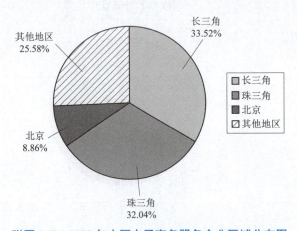

附图 3-5　2009 年中国电子商务服务企业区域分布图

从电子商业行业分布图来看(附图 3-6),食品行业在电子商务服务业中所占比例仅有 4.3%,发展空间充裕。

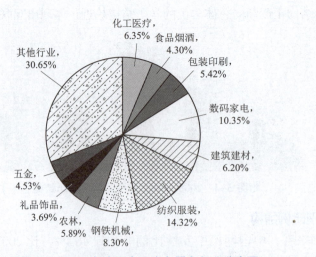

附图 3-6　2009 年中国电子商务服务行业分布图

3.1.3 中国特色食品概况及销售状况

1. 特色食品概况

由各省市特色食品名录初步统计数据和图表数据可见,江苏、浙江等沿海地区、长三角地区及周边地区特色食品资源占统计总数比例较大(附图 3–7)。同时,江浙等沿海地区经济较发达,消费者购买力较强,对网上购物这种新型消费方式的接受程度较高。因此本公司立足于江浙沪,从重点销售某几种全国知名特色食品和江浙本地特色食品起步,率先重点开拓江浙市场,然后逐步向周边扩展,最终建立覆盖全国的特色食品销售体系。

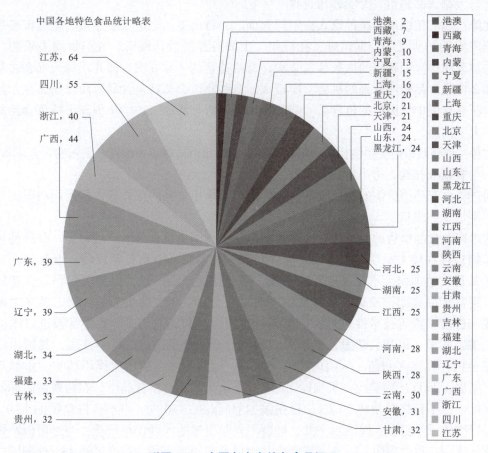

附图 3–7　中国各省市特色食品概况

公司创建初期因资金、知名度以及其他因素限制,在第一年将借助现有特色食品网络销售平台(www.××××.com)及其实体经营店铺,积累一定知名度为建设真正"特食城"特色食品销售联盟网上平台打下基础。之后公司将把主营业务从销售网站(除礼盒销售之外)淡出,从自己销售特色食品转向吸引商户加盟入驻加盟网站,从而提供管理服务,以收取加盟费、广告费和销售提成等为公司的主要收入渠道。

2. 中国特色食品销售状况汇总

- 举办食品博览会

优势:在食博会上除了展示各地区的特色食品,更汇集了各方供货商、采购商,通过展览会寻找机会、洽谈合作,扩大特色食品的知名度、开拓新的销售市场。从搜集到的资料看,2009年宁波、长沙、漯河、四川、厦门、南昌、武汉、绩溪等全国大大小小的城市都举办了级别不等的食博会,例如漯河中原食品节、宁波中国食博会、厦门国际食博会、南昌绿色食品博览会等。举办食博会虽然兴起才十几年,但俨然已经成为加强全国乃至国际特色食品交流,提高特色食品知名度,拓宽特色食品销售渠道的重要手段之一。

劣势:食博会每年只能举行两次,不能长久地保持其宣传效应;参展厂商经过招标决定,这就相当于设立了一道门槛,自然将一部分厂商拒于门外,而这部分厂商也许正是知名度还不高,需要宣传推广的。

- 与大型食品超市、专卖超市合作

优势:随着超级市场这种模式在中国的推广,特色食品也进入了超市。超级市场是大城市人流密集的场所之一。据调查,在杭州、上海等经济发达城市,人们每周去乐购、家乐福、易初莲花等大型超市的次数超过2次,有些甚至达3~6次,即几乎每天都会去超市购物,那么特色食品被注意到的机会就比较大。有些超市会与特色食品厂商合作,在元旦、春节购物旺季开展中华民族特色食品"两节"推广销售月活动,进一步提高了特色食品的知名度,扩大了销路。

劣势:进驻超市需要缴纳相关费用,特别是大型超市,对于一些资金紧张的企业成本过高。

- 与餐饮业挂钩,推出特色美食

通过将具有药用价值的特色食品加入传统菜肴推出食补的菜式等,但运用的范围有限。

- 深加工、出口

这是特色食品销售的一条很好的途径,但基于我国出口食品的严峻形势,开辟特色食品的出口销售存在较大难度。一方面,国外对我国技术贸易壁垒日益严峻,近年来,一些国家,尤其是发达国家,不断采取新的手段,限制他国产品进口,保护本国利益。特别是在食品、畜禽产品方面,发达国家越来越多地以安全、卫生、健康为由,制定越来越高的技术法规和标准,设置技术性贸易保护措施。我国食品和其他出口产品常常被进口国以各种借口封关、扣留、退货、销毁,甚至对我国实行全面禁止进口。另一方面,我国出口食品质量安全仍存在许多问题。从国内的情况来看,违规生产、使用或误用药物、添加剂的现象时有发生,2005年检验检疫机构检出的1 093批出口不合格食品中,农药残留超标问题的有226批,占不合格总量的20.7%;存在添加剂问题的150批,占不合格总量的13.7%。我国食品标准体系不健全、标准水平低、标准不科学合理的问题仍很严重,与进口国特别是发达国家标准存在很大差距。可见,特色食品出口开拓国际市场的难度远远大于挖掘国内消费潜力。

- 特色食品实体店

由于实体店的地域固定性特点,商家选址需十分慎重,且一次性投入大,宣传面有限,其宣传半径最多覆盖整个城市区域。

- 网络销售

特色食品以其独特的地域性赢得了消费者的青睐,因为独特的地域造就了特色食品独特的价值。但其地域性也成为一直以来困扰特色食品销售的一大瓶颈,主要体现在销售区域集中、辐射半径较小、地区交流很少等方面。而网络销售为解决特色食品地域性过强的弊端提供了良好的解决途径,最大限度地发扬特色食品的地域性优势以换取最大的经济利益。

3.1.4 结论

综上所述，我们的结论是：

（1）随着网民规模的逐渐扩大，网民结构与现实生活中的结构逐渐趋近。我国网民的学历结构也正逐渐向总体居民的学历结构趋近，体现出互联网大众化的趋势。

（2）网民数量的增长和互联网大众化为大规模互联网购物提供了基础。网络购物，这种依托电子商务平台，线上下单、线下物流运送、第三方支付的新兴购物方式打破了传统购物需"亲历现购"的地域限制，适应了快节奏的现代生活，为足不出户却能跨地区甚至跨国界的消费提供了可能，正迅速发展为一种风靡全球的购物方式，网购一族也迅速崛起。

（3）城市网民普及率大大高于全国平均和农村网民普及率，因此，现今我们的目标市场应放眼于城市。但是，目前新增网民的数量大比例向农村网民倾斜，因此，农村消费者将作为我们的潜在客户群，作为公司发展后期的主要目标市场之一。

（4）综合考虑网民年龄结构、学历结构和性别结构，我们认为我公司的目标客户群应着眼于高知识、高学历的年轻消费者，在性别方面要有重点地向女性客户群体倾斜。

（5）食品作为人们生活必需品之一，是日常生活所必不可少的。由于其使用周期短、需求量大、需求具有迫切性等特点，在各种市场上均占有相当可观的市场份额。而特色食品由于其特殊的属性，除了满足生存需求外，某些特色食品由于其特殊自然环境造就的特殊功效和成分，还能够满足特定人群的营养需求、尝新猎奇心理、送礼应酬需求等，越来越成为佳节送礼良品，在食品和礼品市场上的份额不断上升。因此我公司以"特色食品销售期待突破、特色食品需求等待满足、互联网的普及和网络技术日渐成熟为建立特色食品网络销售的电子商务网站提供了条件"为切入口，通过市场分析，做出了建立"特食汇"特色食品网上销售联盟的决定。

3.2 以波特五力模型分析特色食品网络销售战略

五力分析模型由迈克尔·波特（Michael Porter）于20世纪80年代初提出，对企业战略的制定产生了全球性的深远影响。该模型用于竞争战略的分析，可以有效地分析客户的竞争环境。波特的竞争力模型的意义在于，五种竞争力量的抗争中蕴含着三类成功的战略思想，即总成本领先战略、差异化战略、专一化战略。

下面就用五力分析模型分析我公司网络销售、联盟的战略方针，如附图3-8所示。

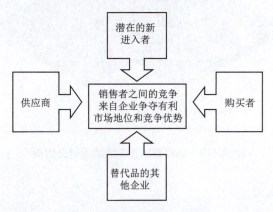

附图3-8　波特五力分析模型

3.2.1 行业内部现有的竞争状况

从产业发展周期来看,中国特色食品行业发展仅十几年,目前特色食品销售行业还处于成长期的初期。其特点是特色食品行业已经形成了一定的产业格局,具备了一定的规模,但是整体水平还比较低下,企业规模普遍较小,产业格局尚不稳定,特色食品销售处于较大范围的调整当中,特别是销售途径的多元化调整。可是行业的发展速度比较迅速,还有着巨大的发展空间。

从产业市场结构来看,中国特色食品生产企业普遍为中小型企业,市场集中度很低,大型特色食品生产企业为数不多,知名度高的更是少之又少。特色食品在产品类别、销售途径等方面已经开始出现均质化趋势;知名品牌企业少,中低档产品多;设计开发能力普遍较弱,营销水平较低;特色食品销售呈现小半径的分区占领,一种特色食品的销售只能在很小的区域中展开,能够实现跨省销售的产品极少;特色食品的销售途径主要是实体店,网络销售所占的比例很小,因而扩展的范围有限。目前,随着电子商务的发展,特色食品的销售也扩展到了电子商务领域,例如淘宝网上的网店等。但由于现存的特色食品网店规模小、产品种类少、质量参差不齐、所占市场份额小,还不能从整体上改变特色食品销售途径较单一的问题。从中国特色食品销售的竞争来看,实体店的竞争是比较激烈的,但网上有一定组织、规模的特色食品联盟销售在中国还基本处于空白,因此,加紧抢占特色食品网络销售市场将会是开拓特色食品销售这块沃土的必然趋势。

3.2.2 特色食品供应商的议价能力

根据供应商议价能力的因素分析图(附图3-9)进行分析,可以看出,虽然因产地、原材料、加工技术、包装设计等因素存在十分显著的差异和阶段性部分稀缺的情况,但是由于特色食品生产商集中度普遍偏低,特色食品供应商也较为分散,因此电子商务网站在选择特色产品供应商方面存在较大的空间,而且各供应商之间在争夺网络营销市场方面的竞争较为激烈,从而导致特色食品行业的食品供应商与电子商务网站的议价能力趋于一般水平。

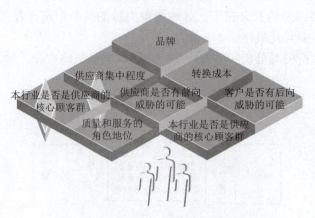

附图3-9 供应商议价能力的因素分析图

3.2.3 客户的议价能力

随着民众生活水平提高,人们对食品的需求不再仅仅停留于生存需要,而是追求更高的生活质量。从而引发对特色食品需求的扩大，进而导致目前特色食品市场由供求基本持平向供小于求倾斜，并且随着消费者对特色食品的个性化需求的增长，特色食品市场正在逐步由卖方市场向买方市场过渡。

根据影响购买者议价能力的因素分析，特色食品与一般的食品不同，由于其特殊的价值（特别是礼盒系列中的特色食品具有较大的附加值），消费金额较高，因而消费者购买前往往会货比三家。由于消费者对产品的认知并不成熟，所以目前消费者的议价能力并不高。但是随着买方市场的逐渐形成，以及消费者产品知识的不断充实和对质量要求的不断提高，消费者的议价能力也将会不断增强。

3.2.4 替代品的威胁

我们认为，特色食品的替代产品包括一般食品、其他礼品（针对特色食品礼盒，如工艺礼品、鲜花礼品等）、保健品和其他日用生活消费品。替代品的威胁主要来自替代品的价格弹性。一般食品和其他日用生活消费品只能满足消费者最一般的食用和使用需要，而当消费者需要追求新鲜感、保健养颜、旅游纪念等特殊需求时，就会促生其对特色食品的需求。另外，特色食品相对一般食品价格偏高，在消费者购买方面有一定的抑制作用。传统的礼品的价格高，实用性欠缺，只适合少部分的送礼场合，但大部分中国人倾向于选择性价比高的礼品。特色食品礼盒具有新奇性、营养性、文化性、纪念性等诸多不同的特质，从而更能适应不同的送礼需求。市场上保健品主要分两类：一类为根据个人需要由人工配方合成，价格高低不等；另一类是天然动植物或加工后的成品，现代人更多地倾向于选择后一种。具有营养价值和文化寓意的特色食品如果宣传得当，极可能在营养品市场中占得一席之地。所以从总体来看，替代品对于特色食品行业的威胁不是很强。

3.2.5 新进入者的威胁

目前特色食品销售利润高于一般食品平均利润水平，以及特色食品行业具有广阔发展空间的现状，吸引了众多的生产商进入到该行业，从而导致特色食品销售行业的企业数量不断增加，特别是依托电子商务网站进行网络销售的中小企业。这在一定程度上加剧了特色食品销售市场的竞争，会对行业内原有企业构成一定的威胁。但由于特色食品行业集中度普遍偏低，因此在一定程度上，众多企业共同分担了竞争激烈的威胁。但是，新进入者带给特色食品行业原有企业的威胁每时每刻都是客观存在的，但往往也是不易察觉的。

3.3 市场细分

市场细分是企业根据消费者需求的不同，把整个市场划分成不同的消费者群的过程。其客观基础是消费者需求的异质性。进行市场细分的主要依据是异质市场中需求一致的顾客群，实质就是在异质市场中求同质。所谓异质市场，就是指消费者或用户对某一产品的质量、特性、规格、档次、花色、款式、价格、结构、价格、包装等方面的需求和欲望是有差异的，或者在购买行为、购买行为等方面存在着差异性。正是这种差异，使市场细分成为可能。

随着人民生活水平的提高，人们对食品的要求不仅仅是出于生存需要，而是出现了尝新、营养、美容、养生、延年、送礼等多样化、差异化需求。特色食品的种类繁多，功能各异，本身具有满足消费者这种异质化需求的能力。但传统的特色食品加工销售在差异化方面表现欠佳，包装、规格、款式趋同，档次单一且普遍偏低，质量缺乏保障。

本公司基于问卷调查结果和特色食品市场现状，根据消费者购买特色食品的动机将市场细分为（附图3-10）：

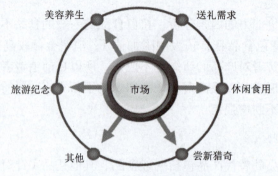

附图3-10　市场细分图例

- 馈赠心理（送礼需求）｛赠送长辈　佳节送礼（如春节、清明等）　赠送同事、朋友　商务礼品等
- 养生保健（主要针对中老年人等）
- 美容养颜（主要针对女性，包括孕妇）
- 旅游纪念
- 休闲食用
- 文化追求（主要针对国外消费者，如留学生、国外旅游者等）
- 尝新猎奇心理（主要是具有一定经济能力的年轻一族）
- 其他（年货和各种节庆卡，比如商礼卡、亲情卡、员工福利卡等）

馈赠心理：具有此种心理的主要是已经参加工作的需要送礼的人士。在日常交际中，该种人士常常会为赠送各种礼品给不同的人而烦恼。比如节假日探望长辈，中老年人对礼品通常是比较挑剔的，买贵了或者是买错了都会使其不开心。他们通常要求礼品既实用又实惠，但对于健康，他们通常不吝于钱，而我们的特色食品中不乏养生保健和食疗的功效，且价格较实惠，势必受到中老年人的青睐。送上司、同事，一些普通的礼品往往较俗气且不实用，而赠送特色食品高端礼盒和个性DIY礼盒则能突出创意个性，不同于一般的特色礼盒，更能体现购买者对收礼者的尊敬和深意。另外，传统节日具有浓厚的文化气息和乡土气息，此时挑选的礼品不宜过于现代化，因此在一些传统佳节，比如春节、端午节都可以选择不同的特色食品礼品组合来体现浓浓的传统风味和节日气息。

养生保健：对此有需求的主要是工作繁忙的中年人和上了一定年纪的老年人。对于中年人，其工作压力大，饮食结构差，受环境污染严重，很多中年人处于亚健康状态，心脑血管疾病、高血压、心脏病等威胁纷纷向其袭来。随着经济条件的改善以及年龄的增长，日常的休养调理已经越来越受到他们的重视。同样，老年人由于年龄和生理因素，使其对健康的重视程度高于一般人。因此，具有保健功能，可以帮助他们远离疾病，为健康加分的特色食品将会受到他们的普遍欢迎。

美容养颜、生理需要：美容养颜是广大女性的普遍愿望，现代女性已经不再单纯依靠护肤品、化妆品来保持自己的美丽，而是更注重由内而外的保养。一些具有天然美容功效、瘦身纤体的特色食品，如藕粉、蜂蜜、珍珠粉等，越来越受到女性的青睐。另外，女性生理上的一些特殊需要（比如月经期、妊娠期、哺乳期的特殊营养需要等）也对食品选择提出了更特殊的要求。女性市场的市场前景不可估量，历来是广大商家的逐鹿之地，我公司自然也不愿弃之。我公司将针对女性特殊需要，推出美容养颜装、补气养血装、准妈妈装、妈妈产后恢复装等女性系列产品。

旅游纪念：外出旅游归来的人总爱带些当地特产与家人、朋友分享，这是中国人的习惯。但特产特别是特色食品的选购却让很多游客头疼。首先，对本地特产的了解不够，不知如何挑选既有地方特色又符合家人口味的特色食品。其次，特色食品市场缺乏规范性，有些经销商以次充好，漫天要价，如何挑选到价廉物美的特色食品是个难题。最后，外出旅游本是件放松身心的事，轻装上阵是首选，如果一路携带特色食品则不免累赘，特别是多点连线的旅行方式，每到一个景点都费心于选购特产，反而破坏了旅游观光的雅兴，未免得不偿失。于是，在旅游前或归来后到我公司的特色食品网站上选购有质量保障的特色食品，直接送到家中，比边走边买方便和放心得多。

休闲食用：随着人们对生活品质的不断追求，很多家庭会选择一些特色食品作为日常小零食，但是由于家庭成员数量多、喜好不同、购买数量不等，因此家庭消费要求食品最好是简易包装、便于食用，且可以自选特色食品的数量。同样，上班一族也具有类似的要求。根据上述的特殊需求，我公司将推出简易实惠的家庭装和工作装，按特色食品的质和量分成几档，供消费者自主选择。

文化追求：中华文化博大精深，许多外国友人对中国的文化非常入迷和推崇。而特色食品作为中华饮食文化的代表之一，体现了中国各地的地方特色，具有浓厚的地方文化气息，满足了外国友人追求中华文化的需求，势必受到广大外国友人的喜好。

尝新猎奇心理：怀有此种心理的主要是年轻人（如大学生、年轻白领等），这类消费群体思维活跃、个性鲜明、热衷于尝试新鲜事物，并且平时与互联网接触紧密。据有关机构对上海等大城市年轻白领的调查结果显示，4位白领中就有3位参与网购。白领一般收入较为可观，并对生活质量要求较高，对特色食品既有需求也拥有足够的购买能力。大学生虽然还没有独立的经济能力，但由于大部分特色食品价位不高，既可以满足年轻人尝试新鲜事物的心理，又不超过其经济承受能力。且大学生往往是天南地北地汇聚到一个大学，假期归来常常需要带一些家乡特产来供同学、好友尝新猎奇，但是由于遭遇返校高峰，路途遥远的学生返校时不便携带。于是选择在网上订购本地特色食品，直接由物流公司运送至目的地，快速又便捷。

其他：主要是部分企事业单位的年货和各种节庆卡，比如商礼卡、亲情卡、员工福利卡等。该市场比较广阔，但开发难度较大。

3.4 目标市场定位

我公司根据市场细分，针对消费者不同的心理动机，划分异质市场，定位于在提供顾客自主选择单种食品的前提下开发不同包装的特色食品组合和特色食品礼盒，免去了顾客自己找资料找特色食品、自己组合、自己选礼物的麻烦。现将公司的目标市场定位如下表。其中，礼品、节庆卡、养生保健、美容养颜市场将是我们最主要的目标市场。

心理特征		需求群体	特色食品需求特性
尝新猎奇		年轻人、时尚一族（包括大学生、白领等）	包装奇特，味美或怪，种类繁多，小量包装
赠礼	正式（送长辈、同事，商务礼品等）	需要送礼的人士	礼盒包装，有档次、有品位。礼盒内的特色食品有保健功效，非单纯零食
	非正式（送朋友等，例如生日等）	需要送礼的人士	颜色活泼、礼盒形态有特色、有创意
各种节庆卡		公司采购	由持卡者自主选择
旅游纪念		游客（散客、旅行团等）	具有地方特色
休闲食用		家庭、上班族	包装简单、方便食用。多种量的包装，如家庭特惠装等
养生保健		中老年、探望病人者	食品具有较高营养价值、包装有档次
女性美容养颜、生理需要		女性（特别是生理期、孕期、妊娠期等）	食品具有美容养颜、补气养血等功效。包装精美，颜色柔和

第四章 营销机会分析

4.1 营销环境分析

4.1.1 宏观营销环境分析

企业经营的宏观环境主要包括人口、政治/法律、经济、社会文化、技术和全球化六大因素。对我公司而言，国家宏观经济政策的趋向（如地方特色食品开发政策等）、居民购买力的增长、特色食品市场需求等待满足等因素是公司营销战略制定的关键。除人口分析（详见第三章）外，其他因素分析如下：

一、经济

2009年9月12日，中国B2C研究中心发布报告称，截至2009年上半年，中国网购用户已经突破1亿人，相当于每3.38个网民中有就1人网购。网络购物市场规模达到1 034.6亿元，同比2008上半年高速增长94.8%。

根据电子商务行业公认的"六六定律"，即全国数千家行业网站，其中有六成在长江三角洲经济圈内，而该经济圈内的行业网站又有近六成在浙江。从电子商业行业分布来看，食品行业在电子商务服务业中所占比例仅有4.3%，发展空间充裕。

长三角经济发达，沟通江浙沪等全国经济发达地，其消费者更是具有足够的购买力。而且长三角地区在特色食品资源上具有一定的优势，为公司提供了良好的产品来源。当地交通运输发达，对产品销售具有一定的有利影响。

二、政治/法律

全面、协调、可持续发展是科学发展观的根本要求。发展食品产业是推进农业产业化、农村城镇化、城乡一体化协调发展，促进可持续发展的有效途径。近年来，各地政府先后出台的地方特色食品卫生管理办法（例如《宁波市地方特色食品卫生管理办法》）和地方特色食品开发政策（例如《山西省特色食品行业调整振兴实施方案》）为特色食品行业的快速发展保驾护航，优化了特色食品行业的发展环境。同时，各地也先后出来了产品质量检测的相关政策，我国在食品质量安全、品质鉴定以及面向基层、面向市场的检测水平等方面的要求有所提高，食品安全与质量监管体系进一步加强，这加剧了食品行业面临的压力。

三、社会文化

随着生活水平的不断提高，人们对文化的追求也在不断攀升。现在，人们对食品已不再是简单地停留在色香味等的基本要求，而是更多地体现在对文化元素的需求，"食疗"已经越来越流行了。因为，人们对食品的满足已不再是吃饱，而是吃好，吃出特色来，吃出文化来。特色食品由于其特殊的属性，除了满足生存需求外，某些特色食品由于其特殊自然环境造就的特殊功效和成分，还能够满足特定人群的营养需求、尝新猎奇心理、旅游纪念、送礼应酬等需求，越来越成为休闲食用、佳节送礼良品，在食品和礼品市场上的份额不断上升。

四、技术

现代互联网技术迅速发展，构建一个功能相对完备的网络购物网站已经不再是技术难题。但是，淘宝、易趣等是目前B2C行业的领头羊，资金雄厚，知名度高，市场渗透率高，已经建立起了实力强劲的网络购物平台和电子商务公司，因此技术创新在电子商务领域的难度甚高。

五、全球化

近年来，随着网络、通信和计算机技术的迅速发展，使用互联网从事商务活动已经成为现实。目前经济全球化与网络化已成为一种潮流，世界各国都在密切关注这一商务发展的大趋势，电子商务的产生和发展应运而生。在发达国家，电子商务的发展非常迅速，全球电子贸易额主要集中在欧洲、美国、日本、新加坡等国家和地区。许多专家学者认为，电子商务将成为21世纪经济的新增长点。电子商务以其相对低廉的成本、简化的贸易流程、超越时空限制的经营方式和预期的巨大利润，吸引着世界各国众多厂商。

4.1.2 中观营销环境分析

结合第三章中的波特五力模型分析，我们认为本公司的中观营销环境主要包括以下三方面。

首先，从我公司的业务性质看。

鉴于公司的主营业务为食品行业，而且主要针对特色食品，产品创新围绕两条主线展开：一是产品形式的创新，公司主打特色食品礼盒系列，如高端礼盒、礼盒DIY等，这是目前特色食品行业中罕见的；二是产品来源的创新，我公司主要采取特色食品商户加盟的方式来整合各地新奇的特色食品。这也为公司市场开拓、产品开发、建立自己的品牌提供了方向。

其次，从公司所处的地域特征看。

我公司地处长三角中经济发达地区，沟通江浙沪等全国经济发达地，其消费者具有足够的购买力。而且长三角地区在特色食品资源上具有一定的优势,为公司提供了良好的产品来源。当地交通运输发达,对产品销售具有一定的有利影响。

最后,特色食品行业体现出强烈的品牌特征。

对于食品,特别是特色食品,消费者很难从产品表面来判断品质的优劣,特别是在产品差异不是十分显著的状况下,即使是食用后也很难辨清品质的优劣,而品牌可赋予产品一个明显的暗示作用。我公司的特色食品主要来源于各地知名的特色食品销售商,并且这些特色食品具有地方代表性、新奇性等特点。

4.1.3 微观营销环境分析

特食城商贸有限公司成立于经济发达的江浙沪地区,是一家集特色食品系列礼盒、休闲特色食品、美容保健特色食品等于一体,并专门经营各地特色食品的商贸公司。公司现设有六部一室,拥有实实在在的经营场所,并且前期具有独立的销售网站,后期还将拥有一个完善的加盟网站和一定的加盟商户以及特色食品来源。公司现有职工10人(详见公司岗位设置表),注册资金50万元,主要用于前期宣传、网站建设、人员安置等。公司产品以特色食品礼盒系列为主打,主要依托网络平台进行网络销售,产品行销江浙各地,并远销至全国其他各省市,是当前中国最早专业经营特色食品乃至特色食品礼盒的门户之一。

4.2 营销环境因素分析简图

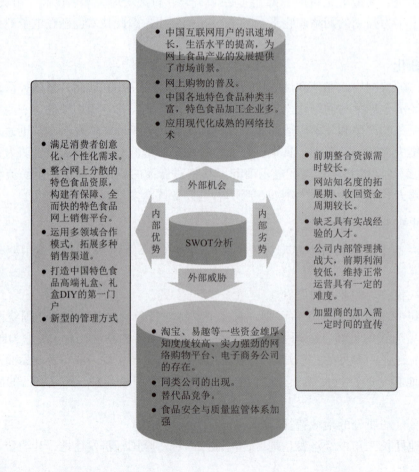

4.3 环境因素具体分析

4.3.1 内部优势（S）

- 满足消费者创意化、个性化需求。

现代人对特色食品的需求不仅在于满足自己的品尝、猎奇，并且出现了佳节送礼、养生保健、美容养颜、旅游馈赠等多种用途，于是特色食品出现了创意化、个性化需求。本公司专门聘请设计师，推出适合年轻人的新奇包装、适合商务人士的简洁大方的商务礼品装、一般食用特惠装、家庭装、女士美颜装、老年人养生装以及根据需要自选量装等多种适于不同需求、不同用途的包装形式。

- 整合各地分散的特色食品资源，构建有保障、全而快的特色食品网上销售联盟。

针对淘宝、易趣等网上特色食品商店多而杂、质量参差不齐以及现有的一些特色食品网上销售平台上商品种类偏少、覆盖区域不广、食品质量保障欠缺、客户服务落后等缺陷，我公司加强宣传造势，用科学的管理方式和优惠的加盟费用吸引各地特色食品生产、销售商家加盟我销售平台，组建特色食品网上销售联盟。同时严把质量关，只有符合国家质量相关标准的商家方可加入联盟。我公司与专门物流公司合作，力保每样货物及时准确送达客户手中。

- 运用多领域合作模式，拓展多种销售渠道。

特色食品销售除了散客购买之外，我公司将开辟诸如与旅游公司、酒店餐饮公司合作等多种销售渠道，打开针对诸多城市的旅游特色食品发送服务，"您旅游，我采购；您到家，我送达"。

- 打造中国特色食品高端礼盒、礼盒 DIY 的第一门户网站，满足收礼者至尊化需求。

当今社会，出现了"送礼难、送礼烦、没新意、没品位"的困境，如何挑选礼物已成了一大难点。我公司主打特色食品高端礼盒、礼盒 DIY 等特色礼品系列，为送礼者量身定做高端个性化的至尊礼盒，使送礼者不再为挑选礼物而感到烦恼，使收礼者享受接收到至尊化礼盒的快感，及时满足了消费者的需求。

4.3.2 内部劣势（W）

- 前期整合资源需要的时间比较长。

我公司网站为了保证商品的覆盖面，需要联系商家提供产品，同时为了严把所销售商品的质量关，必须对加盟商的资质和产品质量可信度进行严格审查，此项工序在网站建立初期需耗费较长时间。

- 网站知名度的拓展期、收回资金周期较长。

任何电子商务网站都有一个发展的过程，在此过程中积累商品门类、知名度、信誉，逐渐成长为一个市场知名度高、资金雄厚的成熟电子商务网站。我网站也需要一个通过各种宣传手段扩大知名度、开拓市场的阶段，在此阶段我们的投资可能见不到明显回报。经财务数据测算，这段时期可能将持续约 1 年半的时间。

- 缺乏具有实战经验的人才。

由于构建一个相对完整、安全、有保障的网上特色食品购物网站在国内基本是空白，缺乏具有相关经验的操作人员。我公司将在参考淘宝等网站的经验基础上，在摸索中学习，与网站共同成长。

- 公司内部管理挑战大，前期利润较低，维持正常运营具有一定的难度。

由于公司新成立，一切管理头绪都尚待理顺，管理压力大。同时，前期的广告等宣传活动和硬件配置、人员配置等工作需花费大量资金，加上前期产品的利润率低，因此维持公司继续运营具有一定的挑战性。

- 加盟商的加入需一定时间的宣传。

由于公司网站新成立不久，知名度还不够高，因此很难吸引全国各地的特色食品商户加盟。因此，对加盟商入驻我公司网站的宣传工作是我公司首先面临的一大难题。

4.3.3 外部机会（O）

- 中国互联网用户的迅速增长，生活水平的提高，为网上食品产业的发展提供了市场前景。

我国正处于工业化和城市化高速发展阶段，城乡人民食品消费结构进入了加速调整和升级的重要阶段。2007 年，全国人均 GDP 约 2 700 美元，恩格尔系数接近 40%，人民生活水平不断提高。

2009 年 7 月 22 日国务院新闻办在第二届中英互联网圆桌会议上宣布：自 1994 年接入国际互联网以来，经过 15 年的发展，中国网民人数达到 3.38 亿，网民互联网普及率为 25.5%，超过世界平均水平。事实上，截至 2008 年 6 月 30 日，我国网民数量达到 2.53 亿，首次大幅度超过美国，网民规模跃居世界第一位。

互联网调查公司 Forrester Research 在最近公布的一份报告中称，2013 年全球网民数量将达到 22 亿，其中 17% 来自中国，达到 3.74 亿。报告数据显示，到 2013 年，全球网民数量将达到 22 亿，其中亚洲网民数量将占到 43%，而中国网民将占到全球的 17%。之前 CNNIC 发布的一份《中国互联网调查报告》数据显示，我国网民规模在突破 3 亿基础上依然保持着快速增长的势头，互联网规模稳居世界第一位。

综上所述，中国网民不断提高的生活水平以及网民人数的迅速增长，为我公司特色食品网站的发展提供了良好的市场前景。

- 网上购物的普及。

2009 年 9 月 12 日，中国 B2B 研究中心发布报告称，截至 2009 上半年，中国网购用户已经突破 1 亿人，相当于每 3.38 个网民中就有 1 人网购。网络购物市场规模达到 1 034.6 亿元，同比 2008 上半年高速增长 94.8%。随着网民人数的进一步增加、网民结构与现实生活中的结构趋近、网民的学历结构向总体居民的学历结构趋近，以及电子商务安全、管理、物流等问题的逐步解决，更多的人会选择安全、方便、快捷的网络购物。

- 中国各地特色食品种类丰富，特色食品加工企业多，但往往忽视产品的网络营销，这为我公司的电子商务网站发展提供了一大契机。

- 应用现代化成熟的网络技术。

现代互联网技术迅速发展，构建一个功能相对完备的网络购物网站已经不再是技术难题。我公司将运用现有的成熟的网络技术，建设一个浏览速度快、搜索引擎友好型、网页美观、商品资料齐全、结构布局清晰的特色食品销售网站，以达到让消费者愉快购物、加盟商放心加入的电子商务网站。

- 政府的积极反应，落实科学发展观，颁布特色食品开发政策为食品工业发展指明了方向。

全面、协调、可持续发展是科学发展观的根本要求。发展食品产业是推进农业产业化、农村城镇化、城乡一体化协调发展，促进可持续发展的有效途径。近年来，各地政府先后出台的地方特色食品卫生管理办法（例如《宁波市地方特色食品卫生管理办法》）和地方特色食品开发政策（例如《山西省特色食品行业调整振兴实施方案》）为特色食品行业的快速发展保驾护航，优化了特色食品行业的发展环境。因此，我们有理由相信，未来几年，特色食品市场将会一片大好。

4.3.4 外部威胁（T）

- 淘宝、易趣等一些资金雄厚、知名度较高、实力强劲的网络购物平台、电子商务公司的存在。

众所周知，淘宝、易趣等是目前B2C行业的领头羊，资金雄厚，知名度高，市场渗透率高，已经建立起了实力强劲的网络购物平台和电子商务公司，对我公司构成了不容小觑的威胁。

- 同类公司的出现。

不仅电子商务中有淘宝、易趣等劲敌，在实体经营中更有同类公司的频频出现，对我公司的竞争力构成了威胁。

- 替代品竞争。

我公司以特色食品高端礼盒和DIY礼盒等礼品系列为主打产品，但由于工艺品、保健养生品等替代品的存在，分割了我公司的市场份额，加剧了竞争。

- 食品安全与质量监管体系加强。

食品安全是关系国计民生的头等大事。一个三聚氰胺事件，使三鹿公司破产倒闭，品牌彻底毁灭。目前，我国在食品质量安全、品质鉴定以及面向基层、面向市场的检测水平等方面的要求有所提高，食品安全与质量监管体系进一步加强。

4.4 构建SWOT矩阵，得出市场运作建议

4.4.1 SO战略（发挥优势，利用机会）

公司立足于江浙沪地区的特色食品资源，着力引进一批发展后劲足、贡献率大、竞争力强的特色食品加盟商。不断加强网络技术，构建一个功能完备的购物网站，集礼品销售、礼盒包装、设计、DIY服务，延长产业链条，实现从粗向精、链条式、宽领域、高标准、集群化发展。

（1）主打高端礼盒、礼盒DIY等特色礼盒系列。由于食品产业价格透明度高，附加值低，因此主打特色礼盒系列不仅满足了消费者创意化、个性化、至尊化的需求，同时提高了产品的附加值，是公司利润的主要来源。

（2）不断拓宽加盟商户以及特色食品的来源渠道。特色食品作为本公司的唯一产品，是公司生存的根本。因此不断拓宽特色食品和加盟商户的来源渠道，整合各地分散的特色食品资源，构建有保障、全而快的特色食品网上销售联盟，有利于提高产品的市场渗透度。

（3）不断优化网络营销工具，构建良好的网络营销环境。公司虽然有实体店铺，但电子商务是公司的主要盈利渠道。因此不断优化网络营销工具，如网站界面的更新、维护，搜索引擎的优化，网站的友好性建设，网上售后服务的完善是电子商务成功的关键。

（4）积极落实地方特色食品开发政策，加快发展绿色特色食品，不断提高产品质量。各地政府先后出台的地方特色食品卫生管理办法和地方特色食品开发政策为特色食品行业的快速发展保驾护航，优化了特色食品行业的发展环境，拓宽了产业发展空间。因此我们必须提倡绿色、环保产品，积极落实地方政策，用好政策这把"双刃剑"。

（5）大力加强与物流公司的合作，提高销售效率；运用多领域合作模式，拓宽销售渠道。通过与物流公司的多次洽谈，尽量降低公司的物流成本，缩短我公司产品的运输时间，从而提高销售效率；另外，与兄弟网站进行互惠链接，采用多领域合作模式，形成互利互惠，拓宽我们的销售渠道。

4.4.2　WO战略（利用机会，克服不足）

（1）利用互联网宣传平台，吸引网民进行初次浏览；利用营销手段努力提高网站知名度，吸引特色食品商户的加盟，以缩短前期资源整合时间。公司网站知名度的提高是吸引商户加盟的重要前提，因此，前期要加强公司的宣传力度，包括网上宣传和网下宣传。通过一系列的宣传手段，吸引大批网民登录我们的网站浏览，从而以口碑营销为辅、营销组合策略为主，不断提高网站的知名度，扩大加盟商的阵容。

（2）应用成熟的现代化网络技术，普及化的网上购物，扩大销售面，开拓销售市场。随着互联网的不断发展，网购已成为时尚潮流之一，特别是受到了年轻一族的不断追逐。利用成熟的现代化网络技术，构建完善的网络购物平台，有利于打开市场，甚至建立自己的独立的市场。

（3）不断加强公司的制度建设，进行科学管理。在公司成立初期，就要建立一套完善的公司制度，进行科学化管理，以尽快地适应市场化需求。同时，注重对公司管理人员的培训和考核，不断提高管理人员的素质。此外，为公司营造一种良好的工作氛围，使每个员工对公司有高度的忠诚。

（4）利用政府的积极反应态度，整合各地特色食品资源，明确打造中国特色食品产业的第一门户网站。结合政府出台的一系列特色食品开发政策，不断吸收各地的优秀特色食品资源。在"打造中国特色食品产业第一门户网站"口号的指引下，不断完善公司发展的内外环境。

4.4.3　ST战略（利用优势、避免威胁）

（1）坚持"有所为、有所不为"和"产品集聚、商户集群、主业突出、错位竞争"的原则，做到"人无我有、人有我精、人精我大"。

（2）不断完善公司管理，科学规划公司的发展。

（3）主打特色食品高端礼盒、礼盒DIY等礼品系列，形成特色食品资源集群，构建特色食品销售模块，包括美容养颜模块、保健养生模块、旅游纪念模块、休闲实用模块等。以礼品系列为主，不断增加产品模块，提高产品的竞争力。

（4）积极优化网络营销环境和网络技术整合。

4.4.4 WT 战略（克服不足、回避威胁）

（1）保持产品集中化、特色化优势，于市场缝隙之中求生存。虽然我们的竞争对手是实力雄厚的淘宝、易趣等，但由于我们产品的集中化程度高、针对性强，因此一定能在群雄逐鹿的电子商务中谋得生存之道。

（2）把产品安全和监管摆在重中之重。认真履行产品安全管理责任，加快产品安全诚信体系和应急处理机制建设，建立良好的售后服务体系和客户回访体系，实现对产品的有效监管。

（3）不断寻找和挖掘新型特色食品。在公司发展成熟期，积极探寻各地尚未挖掘的特色产品资源，不断更新产品礼盒的组合与包装，以满足顾客不断变化的需求。

（4）加大网站宣传。借助世博会这个吸引人眼球的契机，网站将举行特色食品"食博会"活动，推出一系列世博会中涉及的各地特色产品进行展示，从而扩大公司网站的知名度。

第五章　营销战略与实施计划

5.1 营销目标

如何有效制定新年度的营销目标是销售人关注的焦点。为此，本公司分别采用成本/利润驱动型和分析推导两种营销目标制定法制定了公司的短期营销目标和长期营销目标。

5.1.1 短期营销目标（公司成立 1~2 年期间）

由于公司在发展之初还处于生存阶段，因此，运用成本/利润驱动型模式（即根据每年公司运营所需的所有成本加上对利润的要求，直接换算出公司未来一年的营销目标）是明智的。根据财务的成本分析，我们确定未来 5 年公司的短期营销目标分别为 90 万元、136 万元。

5.1.2 长期营销目标

此时，公司已基本步入正轨，采用分析推导法通过对过去几年中公司在市场上的表现以及对资源的合理评估后，通过有效的调研方法，取得影响销量的相关参数指标，包括：① 消费者愿意买；② 消费者买得到；③ 消费者买得起（即① 消费者态度；② 渠道的有效性；③ 产品的性价比）三个因素，进而把这些指标参数运用到一个通用模型中，进行调整与计算，从而最终得出未来一年营销目标的合理范围。这个通用的物理模型为：

$$S = A \times D \times P \times Su$$

（销量 = 态度指数 × 渠道指数 × 性价比指数 × 当量）

5.2 消费者购买行为模式

经济学对消费者购买行为的分析，往往把消费者看成是"经济人"，把他们的购买行为看作是完全理性的购买：根据充分的市场情报，购买对自己最有价值的商品，并追求"最大效用"。但是随着社会经济的发展，居民收入的大幅度增长，市场上供应的商品品种、规格、款式也日益增多，此时，经济因素已很难全面地解释消费者需求选择的多样化行为了。

菲利普·科特勒在他的《营销学原理》和《营销管理——分析、计划和控制》这两本书中讲到了购买者的行为模式，即刺激－反应模式（指营销或其他刺激通过消费者的黑箱产生某种反应）。对于消费者购买行为的分析，可以用刺激－反应模式来说明外界营销环境刺激与消费者反应之间的关系。消费者被看作一个"黑箱"，外部刺激因素包括宏观环境因素和市场营销因素，这些刺激进入购买者"黑箱"，然后产生购买反应，即决策，包括产品选择、品牌选择、卖主选择等。营销人员必须弄清"黑箱"里面是什么，了解在这"黑箱"中，刺激因素如何转化成为消费者反应，主要包括两方面：一方面为购买者特性，主要影响购买者如何接受外界刺激并产生行为反应；另一方面是购买者决策过程本身也会影响购买者的最终决定。

因此，了解消费者购买行为模式、了解消费者的需要、了解消费者购买行为的特点，是本公司成功制定营销计划、决定营销组合策略的出发点。

5.3 营销手段组合战略

为实现上述营销目标，结合费者购买行为的特点，本公司制定了以下营销组合战略：

5.3.1 产品策略

1. 产品整体概念

本公司产品整体概念的上述三个层次（附图5-1），十分清晰地体现了我们以顾客为中心的现代营销理念。其中，明确顾客所追求的核心利益是最为重要的，如果不明白这一点，顾客需求就不可能真正满足，企业也不可能获得成功。其次，我们还必须特别重视产品的无形方面，随着社会经济的发展和人们收入水平的提高，顾客对产品非功能性利益越来越重视，在很多情况下甚至超越了对功能性利益的关注。因此，我们必须摆脱传统的产品观念，重视产品非功能性利益的开发，主要包括特色食品的特色、品牌、商标、包装、产地和礼盒设计等。最后，对于成熟产品，由于其功能和品质上极为接近，难以形成大的差异，因此我们必须通过良好的附加产品（包括售后服务等）创造差异来确立市场地位，以最佳服务来赢得竞争优势。

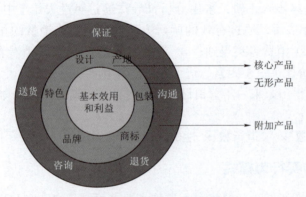

附图5-1 产品整体概念图

➢ **产品定位：多样化、时尚化、年轻化、多元化**

因为胜利广场的产品受众体主要是年轻人，所以这类受众体追求的产品应该是具有活力的代表时尚潮流的产品。其次，由于特色食品产地各异，品种繁多，并且消费者需要的特色食品也不尽相同,因此我们产品应多样化。最后,网络的受众面广,无论哪种社会群里都有可能上网,因此我们的产品还要符合多元化的特点。综上,网络推广应联合以上实际特点做出相应的、针对性强的推广策略。

> 品牌策略——多品牌策略

本公司将在同一种特色食品上同时使用两个或两个以上相互竞争的品牌,也就是同一种特色食品将由多个加盟商提供,让消费者自主选择他们所要的品牌。虽然多个品牌会影响原有单一品牌的销售量,但多个品牌的销量之和又会超过单一品牌的市场销量,增强企业在特色食品这一市场领域的竞争力。同时,采用多品牌策略吸引了消费者更多的注意,也增强了加盟商不断完善自身产品的紧迫感,为特色食品深入多个不同的细分市场、占领更广大的市场铺平道路。

> 质量和服务

追求正常经营下客户无退货要求,把好加盟商户提供的特色食品的质量关,质量不好坚决不发货,同时给予加盟商户警告处理,警告处理将严重影响商户的信誉打分,从而影响其最终销售量。同时,加强企业各部门特别是客服部和物流部的服务质量,加强售前和售后服务的管理,做到售前、售后都给予最佳服务。

> 产品包装策略

产品包装是整体的一个组成部分,是实现产品价值并提高产品价值的一种重要手段。特色食品礼盒是我们的主营业务之一,因此,吸引人眼球的外包装对本公司来说是至关重要的。为此,我们制定了以下几个包装策略:

(1)类似包装策略。

凡是本公司的产品(包括加盟商的),在包装上都采用相似的系列图案、色彩(变化度不会偏离差别感觉阈限),体现出特色食品的特点,以便树立公司形象,使顾客很容易就能感觉到是来自同一厂商的产品。

(2)再使用包装策略(双重用途包装策略)。

我们的包装具有一定的艺术性,所以在食品使用完后,我们的包装物并未作废,还能改作他用。例如可改作工具盒、针线盒等,甚至高端礼品的包装物本身就是一件艺术品,可作收藏和观赏之用,当然包装费也要控制在一定范围之内。这样,不仅可刺激消费者的购买欲望,扩大产品销售,同时使带有企业标记的包装物在被使用的过程中起到延期广告宣传的作用。

(3)等级包装策略。

本公司将为不同质量等级的产品分别设计和使用不同的包装,包装设计的重点将放在高端礼品和礼品 DIY 上。

(4)附赠品包装策略。

该策略对儿童和青少年及低收入者较为有效,因此赠品包装的设计将符合上述人群的爱好,如在包装中附赠卡通图片等。同时,我们的赠品将采用累积获奖方式,使效果更明显。

2. 产品生命周期策略

产品生命周期就是指产品从进入市场开始到被市场淘汰为止的全过程。这一过程可用一条曲线来大致表示,称之为产品生命周期曲线(附图5-2)。

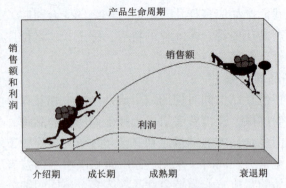

附图 5-2　产品生命周期曲线

其中,产品生命周期各阶段的营销策略为:

(1)介绍期——快速渗透。

在产品介绍期,我们将以较低价格和高促销的方式向市场推出我们的产品。低价格可以使市场的接受速度加快,而高促销又可加快目标顾客认识和接受产品的速度。所以,采用这种策略有助于我们先发制人,以最快的市场渗透,获得最高的市场占有率。

(2)成长期——以"快"取胜。

这一阶段是企业产品的黄金阶段,营销策略主要突出一个"快"字,以便抓住市场机会。可采取的营销策略为:

① 努力提高产品的质量,增加产品的品种、产地、特色,改进产品包装,树立消费者偏好。

② 对市场进一步细分,发现新的细分市场,不断改进和完善产品,进入新的目标市场。

③ 增加新的分销渠道,积极开拓新的市场,扩大产品的销售。

④ 改变广告的宣传方针,建立企业文化。

⑤ 在适当的时机调整产品价格,扩大市场占有率。

(3)成熟期——以"长"取胜。

这一阶段企业产品销量很大,总利润也较大,因此,应延长产品的成熟期,保持已取得的市场占有率和尽量扩大市场份额。主要包括以下三个策略:

① 开拓新市场,寻找新顾客。

② 发展派生产品,提高产品附加值。

③ 改进营销组合,刺激销售。

(4)衰退期——主动撤退。

已经进入衰退期的产品,应有计划、有步骤地主动撤退,把企业的资源转移到有前途的产品上。主要包括:

① 在大批竞争者退出的前提下,继续经营。

② 把资源和能力集中在最有利的产品上,集中经营。

③ 对毫无前途的产品,放弃经营。

④ 大幅度减少产品的营销费用。

5.3.2　价格策略

◆ 定价方法

(1)密封投标定价法:公司成立 3 个月内。

这一阶段，公司产品的价格是根据竞争者的报价估计而确定的，并且报价低于竞争对手的报价。虽然报价低，利润低，机会成本大，但中标机会大，有利于在公司成立不久打开市场。

（2）反向定价法：公司成立3个月后。

这一阶段，我们将依据消费者能够接受的最终销售价格，计算自己与加盟商从事经营的成本和利润后，逆向推算出产品的价格。当然前提是，我们将统一调配产品价格，使胜利广场商铺和外埠加盟商的零售价格不低于网上销售价格，从而确保我们制定的价格能够被消费者所接受。

◆ 定价策略

1）心理定价策略

➢ 渗透定价：对于一般的特色食品

所谓渗透定价，就是利用消费者的求廉心理，以较低价格出售我们的一般特色食品（即消费者没有较高质量要求的特色食品，如低收入者用于自己消费的特色食品）。这样有利于薄利多销，取得利润；逐步渗入竞争者的市场，扩大企业的影响。

➢ 声望定价：对于高端和DIY礼品等

对于礼盒，消费者往往要求体现其一定的身份地位。因此，本公司将采取声望定价法制定一个高价以吸引讲究质量和声望的消费者以及购买礼盒赠送亲朋、上司、领导等的消费者。

➢ 尾数定价：对于专区的特色食品

对于网站上的专区特色食品，如老人小孩专区、女性专区、外国友人专区等，我们将采用尾数定价法，制定一个低于整数价格几元或几分的价格。这样易使消费者产生错觉，认为99.9元比100元便宜多了。

2）折扣定价策略

➢ 功能折扣：对于加盟商

这种折扣策略是唯一不针对消费者而是针对我们的加盟商的。如果加盟商执行某种营销功能（如推销、服务、广告等），我们将给予一定的折扣。

➢ 现金折扣、数量折扣

在网站活动期间（如公司成立初、重大节日等），消费者一次性购买的特色食品符合一定消费额或消费品种的，我们将给予一定的现金或数量折扣。

➢ 季节折扣

对于那些过季或即将过保质期的食品，公司将给予较大幅度的季节折扣，以鼓励消费者提前订货，减轻库存积压，减少过期食品，使企业的销售在一年四季保持相对稳定。

3）促销定价策略

➢ 招徕定价

对于新上架、还未被顾客所知的产品，我们将临时制定一个低价（甚至低于成本价），以吸引消费者前来购买。然后通过广告等手段予以渲染，吸引顾客连带购买其他商品或在活动结束后继续购买该产品。

➢ 特殊事件定价

在公司周年庆或某些加盟商店庆的特殊日子，网站的所有产品或部分产品将临时降价来吸引顾客，同时宣传本公司。

4）差别定价策略

➢ 销售时间差别定价

由于部分特色食品受季节影响较大，具有一定的季节性（如水果等）。我们将根据不同的季节，实行淡旺季销售。

➢ 产品形式差别定价

在我们的商城网站上有一般的特色食品（主要是消费者自己消费的产品或较低收入者购买的产品，因此对产品的形式，如包装的要求不是很高），也有高端礼品组合和DIY礼品组合。对于一般特色食品，由于对形式要求不高，所以价格较礼盒中的相同产品会相对较低；对于各种礼品组合，由于其附加值高，因此其中单件产品的实际价格则会相对较高。

5）组合定价策略

对于商城中的各种礼品组合，我们的设计部会根据市场行情和消费者意愿，定期设计不同的套餐方案。礼品组合的定价采用的是套餐式定价方法，即顾客根据其所能接受的价格选择不同的礼品套餐，从而拥有组合形式的特色食品。

◆ 价格调整策略

由于特色食品市场会产生竞争者加入或退出的不同情况，同时，加盟商提供的产品价格和公司规模大小也会发生一定的变化。因此，产品定价将根据实际情况做出适当的相应的降价或提价调整（但多数情况下产品的价格是固定的），以保证企业获得稳定的或更多的利润。

5.3.3 促销策略

促销战略可分为"推动"的战略（公司导入期）和"拉引"的战略（公司成长、成熟期），具体如下。

"推动"战略：生产者 → 批发商 → 零售商 → 消费者

"拉引"战略：生产者 ← 批发商 ← 零售商 ← 消费者

因此，在公司处于导入期时，我们将采取"推动"战略，以人员推销作为主要促销手段；在公司成长、成熟期，我们则采取"拉引"战略，以广告作为主要促销手段。具体促销手段如下：

1. 人员推销

前期，我们将招一批高校学生作为我们的兼职人员，在他们所在的高校，附近的人才公寓、社区、公司办公室发放我们的宣传单，并进行口头推销和上门推销。

2. 广告

➢ 在其他电子商务网站（与本公司没有竞争冲突）、旅游公司网站、宣传手册以及携程网等综合性旅行服务公司里做付费标识广告或互利合作广告。

➢ "无聊也是一种生产力！"

我们将借鉴分众传媒的广告策略，在电梯、公交、火车、长途汽车甚至是洗手间内投放我们的广告（其中，以平面广告为主，电子传媒为辅）。因为上述情况中的人们是最无聊的，所以这时候有一份精美的广告宣传册甚至是简单的宣传海报，都将吸引不少眼球的长时间停留。

➢ "吸引年轻人的眼球！"

由于我们的目标客户群与腾讯QQ的使用者有很大部分的重叠，并且大多都是经常上网的年轻一族，所以我们将借助腾讯的 QQ 农场、开心网以及人人网的"你猜我画"的高人气，与他们进行合作，在这些娱乐模块中植入我们的广告。例如，让 QQ 农场和开心网农场种植我们的特色食品植物、人人网中"你猜我画"中的部分物品为我们的特色食品等。

> 与视频语聊合作

每天可以有选择地与各类视频语聊房间进行合作，现场展示我们的特色食品或播放我们的广告。

> 制作书面广告杂志 & 优惠券

对于网站的 VIP，我们将定期寄送书面广告杂志、宣传单（主要介绍新品情况和优惠活动等）和优惠券等。

> 购物积分活动

购买产品可以获得一定比例的积分，通过网站系统可以用积分换取产品，或者可以用积分换算成现金，直接购买需要的产品。

> 建立会员俱乐部

举办一些线下的会员活动，如聚会、K 歌、旅游等，费用免除额根据会员的积分而定；也可在特殊日子，如店庆等，举行企业员工，特别是论坛新闻发布者与顾客的见面会，举行游戏，同时发放奖品。并且在活动期间让会员评价网站，给予意见或建议，如建议被采纳则该会员将获得一定的奖品。

5.4 营销总结和效果预测

（1）对各加盟商的销售效果分期做归纳总结。
（2）委托各加盟商反馈各类品种的销售状况及消费者的反映，及时改进促销方法。
（3）以抽样方式展开市场调查，全面评估广告效果，包括销售量、美誉度、知名度等。

第六章 网站建设与管理

6.1 基础建设

6.1.1 网站名称

"特食城"（Taste）特色食品网

6.1.2 网站域名

1. 前期——销售网站

（1）域名：

核心域名：www.×××××.com

备用域名：www.×××××.cn

（2）域名解释：×××××，谐音——礼上网去！！

（3）网站口号：礼上网去，健康味生活！

2. 后期——联盟网站

（1）域名：www.taste×××.com

（2）域名解释：taste 即品味，表明我公司销售特色食品这一特性，并与"特食城就要去"谐音，是"让更多的人品尝特色美食"和"用质量与服务留住老顾客培养新顾客"宗旨的体现。

（3）网站口号：不出家门，吃遍天下！

美食不打烊，快来特食城！

6.1.3　网站基本介绍

（1）**宗旨**：成为行业领先的专业特色食品加盟网站。

（2）网站**商业模式**：实体店、B2C 模式与管理网站相结合。

所谓管理网站，即商家提供产品，缴纳一定的加盟费，网站提供页面展示和管理，代替加盟商进行产品交易，交易达成后通知加盟商发货，并在成交额中提取一部分作为业务提成。在公司成立前期，主要以 B2C 模式，通过销售网站与实体店相结合营利；公司进入成熟期后相当长的一段时间里，我们将采用管理网站（即联盟网站）的模式盈利。

（3）网站**功能**介绍：

"Taste"（特食城）特色食品网是一种新型的 B2C 与管理网站相结合的电子商务形式，主要提供网上特色食品的礼盒 DIY 自制及销售，立足于食品行业，定位于高端特色食品礼盒和 DIY 礼盒，为消费者和企业提供高端食品和各地特色食品礼盒的网上礼品的 DIY 服务。本网站技术上一个最大的特点是采用全新的 SEO（Search Engine Optimization，搜索引擎优化）技术，对当前几大引擎的友好性非常好。

6.1.4　网站展示

1. 前期销售网站

该网站主要包括：

（1）左上角为网站的 Logo 展示区，该区域最能吸引消费者的眼球。

（2）Logo 展示区的右侧即我们的产品展示区，该区域主要包括六个模块：特色食品、保健滋补、美容养生、休闲食品、地方特产、礼品 DIY。

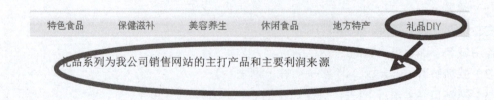

附录 "特食城"（Taste）特色食品销售联盟创业计划书 213

特色食品 模块，主要零售各类精品特色食品，如 红枣 ｜坚果 ｜蜂蜜 等。

保健滋补 模块，主要面向中老年人，零售各类具有保健滋补功能的特色食品，如 胚芽粉 ｜鱼油 ｜奶粉 等。

美容养生 模块，目标消费群主要是女性，零售各类具有美容功效的特色食品，如 蜂蜜饮品 ｜蜂产品 ｜虫草 ｜阿胶参茸类 等。

休闲食品 模块，目标消费群主要是办公一族、家庭，产品实惠、种类多、包装简单，如 肉干 ｜鱼松/肉松 ｜果干 等。

地方特产 模块，主要零售各地特色食品，如 新疆特产 ｜浙江特产 ｜江苏特产 等。

礼品DIY 模块，主要经营各类高端礼盒和顾客 DIY 礼盒，如各类礼盒套餐等。

（3）网站正中为广告区，主要是各类产品的促销广告信息和新品展示信息等。

（4）广告区的下方为产品陈列柜，具体展示各模块中的特色食品，包括：

送礼佳品推荐 — 特色食品推荐 — 美容养生推荐 — 地方特产推荐 — 佳品DIY推荐

（5）各个产品陈列柜的右侧均有相应的产品总销售排行，如特色食品推荐陈列柜的总销售排行如下所示：

（6）在销售排行的上方为健康贴士区：

健康贴士

- 和田玉枣 长期使用，养颜养生
- 一日食三枣长生永不老！！！
- 和田玉枣免费品偿活动开始了！！
- 元旦期间满100送30活动开始了！

（7）在健康贴士上方为消费者购物服务区，主要包括礼品搜索、用户注册等栏目：

（8）在网站界面的最底下为各类导航栏目：

关于我们 | 付款方式 | 诚征英才 | 联系我们 | 特产招商 | 交易条款

（9）在网站界面的最左端为产品目录树：

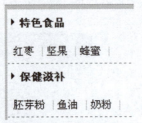

（10）在产品目录树下方为各产品推荐：

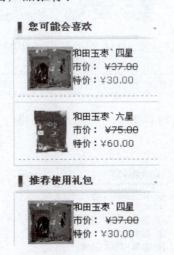

2. 后期联盟网站

后期联盟网站——"Taste 特色食品联盟"的雏形由团队技术人员开发，并已于2010年9月投入试运行。特色食品销售联盟是公司步入成熟期的重要目标，后期联盟网站在保留和借鉴前期销售网站的部分设计模式的基础上，重点增加了加盟商注册和网店展示功能模块，同时增设审核费用支付、加盟商信用排行栏目、互惠链接栏目、加盟信息、广告栏目等。此外，新开辟的收费广告区将保持必要的更新频率。

"Taste 特色食品联盟"主要包括：

（1）网站 Logo 展示：

（2）导航条：

（3）功能模块：

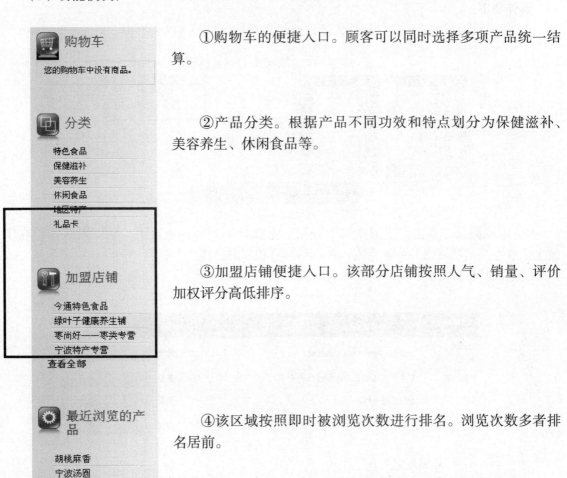

①购物车的便捷入口。顾客可以同时选择多项产品统一结算。

②产品分类。根据产品不同功效和特点划分为保健滋补、美容养生、休闲食品等。

③加盟店铺便捷入口。该部分店铺按照人气、销量、评价加权评分高低排序。

④该区域按照即时被浏览次数进行排名。浏览次数多者排名居前。

（4）活动广告区：

（5）结合 Google 地图的城市沿线特色食品生成功能：

具体如下：

① 用户可以根据自己的旅行路线依次选择经过的城市加入列表框中。

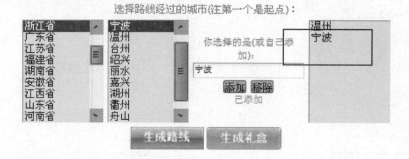

② 生成路线：点击"生成路线"按钮，系统会调用 Google 地图（地图默认定位在宁波）生成连接这些城市的一条路线，并计算两者相邻的距离。

③生成特色食品。

用户可以根据自己的旅行路线依次选择经过的城市加入列表框中。

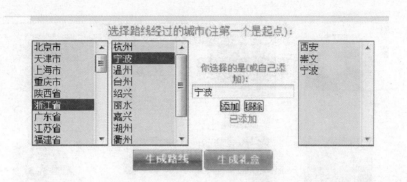

点击"生成礼盒"按钮,系统会根据城市的 ID 访问数据库并按特色食品的重要程度排序生成一个相关城市的礼盒列表。

产品名称	简介	详情	购物车
金桔	金桔又名金柑…	查看	加入购物车
浙贝母	宁波产的浙贝母,是贝母各品种个体最大的一种。	查看	加入购物车
三北盐炒豆	三北盐炒豆是三北地区家常的消闲食品。	查看	加入购物车
胡桃麻香	宁波的胡桃麻香以精面粉、白砂糖、精炼食用油、大豆为原料。	查看	加入购物车

1 2 3

需要查看商品的详细信息时,点击"查看",或直接点击"加入购物车"按钮。

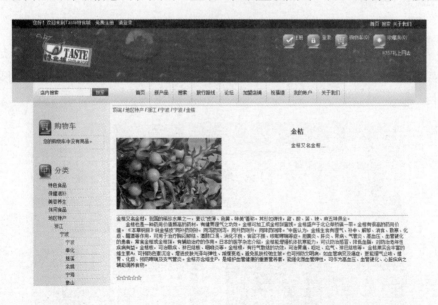

（6）推荐商品区：

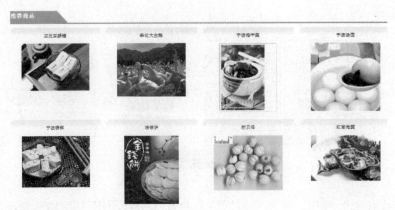

（7）软文区：

① 热点新闻（大部分与食品有关）
② 健康小贴士
　（关于饮食保健、食疗方法）
③ 特色食品背后的历史与文化
④ 本网站动态
⑤ 百宝箱：功能快捷入口

（8）祝福墙：这一功能可以让用户发送自己的心愿和祝福，网站以类似便利贴的形式呈现在网页上。

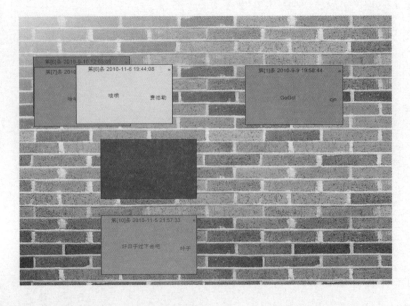

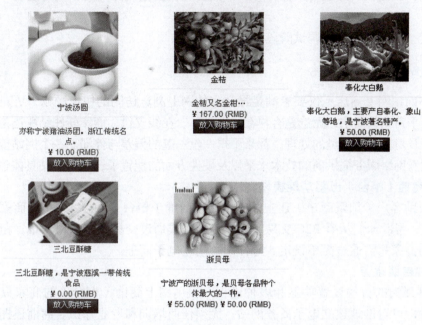

6.2 网站发展规划与建设进度

6.2.1 发展规划

1. 一期工程（已完成）

主要是建设一个网上多元化购物商城，为顾客提供一个新型的消费渠道以满足大家对日常产品增长的需求（即B2C、C2C）。同时利用互联网这个媒体达到宣传整个企业和网站的目的，为以后扩大网站的规模和影响力打下良好的基础。

网站群的受众设定：以浙江省为中心，向周边地区扩散。

2. 二期工程（基本设计完毕）

要在利用网上购物商城已有的影响力和知名度的前提下，建设真正的"Taste"（特食城）特色食品销售联盟网———一个真正的管理网站。届时"Taste"（特食城）特色食品网并不直接经营B2C交易，而是通过出租"网上商铺（柜台）"，实现全国经营特色食品商户的广泛加盟，让客户实现B2B、B2C电子商务，从而迅速获得回报。

网站群的受众设定：面向全中国。

6.2.2 建设进度

（1）前期销售网站由意念设计到正式投入营运，用时一年，具体进度安排如下：

第一季度：成立公司，收集资料，委托设计网页。

第二季度：完善公司部门设置，联系网上征集业务，参与网页开发，开始策划营销计划。

第三季度：网站进入调试阶段，开始在媒体投放广告。

第四季度：网站正式投入使用。

（2）后期联盟网站由意念设计到正式投入营运，预计要半年的时间，具体进度安排如下：

第一季度：广泛吸引加盟商入住，并收集其资料，委托设计网页，同时投放广告，策划营销计划。

第二季度：网站进入投入调试阶段，并投入使用。

6.3 网站建设

在技术方面，网上商店不仅要求满足最基本的网上浏览访问的快捷顺畅，更对安全性与稳定性有着近乎苛刻的要求，无论是客户在线下订单、在线支付、商家转账结账还是对数万种商品的管理以及对巨大数据量的处理，都来不得一丝一毫的偏差与停滞。一个网站能否经受得起这种考验就看网络服务提供商的技术水平以及硬件方面的配置了，联盟网站具体建设如下：

1. 网上商铺（柜台）出租功能模块

本模块帮助客户（加盟商户）建立几千个网上商铺（柜台），吸引中小型商家加盟网上商铺（柜台），帮助他们从事B2C交易，收取月租费或通过交易提成获得回报。租用网上商铺（柜台）的商家只需通过简单设定5分钟即可建立电子商务。

2. 5分钟自助建店

系统提供强大的自动设置功能和多种模板，租用网上商铺（柜台）的商家只需通过简单设定5分钟即可自助地建立电子商务网站，无须任何培训和专业知识。商铺还拥有商品发布、购物车、订单处理和网上结算等电子商务配套功能。

3. 商品自动陈列和分类功能

本模块采用数据库技术，帮助入驻的商家将商品自动陈列在商家的商铺内，同时还提供按产品分类等的检索方式，并提供商场内商品搜索引擎。

4. 特惠商品推介模块

各入驻商家可定期设定特惠产品，"网上商城"首页采用滚动方式为各商家宣传（按广告定量具体收费）。

5. 独立的结算平台和多种结算方式

"网上商城"为各入驻商家提供独立结算平台，并支持网上结算（支付宝）、银行汇款、货到付款等多种结算方式。

6. 二级域名自动生成系统

系统自动为每一个开店的商家生成二级域名，即时实现，即时使用。

7. 多种建店模板选择

"网上商城"为开店的商家提供多种店面模板选择，商家可以选择任何一种模板建立个性化的电子商铺。

8. WAP（手机）购物功能

各入驻商家拥有独立的WAP购物功能模块，可实现顾客通过手机直接向商家下购物订单。

9. 双页面

白天与晚上网页的页面是不同的（当然还可以设节假日页面），但页面的整体结构不会有太大变化。

6.4 网站推广

6.4.1 网络方面

1. 特色食品网络联盟的建设策略

我们所采取不是单一销售网站的概念,我们的视线亦不仅仅是局限于销售网站的建设,我们倡导网络联盟的概念,从整体上规划一个大型的联盟,使全国各地的特色食品商户加盟我们的联盟网站。

在公司成立初期,销售网站的作用主要在于扩大"特食城"(taste)特色食品网与外界的联系,丰富以"特食城"(taste)特色食品网为主的联盟网站的内容,扩大我们网上广告的受众面。到了后期,建设联盟网站,吸引加盟商入驻将是本公司在成熟期一个极具特色的业务。考虑到公司在不断的发展过程中将积累到大量的网站建设经验,而随着中国的网络社会进一步成熟,人们对网站的定义将进一步拓展,除了需要固定的网站,还需要一些生命周期比较短的网站。例如,为某些电影作宣传的网页:电影上映前,网站上将会不断滚动展示该影片的宣传海报或预报片,同时推出一系列影片中主要故事发生地的特色食品,首映结束三天内网站就会消失,随即宣传其他即将上映的影片(上述网页也可以是纪念某些重大事件的网站等)。这些网站的特点是贴近社会热点,在浏览量上有保证,我们就不停地建立,以进一步扩大我们的影响力,实现我们的价值。

2. 互惠链接

在从属于自己行业的网站上进行链接,或者与同类型并非直接竞争对手的公司网站链接(如销售工艺礼品的网站等),可以增加彼此的点击率,是一种"双赢"的政策。

3. 新闻发布

网站的论坛上会定期发布一些具有新闻价值的事件,并且发布主体,引发讨论。不断出现的发布主题,即网站名称和网址,也是网站推广的一种手段。

4. 创办一份电子杂志

电子杂志(周刊、月刊或季刊)可以帮助网站扩大影响,提高诚信度,以求更大发展。

5. 在邮件程序中安装"自动落款"功能

6. 举办网上竞赛

人人都比较喜欢免费的东西,如果定期在网站里举办有奖竞猜或网友竞赛等活动,提供各种奖品,肯定会产生高于平常的访问量。

7. 注册搜索引擎

6.4.2 网下方面

1. 参加公益活动

与政府部门合作举行大项公益活动,提升网站知名度;力所能及地支持国家希望工程,培养企业员工的社会责任感,树立企业良好的社会形象,提高网站知名度。

另外,在人群密集的广场入口处建立标志性建筑物,通过建筑物视觉传达效果,使更多的受众群体了解网站,提升企业形象。

与网吧合作,在各网吧经营场所张贴宣传海报、发放宣传册。

校园推广。在浙江各大高校进行巡回推广,推出一系列宣传活动,如校园广告栏中网址涂鸦、特色食品知识竞赛、赞助校园活动等。

2. CIS 手册导入

CIS 手册的导入有两个方面的作用：

（1）对内能使企业员工达成统一的意识，产生归属感和自豪感，进而激发员工的潜能、提高企业的经营效益，加强企业自身的竞争意识和竞争能力。

（2）对外能有效地将企业的各种经营信息传达给社会公众，促使其认识、识别，产生认同感，转而承认和支持企业的存在，改善企业生存的外部环境。

第七章　运营管理

7.1　创业期运营流程体系

因为电子商务网站的运作需要建立在一定的资本、技术和知名度的基础上，鉴于公司成立初期对特色食品市场信息了解不足、资金偏紧、知名度小等，尚未具备直接建设特色食品联盟平台的能力。因此在创业期，我们已经建立了一家实体店，一来减轻我们的库存压力，二来为销售网站的前期筹备和宣传工作提供积累资金，并且为消费者对销售网站上销售的特色食品的质量和安全提供了有力的保障，同时，我们已经投入运行了一个销售网站（www.×××××.com），依托这两个平台为我们初次进入特色食品行业、开拓特色食品销售市场提供了一个较好的保障体系。这一时期公司的运营流程如附图 7-1 所示。

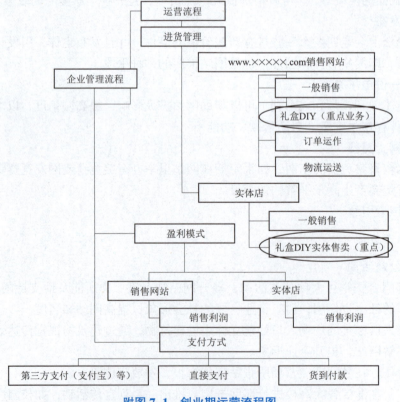

附图 7-1　创业期运营流程图

7.2 二次创业期及成熟期盈利模式分析

创业期，我公司主打**特色食品礼盒系列**（包括礼品 DIY），该模块主要是为了满足消费者的送礼需求而制定的。其中的礼盒，消费者可以选择已经设计好的礼盒套餐，也可以选择礼盒 DIY 套餐。我们将尝试在市场上推广我们的礼盒包装特色食品，观察市场对何种价位、何种特色食品礼盒存在较大需求。到了二次创业期，就可以有针对性地开始面向目标市场推广我们的特色食品，打开礼盒装特色食品的销路。

另外，我们还将通过多元化商品推介、连锁推广、商家加盟等多种形式，以及与酒店合作开展商务特色食品礼盒派送服务，定制各种节庆卡，比如商礼卡、亲情卡、员工福利卡、年货派送卡等手段，为公司拓宽盈利渠道，进而让我们的销售网站成为广大企事业单位及个人在送礼时的第一选择。

订单运作：

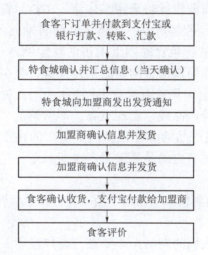

二次创业期及成熟期盈利模式分析：

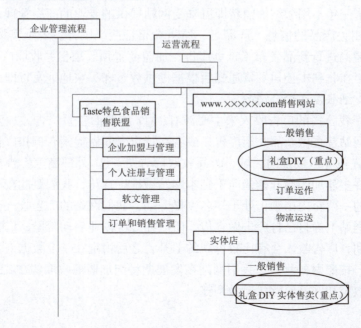

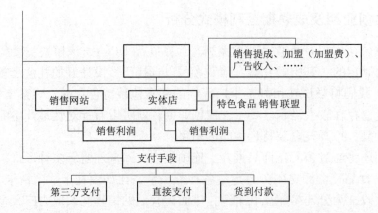

在二次创业阶段，我们的企业管理流程和盈利模式中开始增加"Taste 特色食品销售联盟"这一模块，这是我公司业务的核心板块。

在二次创业期，我们的商业模式将采用实体店、B2C 与管理网站相结合的模式，即在保留创业期拥有实实在在的经营场所——实体店和销售网站（www.xxxxx.com）经营模式的基础之上新成立一个专业的特色食品网上销售的联盟网站——"Taste"（特食城）特色食品联盟网站。利用实体店和前期销售网站的平台优势，吸引各地特色食品的经营商家加盟到我们联盟网站，进行网上销售（商家有无网站均可）。对于加盟商，我公司扮演了一个管理网站的角色，丰富自身产品线，实现双赢，即所谓的"特色食品商业街+在线礼盒 DIY"模式。这也为我们商城产品的多样化提供了坚实的物质基础，并且能够对网上经营的产品专业性、人性化提供强有力的品质保障，由商品单一化销售扩展为联盟形式的销售模式。

从盈利模式看，我们的盈利模式中新增了由"'特食城'特色食品联盟"带来的加盟费、广告费收入以及销售提成。

（1）加盟费：商户入驻我们的网站，需要在"商户注册"中填写真实、准确的商户信息，并提供相关部门的营业许可证和商品质量保障证件，经过本公司审核，就可以成为我们的会员，加盟商第一年不用缴纳加盟费即可享受网站提供的专业的商品管理、营销管理服务。商户只需提供相关产品的信息（产品名、质量合格证明、图片、若干实物、价格等），由我们网站代替加盟商进行新品发布（首页广告、加盟商置顶等项目另收取广告费用）、销售管理，加盟商只要在收到本公司发货通知后根据提供数量和买家地址发货即可。每月初会将该经销商上月收支细账发送给经销商。

（2）广告收入：我公司的广告收入来主要源有：① 加盟商首页广告。加盟商宣传自己新上市的商品，在网站首页做新品介绍广告，或者在特定时间做促销、折扣广告，还有加盟商名称、Logo 首页置顶等但按不同区域、时间收取广告费。② 外部商家广告。随着我们网站知名度的上升，许多非加盟商开始趋向于到本网站做推广宣传，我们对此按不同程度进行收费。网站刚建成的一两年内由于正处于知名度提升期，我们网站的广告收入会较少，相反我们网站会在其他网站上为自己打广告做宣传，所以在二次创业启动阶段，广告收入会比较少。等到网站成熟期，广告收入会有比较可观的上升，之后稳定在一定数据上。

（3）销售提成：按照财务测算，我们网站在发展期将向加盟商收取约 2% 的销售收入提成，之后随加盟商数量和网站经营状况做调整。

第八章 投资和财务分析

8.1 融资方案

本公司注册资本为人民币 50 万元，其中由创业团队投入的资金占注册资本的 60%，风险资金投资 40%。股本结构和规模如附表 8-1 和附图 8-1 所示。

附表 8-1 公司股本结构与规模　　　　　　　　　　　　　　　　　　单位：万元

股本规模＼股本来源	自筹资金	风险投资
金额	30	20
比例	60%	40%

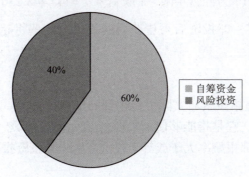

附图 8-1　公司股本结构图

8.2 投资分析

8.2.1 现金流量表（附表 8-2）

附表 8-2 现金流量状况分析表　　　　　　　　　　　　　　　　　　单位：万元

项目	第一年	第二年	第三年	第四年	第五年
固定资本投入	−70 000	0	0	0	0
营业利润	−19 990	64 816	196 036	312 153	3 51433
减：所得税	0	16 204	49 009	78 038.25	87 858.25
净利润	−19 990	48 612	147 027	234 114.8	263 574.8
加：折旧	14 000	14 000	14 000	14 000	14 000
加：无形资产摊销	0	0	0	0	0
减：意外支出	0	0	0	0	0
净现金流量	−75 990	62 612	161 027	248 114.8	277 574.8

8.2.2 投资回收期

投资回收期是指以投资项目经营净现金流量抵偿原始总投资所需要的全部时间，是评价投资可行性的重要指标，投资回收期越短，说明投资风险越小。

投资回收期 = 累计净现值出现正值年数 −1+（上年累积贴现值的绝对值 / 当年净现金流量的贴现值）

通过净现值流量、投资额等数据计算出回收期约为 1 年半。该项投资回收期较短，说明此项目在财务上可行。

8.2.3 投资净现值

投资净现值（NPV）考虑的是资金的时间价值和整个项目的寿命周期的现金流量情况，从动态的角度反映了该项目的投入和净产出的关系，当净现值大于零时，该项目的报酬率就大于预定的贴现率，该方案就具备了财务可行性，也意味着投资后能为投资者带来大于或等于其折现率的投资收益。下面是对我们该项目投资净现值的计算。

投资净现值：

$$\text{NPV}=\sum_{t=1}^{n}\frac{CF_t}{(1+K)^t}-CF_0$$

（t 为经营年限，k 取 10%）=445 448.2>0

因为 NPV 远远大于零，即投资后可望获得的投资报酬率将超过投资者要求的报酬率，因而在财务上此方案可行。

8.2.4 内部报酬率

内部报酬率（IRR）是指投资后实际可望达到的投资报酬率。从动态的角度直接反映了投资项目的直接收益水平，它是指能够使未来现金流入量现值等于未来现金流出量现值的折现率。如果投资方案的内部报酬率大于或等于投资者要求的投资报酬率，则该项投资在财务上可行，否则不可行。

内部报酬率（IRR）：

$$\text{令 NPV}=\sum_{t=1}^{n}\frac{CF_t}{(1+\text{IRR})^t}-CF_0=0$$

IRR=39.146%

计算可得，公司投资的内含报酬率为 39.146%，大于资本成本率 10%，则该项投资在财务上可行。

8.3 资金的运用

公司建立初期，主要在办公设备和网络建设等方面投资，其中网站开发为 5 000 元，固定资产以及房屋租金、装修共投入为 17 万元，其他为流动资金。

其中前期设备购买和公司租金如附表 8-3 所示。

附表 8-3　公司前期投入　　　　　　　　　　　　　　单位：万元

项目名称	金额
租金	5
装修	5
电脑	4
打印机	0.5
空调	0.3

续表

项目名称	金额
文件柜	0.2
桌椅	1
其他办公设备	1
总计	17

8.4 未来5年的收入预测（附表8-4）

附表8-4 未来5年收入预测表　　　　　　　　　　　　　　　单位：万元

年份 项目	第一年	第二年	第三年	第四年	第五年
商户加盟	0	0	3	10	20
网络销售额	25	40	80	100	120
实体店销售额	55	80	150	200	220
广告收入	0	0	1	3	5
加盟商销售额提成	10	16	32	40	48
总计	90	136	266	353	413

8.5 未来5年的费用预测（附表8-5）

附表8-5 未来5年费用预测表　　　　　　　　　　　　　　　单位：元

年份 项目	第一年	第二年	第三年	第四年	第五年
销售费用					
广告费	10 000	10 000	11 000	11 500	12 000
网站建立与维护费用	6 000	1 200	12 000	3 000	4 000
销售人员工资	54 000	54 000	118 800	142 560	171 432
销售费用小计	70 000	65 200	141 800	157 060	187 432
管理费用					
租赁费	50 000	50 000	50 000	50 000	50 000
折旧费	14 000	14 000	14 000	14 000	14 000
管理人员工资	36 000	36 000	43 200	51 840	62 208
办公费	10 000	10 000	15 000	15 000	15 000
管理费用小计	110 000	110 000	122 200	130 840	141 208
财务费用	0	0	0	0	0
费用合计	180 000	175 200	264 000	287 900	328 640

8.6 未来 5 年的固定资产折旧（附表 8-6）

附表 8-6　固定资产折旧表　　　　　　　　　　　　　　　　单位：万元

项目	资产原值	折旧年限	年折旧额
电脑	4	5	0.8
桌椅	1	5	0.2
打印机	0.5	5	0.1
空调	0.3	5	0.06
文件柜	0.2	5	0.04
其他办公设备	1	5	0.2
总计	7	5	1.4

注：固定资产按直线折旧计提，使用年限为 5 年，假设净产值都为 0。

8.7 未来 5 年财务报表

8.7.1 资产负债表（附表 8-7）

附表 8-7　未来 5 年资产负债预测表　　　　　　　　　　　　单位：万元

年份＼项目	第一年	第二年	第三年	第四年	第五年
资产					
流动资产：					
货币资金	386 006	20 856.08	154 407.2	255 315.5	329 155.9
应收账款	2	3.2	7.2	10.6	14.6
减：坏账准备					
应收账款净额	2	3.2	7.2	10.6	14.6
存货	128 000	192 000	368 000	480 000	544 000
非流动资产：					
固定资产	70 000	56 000	42 000	28 000	14 000
减：累计折旧	14 000	14 000	14 000	14 000	14 000
固定资产净值	56 000	42 000	28 000	14 000	0
无形资产	0	0	0	0	0
减：无形资产摊销	0	0	0	0	0
无形资产净值	0	0	0	0	0
资产合计：	570 010	254 862.48	550 421.6	749 336.7	873 185.1
负债及所有者权益					

续表

年份 项目	第一年	第二年	第三年	第四年	第五年
流动负债：					
应付职工薪酬	90 000	90 000	162 000	194 400	233 640
应缴税费	0	16 204	49 009	78 038.25	87 858.25
应付股利	0	8 750.16	26 464.86	42 140.66	47 443.46
负债合计：	90 000	114 954.16	237 473.9	314 578.9	368 941.7
所有者权益：					
实收资本	500 000	500 000	500 000	500 000	500 000
盈余公积	0	4 861.200	14 702.700	23 411.475	26 357.475
未分配利润	−19 990	35 000.64	105 859.4	168 562.6	189 773.8
所有者权益合计：	480 010	539 861.8	620 562.1	691 974.1	716 131.3
负债及所有者权益合计	570 010	254 862.48	550 421.6	749 336.7	873 185.1

注：A 应收账款按照当年的营业外收入的 20% 提取，剩余部分下年收回；
   B 应付账款按照当年采购货品的 20% 提取，剩余部分下年支付；
   C 从公司盈利始，公司每年按净利润的 10% 提取盈余公积；
   D 从公司盈利开始，公司以 20% 的净利润作为股发放股东。

8.7.2 损益表（附表 8-8）

附表 8-8　未来 5 年损益预测表　　　　　　　　　　　　　　单位：元

年份 项目	第一年	第二年	第三年	第四年	第五年
一、营业收入	800 000	1 200 000	2 300 000	3 000 000	3 400 000
减：营业成本	640 000	960 000	1 840 000	2 400 000	2 720 000
销售费用	70 000	65 200	141 800	157 060	187 432
管理费用	110 000	110 000	122 200	130 840	141 208
财务费用	0	0	0	0	0
二、营业利润	−20 000	64 800	196 000	312 100	351 360
加：营业外收入	10	16	36	53	73
减：营业外支出	0	0	0	0	0
三、利润总额	−19 990	64 816	196 036	312 153	351 433
减：所得税	0	16 204	49 009	78 038.25	87 858.25
四、净利润	−19 990	48 612	147 027	234 114.8	263 574.8

参 考 文 献

［1］吴凌娇，宋卫．网上创业［M］．北京：高等教育出版社，2013．
［2］陈德人，徐林海，桂海进．电子商务实务（第二版）［M］．北京：高等教育出版社，2014．
［3］赵毅，蔡简建，顾秩铭．小企业创办［M］．北京：北京理工大学出版社，2012．
［4］葛存山．网上创业：商业模式＋操作实战＋案例分析［M］．北京：人民邮电出版社，2017．
［5］张香兰．大学生创新创业基础［M］．北京：清华大学出版社，2018．
［6］淘宝大学网站 http：//daxue.taobao.com/．
［7］网络经济服务平台 http：//www.100ec.cn/．